中国生态文明发展战略研究丛书

丛书主编　刘湘溶

"十二五"国家重点图书出版规划项目

国家出版基金资助项目

教育部人文社会科学重点研究基地湖南师范大学道德文化研究中心重大项目（13JJD720006）

湖南省中国特色社会主义道德文化协同创新中心项目

湖南师范大学生态文明研究院项目

国家社科基金重点项目（11AZX010）

教育部人文社科一般项目（10YJA720005）

消费方式生态化：

从异化到回归

曾建平　等著

湖南师范大学出版社

图书在版编目（CIP）数据

消费方式生态化：从异化到回归/曾建平等著．—长沙：湖南师范大学出版社，2015.12

（中国生态文明发展战略研究丛书／刘湘溶主编）

ISBN 978 - 7 - 5648 - 2396 - 2

Ⅰ．①消…　Ⅱ．①曾…　Ⅲ．①消费方式—研究—中国

Ⅳ．①C913.3

中国版本图书馆 CIP 数据核字（2015）第 314037 号

中国生态文明发展战略研究丛书

主编：刘湘溶

消费方式生态化：从异化到回归

XIAOFEI FANGSHI SHENGTAIHUA：CONG YIHUA DAO HUIGUI

曾建平　等著

◇丛书策划：陈宏平　何海龙
◇丛书组稿：何海龙
◇责任编辑：刘苏华
◇责任校对：袁学嘉
◇出版发行：湖南师范大学出版社
　　　　　　地址/长沙市岳麓山　邮编/410081
　　　　　　电话/0731.88873070　88873071　传真/0731.88872636
　　　　　　网址/http：//press. hunnu. edu. cn
◇经销：新华书店
◇印刷：长沙超峰印刷有限公司
◇开本：710 mm×1000 mm　1/16
◇印张：15.5
◇字数：261 千字
◇版次：2015 年 12 月第 1 版　2015 年 12 月第 1 次印刷
◇书号：ISBN 978 - 7 - 5648 - 2396 - 2
◇定价：40.00 元

序

　　2007 年，由我主持的"我国生态文明发展战略研究"获批为国家社科基金重大项目，项目于 2012 年顺利结题。在项目的研究过程中，我和团队成员先后在《新华文摘》、《哲学研究》、《光明日报》等重要刊物上发表了数十篇论文，总计 80 万字的结题之作《我国生态文明发展战略研究》亦于 2013 年 1 月由人民出版社出版，产生了较为广泛的积极影响。特别令人振奋的是，2013 年 5 月 8 日，《光明日报》头版头条以"以生态文明理论支撑美丽中国"为题，对我们数十年辛勤耕耘，尤其是近些年的劳作所取得的成就做了专题报道。我心存感激之际，更感责任所系。

　　党的十八大将生态文明提升到人类社会发展的一个特定时代的高度，指出走中国特色社会主义道路，实现"中国梦"的理想，必须以"五位一体"的总体布局进行生态文明建设，在"五位一体"总体布局中把生态文明建设放在突出地位，并融入经济建设、政治建设、文化建设和社会建设的各方面和全过程。为此，进一步加强我国生态文明建设理论与实践研究就显得尤为重要和迫切。现在呈现给大家的这套丛书就是在这么一种背景下组织论证与撰写的。

　　围绕着一个主题，从系列论文的产出到一部专著的付梓，再到一套丛书的问世，表明了我们的研究工作一脉相承，循序渐进，不断深化，凝聚着团队成员集体的智慧和心血。如果说"一部专著"是对"系统论文"研究心得的集成，那么"一套丛书"则是对专著所集成研究成果的继续开拓和升华。"路漫漫其修远兮，吾将上下而求索。"这种开拓和升华是没有止境的。

本套丛书和上述专著相比，开拓与升华主要表现如下：

一是视域更加广阔。生态文明是一个全新的人类文明形态，在向它跃迁的历史过程中，不但人与自然的关系会发生深刻的变化，而且人与人、人与社会、人与自身的关系也会发生深刻变化。这是一种趋势，顺其者昌，逆其者亡。为揭示它，把握它，从而主导它，我们在国家社科基金重大项目的结题之作中提出了中国生态文明建设要致力于"一个构建"和"六个推进"的总体框架，即构建生态文明核心价值，推进思维方式、经济发展方式、科学技术、消费方式、城乡建设和人格的生态化。这套丛书，虽仍依据总体框架的思路，但却对它进行了拓展，增加了法治生态化和文学艺术生态化。道理不言自明：中国的生态文明建设不但需要以核心价值的构建为灵魂，以思维方式、经济发展方式、科学技术、消费方式、城乡建设和人格的生态化推进为先导、基础、动力、牵引、载体和归宿，还离不开法治的生态化推进、文学艺术的生态化推进为保障、为催化。可见，原定的框架体系不是封闭僵化的，而是开放包容的，且富于弹性，必须与时俱进，逐步完善。这是学术的生命力所在！

二是内容更加充实。这套丛书中有 7 部著作是在原有的"一个构建"和"六个推进"的框架下写成的，除加了副标题外，主标题几乎都一样，但内容上得到了极大的充实，仅从文字数量的增加便可见出。在《我国生态文明发展战略研究》一书中，这 7 部著作都是一章的篇幅，每章 6 万至 8 万字不等，而在丛书中，一章成为一书，篇幅都到了 20 万字左右。内容的充实最关键的地方在于，观点更加明确了，结构更加合理了，逻辑更加严谨了，材料更加翔实了，论述亦更加周全了。

三是实践指向性更加突出。生态文明建设，对于现时代既是一个重大的理论课题，又是一个重大的实践课题，尽管对它的理论研究，尤其是基础理论研究还有许多薄弱环节，须臾不可松懈与停顿，但理论的目的在于应用，应用于指导实践，以增强实践的自觉性、主动性，避免实践的盲目性、被动性，在指导实践中接受实践的检验，走向成熟。于是，我们对丛书做了战略对策性研究的学术定位，要求作者尽可能地参照国外正反两个方面的经验教训，结合中国的国情，博采众长，集百家之言，成一家之说，力争从理论与实践的结合上，对我国生态文明建设提出更多、更好的建议。尽管我们做得还很不够，但可以肯定的是，我们努力了。

全套丛书由 9 部著作组成，它们既是一个有机整体，在内容上和排篇布局上具有较高的关联性和统一性；同时，在文字表达与论证方式上又各具风格与个性。这 9 部著作分别为：

1. 《生态文明的愿景：寻求人类和谐地栖居》（李培超、张启江著）；

2. 《思维方式生态化：从机械到整合》（舒远招、周晚田著）；

3. 《科学技术生态化：从主宰到融合》（李培超、郑晓绵著）；

4. 《经济发展方式生态化：从更快到更好》（刘湘溶、罗常军著）；

5. 《消费方式生态化：从异化到回归》（曾建平等著）；

6.《城乡建设生态化：从分离到一体》（朱翔著）；

7.《法治保障生态化：从单一到多维》（李爱年、肖爱著）；

8.《文学艺术生态化：从背景到前景》（龙娟、向玉乔著）；

9.《人格教育生态化：从单面到立体》（彭立威、李姣著）。

丛书是国家新闻出版广电总局"十二五"国家重点图书出版规划项目，由湖南师范大学出版社出版，它的研究与撰写得到了国家出版基金、教育部人文社会科学重点研究基地、湖南省中国特色社会主义道德文化协同创新中心、湖南师范大学生态文明研究院的经费资助，在此，我代表我们团队向所有对丛书出版给予帮助和支持的单位和个人表示衷心的感谢！

刘湘溶

2015 年 11 月

目　录 CONTENTS

导 论

消费方式与生态文明

十八大报告用专章阐述生态文明建设并指出，发展循环经济，促进生产、流通、消费过程的减量化、再利用、资源化；加强生态文明宣传教育，增强全民节约意识、环保意识、生态意识，形成合理消费的社会风尚，营造爱护生态环境的良好风气。由此可见，消费方式与生态文明之间存在着直接的关联性。建设生态文明，必须转变经济增长方式，必须转变消费模式。

一、消费方式与环境危机

消费方式是指在一定社会经济条件下，消费者与消费资料相结合以满足消费需要的方法和形式，是消费的自然形式和社会形式的统一。消费方式是人类社会生活方式的重要内容。广义的社会生活方式是指人们在一定社会关系中的生存和活动的方式，狭义的社会生活方式是指人们在社会生活中与消费资料相结合的方式，即消费方式①。在生态学视域中，消费问题与生态问题、环境问题是紧紧地联系在一起的，"消费问题是环境问题的核心，人类对生物圈的影

---

① 消费方式和消费模式的概念在内涵和外延上应有区分。消费模式是指消费方式、消费水平和消费结构三者的有机结合，通俗地说，就是指消费开支在主要商品及劳务类别之间的分配。本书作为对策性研究，对此不做严格区分。

响正在产生着对于环境的压力，并威胁着地球支持生命的能力。"①

（一）环境危机的性质判断

在现代社会，几乎不会再有人把企业所导致的环境事件完全看作是自然事件，但自然界经常发生干旱、洪水、台风、地震、海啸、泥石流等各种异常气候或地质灾害事件。这些事件在许多人看来似乎完全是天灾，而非人祸。

对此，世界著名思想家、宗教家、教育家池田大作非常肯定地认为："尽管表面看来是大自然独立的现象，但若从本质的观点来看，可以认为是包含人类在内的整个生命世界在起作用，而形成了异常变化的几个原因。……最近发生的许多灾害就间接地与人类活动有关，也就可以说是以天灾形式出现的人灾。"② 这无疑是说，自然界没有纯粹的自然灾害，所有的自然现象其实都有着各种生命世界的参与，因而"天灾"即"人灾"。这个观点虽然看起来有些绝对，但振聋发聩。

之所以说自然灾害即人为祸患，是因为人类的科学技术已全面覆盖了自然界，其力量足以摧毁地球。科学技术对于人与自然的颠倒或逆转是工业文明以后的事情。在此之前，人类经历了相当漫长的渔猎文明、农耕文明时期。在这一时期，人与自然的关系还是协调的。进入工业文明之后，人类与自然的合作关系断绝，取而代之的是对自然的全面进攻。正是这种破坏，终于使得今天人类自身的生命遭遇到了威胁。因此，可以认为，在现代技术文明还没有覆盖住整个地球之前，差不多所有灾害都可以说是自然灾害，即天灾。这种称为天灾的环境异变，对人类构成了可怕的威胁，所以人类拼命地抵抗，渐渐地战胜了这些威胁。……与灾害的斗争也促进了科学的发展。③ 在与灾害相斗争中发展起来的科学诡谲地成为了制造灾害的凶器。即使是全球气候变暖这样的变化，恐怕也与人类的活动，特别是消费活动相关。有人推测这种变异大概和太阳黑

---

① ［美］施里达斯·拉尔夫. 我们的家园——地球［M］. 夏堃堡，译. 北京：中国环境科学出版社，1993：152.

② ［英］汤因比，［日］池田大作. 展望二十一世纪［M］. 荀春生，等，译. 北京：国际文化出版公司，1985：37.

③ ［英］汤因比，［日］池田大作. 展望二十一世纪［M］. 荀春生，等，译. 北京：国际文化出版公司，1985：37－38.

子及海水温度的变化有关，是太阳黑子使地球上气压的分布发生异常，由此引起了气候的变异和灾害的发生。部分科学家确实认为，地球气候的长期变化与太阳活动，即太阳黑子发生的多少密切相关。由于气候系统所有的能量基本上来自太阳，因此太阳辐射的变化被认为是引起气候系统变化的一个外因。在气候系统的自然变化中，最重要的方面是大气与海洋环流的变化或脉动，大气与海洋环流的变化有时可伴随着陆面的变化。这种环流变化是造成区域尺度气候要素变化的主要原因。此外，火山爆发也是影响气候变化的自然因素之一。火山爆发之后，向高空喷出大量硫化物气溶胶和尘埃，可以到达平流层高度。这些科学家的结论是，"气候如何变化"是自然现象使然，与人的活动无关。池田认可"这也许是事实"，但是，"我推测人类的活动大概是以某种形式与这些变异、灾害有关系的"①。他以事实来说明他的推测。在城市地区，有的地方是通过碳酸气的温室效果来提高气温；相反，也有的地方是利用微小浮生物遮挡太阳光制造冷却现象；石油废弃物投弃在海洋中影响了海水的蒸发，也给气候带来了变化。这些事例有力地说明了气候变化这种看似与"人"无关的"老天爷"脾气其实可能与人的活动相关。有些推测也被另一些科学家予以证实。这些科学家认为，人类活动，特别是工业革命以来，人类活动是造成目前以全球变暖为主要特征的气候变化的主要原因，其中包括人类生产、生活所造成的二氧化碳等温室气体的排放，对土地的利用，城市化发展等。联合国政府间气候变化专门委员会（IPCC）于 2007 年发表的第四份评估报告指出，全球气温上升是由人类活动导致的，其可能性超过 90%。在关于气候变化的科学性问题上，人们还在继续探索，不管其结论如何，池田的分析都在警示着人们要审慎自我行为："因为这些异常现象交织起来，十分有可能招致全球性的异常变化。如果看不到这一点，甚至就有使地球陷于毁灭的危险。""为此，我认为有必要严肃考虑人类行为对自然运行、自然界的协调所产生的影响，严格限制那些哪怕很微小的孕育着危险的行为。"②

---

① ［英］汤因比，［日］池田大作. 展望二十一世纪［M］. 荀春生，等，译. 北京：国际文化出版公司，1985：37.
② ［英］汤因比，［日］池田大作. 展望二十一世纪［M］. 荀春生，等，译. 北京：国际文化出版公司，1985：37.

此外，即使我们目前还没有确切的证据可以说人类就是气候变异的灾害根源，但"人类的力量影响到环境，已经达到了会导致人类自我灭亡的程度，这种情况似已确定无疑。如果人类为了满足贪欲而继续使用这些力量，必将自取灭亡"①。汤因比的这个结论无疑是正确的，即便是现在所发生的一切灾害并非都是人力所为，但人的力量足以影响甚至毁灭整个地球。站在这个角度来说，池田肯定地认为，"在现代，灭绝人类生存的不是天灾，而是人灾，这已经是昭然的事实。不，毋宁说科学能够发挥的力量变得如此巨大，以至不可能有不包含人灾因素的天灾。"② 这是对当今人类所遭遇到的各种灾害性质的判断。这个判断至少给我们这么几个重要启示：第一，自从人类以科技来掌握自己的命运之后，自然界的各种变化都与人类的活动密切相关，都渗透着"人"的因素，纯粹的自然变异几近殆尽；第二，人类征服和破坏大自然既造成了环境污染，也导致了人类精神失落；既酿成了世界性危机，也给后代人类发展制造了障碍。"人类似乎忘记了实质上他是基于自然世界的和谐秩序构成的，而他的思想活动正好反映了这个秩序的和谐节奏。每当人类破坏或改造大自然的时候，他同时在破坏他自己的思想和身体。而且，我们要记住，今天的破坏不单对当代的人，甚至对将来的人也有严重的影响。"③ 第三，现代世界的孽债源于人性的贪欲，改变魔性的欲望必须进行人性革命，只有当越来越多的人做到内在和外在的人性革命时，人与人之间以及人与大自然之间的关系才会变得和谐。显然，池田关于环境危机的思想对于人们如何对待自我欲望、如何在伦理上做出努力进行自我控制等问题，无疑具有重大的理论价值和实践意义。

美国波士顿学院社会学教授查尔斯·德伯认为，美国的"千禧一代"并不完全抵触消费，但因为体会到美国特有的消费至上主义的消极一面，并且意识到资本主义制度在可持续性与道德层面的根本性问题，他们不再拥抱消费至上主义，转而思考面向未来的新型消费心理、消费模式。那么，消费主义究竟

---

① ［英］汤因比，［日］池田大作. 展望二十一世纪［M］. 荀春生，等，译. 北京：国际文化出版公司，1985：38.
② ［英］汤因比，［日］池田大作. 展望二十一世纪［M］. 荀春生，等，译. 北京：国际文化出版公司，1985：38.
③ ［意］奥利利欧·裴彻，［日］池田大作. 为时未晚［M］. 杨僖，译. 香港：牛津大学出版社，1992：106.

会带来哪些严重的问题呢？查尔斯·德伯说，至少带来了以下困扰：为了占有更多资源，进入更多竞争，间接拉大了他们与家人、朋友的距离；带来了对环境并不友好的生活方式；间接引向了更大的不公平，有人寻求获取更多，却不惜以牺牲他人利益为代价；减弱了对公共生活的兴趣；淡化了人们对人生意义的追寻。①

（二）环境危机的重要原因

十八大报告指出："面对资源约束趋紧、环境污染严重、生态系统退化的严峻形势，必须树立尊重自然、顺应自然、保护自然的生态文明理念。"当前发生的各种各样的环境事件不是偶然的，而是有其深层的社会历史原因。

其一，社会发展逻辑论。一开始，人们把环境事件的致因主要归结为技术的发展、人口的剧增、工业化、城市化等一般现象，认为社会发展，特别是科学技术的发展必然会带来环境事件等灾难，因此，环境事件是社会发展中不可避免的代价。工业化过程即城市化过程，在此阶段，发达国家也出现了汽车拥挤、垃圾遍地、绿地不足、地价暴涨、环境污染……这些问题不是发达国家独有的，而是现代文明本身缺陷的最集中的暴露，是发达国家普遍遇到的问题。这些国家在朝着工业化迈进时，无一例外出现了上述城市病。从某种意义看，把现在的环境危机视为社会不断向前发展所带来的逻辑后果不是不可以的。

其二，生产关系逻辑论。"社会发展逻辑论"看到了社会工业化过程难以避免的环境困境，但并没有抓住产生环境事件的实质，而且这种观点还否认了人类可以突破社会发展与避免环境事件之间必然逻辑链条的可能性。1964年，宫本宪一和庄司光在《可怕的环境事件》一书中开始从批判资本主义体制的角度来探究环境事件的原因。他们断言："环境事件是伴随资本主义生产关系发生的社会灾难。它是以资本主义企业及个人经营的无计划的土地—资源使用和社会资本不足、城市规划失败为原因，危害农民和市民生产生活的灾害。因此，环境事件是阶级对立的反映。加害者主要是资产阶级，受害者主要是农民

① [美] 查尔斯·德伯. 消费至上主义需要改变 [EB/OL]. [2013-04-25]. 人民网.

和工人阶级。"① 应该说，"生产关系逻辑论"比起"社会发展逻辑论"来，更深入到了社会的本质层面来寻找环境事件的深层次问题，但它无法面对反对者的诘难：难道社会主义国家就不会发生环境事件吗？在社会主义国家，一些人当初也坚持认为环境污染是资本主义制度固有矛盾的反映，社会主义制度不存在这样的问题。但是，随着前苏联和中国也发生环境事件，特别是环境事件开始从地域性问题演变为世界性问题后，"生产关系逻辑论"不攻自破，其支持者开始逐步被迫放弃这个理论。20 世纪 80 年代末，宫本本人在反省原有理论的简单、片面性错误的基础上，提出"中间系统论"，认为应当从全部现存的政治经济结构，而不仅仅从资本主义生产关系上去说明环境破坏的原因。

以金融为主导的全球性资本主义，完全是本着"可行与不可行"、"赚钱与不赚钱"这类缺乏人性的基准来判断所有事物。这就是说，在资本主义社会，使自然环境变成为我所用的生活资料是天经地义的，不存在所谓道德判断问题。因此，宫本赞成法国哲学家安德列·孔特-斯蓬维尔在《资本主义有道德吗?》一书中的结论，要从资本主义找出道德，无疑是缘木求鱼。资本主义有着自己的轴心，只会无限大地追求可行的和有利润的东西。在追求利润的根本目的之前，保证就业、福利事业等生活价值仅有着次要的价值。至于其他制度的国家也同样不可避免地会发生环境事件问题，这是由于任何社会中，都存在着资本逐利的逻辑。

其三，资本逐利逻辑论。"生产关系逻辑论"既无法回答反对者的诘难，实际上也否定了处在资本主义生产关系的条件下克服环境破坏的可能性。因此，持此论者之后比较倾向于把环境破坏的根源归结为"资本的逻辑"。资本具有追求利润、追求增殖的本性。从资本逻辑来说，如果没有法律制约的话，无偿地从自然中获取大气和水等资源，把生产过程中产生的废水、废气、废物排放到环境中去是理所当然的。池田大作认为，在资本主义社会里，人会靠储藏物质，尤其是"货币"来寻求心灵的安慰。货币，作为满足生活上各种需要的交换手段，当然是绝对必须的。但当把货币作为"财产"或"资本"来

---

① 冯雷. 当今日本环境思想简介［J］. 国外理论动态，2001（2）.

看待，则这种"相对需要"会从"手段"变成"目的"，而不断自我进行增值，不断自我膨胀。从而，满足欲望作为人的一种需要就上升为绝对需要，演变成唯一目的。虽然说如今是一个价值多样化的社会，但实际上只有一元化的金钱价值在不断侵蚀着各种社会价值和生活价值，并腐蚀着人所有的秩序感觉。这正是近代文明的本质特征。① 在资本的视野里，金钱价值至上的观念不可能把无声无息的自然物当作人类生存的根基，而只能成为攫取的对象。

其四，消费异化矛盾论。人们在进行吃喝住穿行这一系列活动的时候，必然要通过消费自然资源来满足自己的需要。因此，自从人类降临地球，消费与生态便在一定意义上构成一对矛盾。在工业革命之前的历史长河中，人类的消费始终置于生态的可接纳、可融入、可持续的语境之中。自工业社会以降，消费开始出现问题，主要是过度、奢靡、高碳、不环保、不循环，表现在人们日常生活的方方面面和人生的各个阶段——衣、食、住、行、游、生、老、病、死、葬。这种不合理的消费模式，直接加重了自然的负荷，导致了人异化于自然，人的贪婪最终导致了自然界满足人类需要的能力降低，甚至于部分丧失；同时，过度强调物欲的满足，造成了人类精神家园的空虚，人的可持续发展面临危机。因此，消费与生态一直以来便成为难以调和的矛盾。世界顶尖环境战略研究学者乔根·兰德斯 2013 年 9 月 25 日在北京大学政府管理学院，以《2052：未来四十年的中国及世界预测》为主题发表演讲。他预言，过去，四分之一的 GDP 用于发展，而四分之三，也就是大部分用于消费；在 2052 年，人类可能会花更多的资金用来修复气候变化所带来的一系列问题，包括治理污染，这种比重会越来越大。用他的另外一句话说，人类消费的增长会陷入停滞状态，因为国际社会需要花更多的钱用来修复和适应气候变化。②

其五，人性自私贪婪论。随着全球环境每况愈下，各种世界末日论也开始泛滥。好莱坞大片《2012》以"世界末日"为背景，讲述了 2012 年 12 月 21日全人类经历的劫难。紧接着，2010 年 8 月，著名物理学家史蒂芬·霍金又

---

① ［2010 - 09 - 01］. http：//www. daisakuikeda. org/chs/props. html（池田大作中文网）.
② 兰德斯：未来四十年的中国与世界［EB/OL］. http：//news. ifeng. com/exclusive/lecture/special/landesi/.

一次以巫师般的咒语震惊世界。他在接受美国著名知识分子视频共享网站 Big-Think 访谈时声称，地球将遭遇世界末日——在 200 年内毁灭，而人类要想继续存活只有一条路——移民外星球。

在人类历史上，关于世界末日的言论从不鲜见。犹太教、基督教、伊斯兰教等都有所谓的世界末日论。只是今天的这些预言与以往的完全不同。霍金对自己的预言辩解称，"由于人类基因中携带的'自私、贪婪'的遗传密码，人类对于地球的掠夺日盛，资源正在一点点耗尽，人类不能把所有的鸡蛋都放在一个篮子里，所以，不能将赌注放在一个星球上。"[①] 霍金的警世之语并非危言耸听。他之所以爆出"200 年内地球将毁灭"的惊世绝论，是由于他对人类的自私、贪婪之本性的改变几近绝望。池田大作早在 20 世纪 70 年代与汤因比的对话中就说到，与以往的世界末日论还相信善良的人会得到拯救的乐观主义不同，今天的世界末日论，就连人类生命的善良部分都得不到宽恕，人们陷入了深深的绝望中。人们绝望的是人的"自私贪婪"之本性能否根除或有所收敛？对此池田做了深入分析。

环境问题根源于人的自私贪婪。作为宗教家、思想家的池田在看到社会发展进程、生产关系性质、资本逐利本性所带来的环境问题之同时，更深刻地认为，环境问题即人本身的问题，所谓生态危机，从根本上说，乃是一种人的危机的外在表现。更进一步说，我们现在所面临的各种人为问题，包括生态危机，都起因于人的贪欲性和侵略性，是自我中心主义的产物。人类对大自然的征服与掠夺主要是为了满足人类不断增长的物质生活需要，而人类之所以在物质上有这样无穷无尽的需要，根本的原因乃是人类作为生命的存在在其人性的深处潜藏着一种"魔性的欲望"，即自私贪婪的本性。汤因比博士说："人类本来是贪欲的存在，因为贪欲性是生命特质的一部分。"[②] 作为与其他生物所共有的这种本性，人具有可控性，就是说，既可以放任这种本性，又可以对此加以抑制。但是，在当今社会，人类的贪欲不仅没有收敛，反而在不断膨胀。

---

① 霍金地球毁灭论值得重视 保护环境刻不容缓 [N]. 大公报，2010 - 08 - 11.
② [英]汤因比，[日]池田大作. 展望二十一世纪 [M]. 荀春生，等，译. 北京：国际文化出版公司，1985：38.

这种欲望并不是人的正常需要，池田把它称作"魔性的欲望"。他说，"所谓'魔性的欲望'就是人想统治别人，或以自然的统治者姿态出现。"① 自然环境是人类满足欲望的征服对象，人们要不断从自然中获得生存、发展和享受的对象，这本是人类不至于灭亡的必然性所在，但当前的人类完全沉湎于低劣的物质贪欲，早已忘记了自己本来的使命及存在的根据，而视自己为万物之灵，是凌驾于自然之上的操纵者、统治者。

由此可见，结论似乎是"人的贪欲不除，人类无以安宁，自然无以安全"。这几成共识。霍金也是这种主张，只是他已经没有任何信心对此期待，从而滋生悲观主义。与此不同，池田并不认为人的贪欲是可以彻底消除的，而且并非只有彻底消除魔性的欲望，人类才有希望，环境才能好转。他明确地告诉人们："'魔性的欲望'本来就存在于人的生命内部，是不能彻底消除的。只能反复削弱其作用，不断地使其冥伏。这种战斗，是人的宿命。"② 易言之，人的欲望是人之为人的一种本能，是产生、支撑生命的精神能量的别名，因而把这些欲望压服在无意识状态不可能，否则会招致各种精神疾病，彻底切断它们也不可能。为此，他不赞成消灭生命以消灭欲望，即通过消灭欲望而离开生命达到"涅槃"的"无我论"。这种做法，与佛陀自己得到悟性之后仍然留在这个世上拯救众生的实践是矛盾的。但是，人所共知，魔性的欲望恰恰又是导致当前各种罪恶的人性根源。那么，如何才能既制止当前的罪恶又不"无我"呢？池田认为大乘佛教有教于此。大乘佛教并不提倡无我论，追求清除欲望，而是主张宇宙和其他一切生命跟自我之间的调和与融合；主张在这里才有人生的理想和幸福。为实现这种幸福，其实践就表现在由慈悲而产生的"利他"。通过这一高尚的理念，自然地就把欲望克服了。也就是教导我们，通过对"大我"（宇宙的普遍的自我）的觉悟，去克服跟欲望相通的"小我"（个人

---

① ［英］汤因比，［日］池田大作. 展望二十一世纪［M］. 荀春生，等，译. 北京：国际文化出版公司，1985：392.

② ［英］汤因比，［日］池田大作. 展望二十一世纪［M］. 荀春生，等，译. 北京：国际文化出版公司，1985：393.

的自我）。① 池田所主张的"人性革命"也是来自大乘佛教《法华经》的这种教义。人性革命不是要革去自我的生命，而是要制服"魔性的欲望"，由利己的生活方式转变为利他的生活方式，从堕落为自我的本能的欲望和感觉的欢欣的俘虏的状态中奋发起来，主动地进行自我变革②，使之引向创造生命的方向，使个体的"小我"融入宇宙的"大我"。

二、消费方式与生态文明

文明是消费的文明，消费是生态的消费。人类所经历的文明史无一不与消费方式的更新改进相关，而消费方式的发展进步也是文明进化的结果。"消费的历史，就是时代的历史——不同的时代将留给人们不同的消费的烙印。"③

（一）消费与文明

根据人与自然的关系来划分，人类的文明史大致可分为三个阶段：第一个阶段是原始文明，即法国艺术史学家尤伊古所说的"先史时代"，在这个阶段，自然力的本性是神秘的，人是透过被认为具有魔力的象征物或象征性形象的手段来利用或躲避自然对人的侵害，几乎全面地依存于自然的秩序。这是人与自然关系的"敬畏阶段"。第二个阶段是农业文明，人类与自然结成了同盟关系，人类理解自然，顺应和利用自然获得生存的条件，从而摆脱了盲目的被动的存在。随着人类智慧的不断出现，人类出现了企图改良现存物，使其发生变化以符合自己的喜好，从而必然逐渐产生进一步统治自然的欲望，比如破坏大片森林，使其变为田园。人类的这种愿望虽然越来越强烈，但由于工具落后，对自然的进攻性力量还受到与自然调和的一般规律支配，人类的堕落和对自然的破坏仍然有限。这是人与自然关系的"妥协阶段"。第三个阶段是工业文明，人类与自然的合作关系断绝，取而代之的是对自然的全面进攻，开始大肆袭击、伤害、榨取自然。池田说，近代工业不仅不依存于自然的秩序，而且

---

① ［英］汤因比，［日］池田大作. 展望二十一世纪［M］. 荀春生，等，译. 北京：国际文化出版公司，1985：395.

② ［日］池田大作，［法］路奈·尤伊古. 黑夜寻求黎明［M］. 卞立强，译. 北京：中国国际广播出版社，2003：181－182.

③ 刘汉太. 消费的福祉［M］. 北京：中国发展出版社，2006：8.

恰恰相反，是通过对自然秩序的破坏来进行的，正是这种破坏，终于使得今天人类自身的生命遭遇到了威胁。① 这是人与自然关系的"颠倒阶段"。

近代工业革命以来的历史，在地球数十亿年的生命史中，甚至在数万年的人类史中不过区区一小段，但这数百年是一段辛酸与悲苦、发展与毁灭交加的时代。它既为人类创造了前所未有的财富，又使人类陷入了前所未有的困境中。现代文明的力量已经巨大到足以破坏自然体系的程度。这种力量的源泉在于人类获得了以理性为基石的科学技术和文化。所谓文化，与物化相对，是人类建造的属于自己的精神世界，简单地说，就是"化人"。文化作为人与自然沟通的中间环境，建造得愈大就愈使得人类谋求与自然融合的愿望更加强烈。这就像弹簧一样，拉得愈远弹回的力量便愈大。因而，"现代文明使人类愈来愈脱离自然。不仅如此，文化环境的扩大还破坏了自然的环境，使它变得狭窄。……变窄了自然就会丧失适应变异的弹力，很容易遭到破坏"②。在近代以来的文明观里，自然的一切都是毫无生命气息的存在，是等待人类去开发、去征服的物质资源。这种见解不仅导致人与人之间的相互关系、人与大宇宙之间的关连被截断，而且也使得人类自身沉沦，甚至漠视生命。人类陷入了佛法所说的"小我"的牢笼之中。

人类在近代文明中是如何侵害自然、轻视生命的，在这里不是我们要分析的重点；我们要知道的是发生这种现象背后的哲学道理。更直接地说，近代文明与现时代的危机究竟是什么关系？是一种与生俱来、内生性的，还是其他关系？

近代文明不仅仅给人类带来了环境问题的梦魇，其"最大的缺陷和歪曲，归根结底是在于使人们丧失了凝视自己的内面并加以正确引导的态度"③。也就是说，现代的人们总是把心朝外，忽视了内在方面的提高。所谓"外在"，

---

① ［日］池田大作，［法］路奈·尤伊古. 黑夜寻求黎明［M］. 卞立强，译. 北京：中国国际广播出版社，2003：72－79.

② ［日］池田大作，［法］路奈·尤伊古. 黑夜寻求黎明［M］. 卞立强，译. 北京：中国国际广播出版社，2003：205.

③ ［日］池田大作，［法］路奈·尤伊古. 黑夜寻求黎明［M］. 卞立强，译. 北京：中国国际广播出版社，2003：229.

就是生不带来死不带走的物质性变化。重视工具改进以促进生产力的发展，重视物质财富的增长，这是近代以来科学技术变革的使命所在。人们为了追求这种物质上的进步绞尽脑汁，费尽心思。所谓"内在"，就是人的精神变化，这是看不见摸不着的内在气质。人活着不能仅有物质力量，还必须具有精神世界。可是，近代文明教导人们追求的唯一主旨是物质世界的膨胀，而不是精神世界的丰富，任由精神这种内在性的、气质性的世界坍塌下去，而这正是近代以来文明所带来的时代危机的实质。"破坏自然环境当然是可怕的，但更可怕的是人们精神的颓废。这种可怕的后果已经在现代的文明社会的各个方面表现出来。"①

为什么近代文明一方面会使物质财富不断增加，另一方面又会使精神力量不断贫弱呢？这个内在冲突在于文明本身的含义之中。"所谓人类文明，极端地说，不过是为了充分而有效地满足这些欲望而产生和构筑的。"满足无休无止的欲望的要求会促使人们产生征服外在世界的冲动，而人类征服自然所凭借的武器是理性。"理性一向是为了帮助欲望、满足欲望而发挥了作用。从人类使用最原始的工具的时代起，可以说文明就是理性的产物。"② 在西方文化的根底中一直存在着崇尚理性和理性至上的传统，而理性要求思维方式必须以主、客二元分离为前提。在西方文化传统看来，惟其如此，方能保证知识的客观性。于是，探求"知识的客观性"便成为理性向外征服自然的合法性目的。近代以来，特别是培根以后，人们对"知识"的看法不再局限于一种对自然的认识与观解，而是把它看作为一种改造自然与征服自然的"力量"，所谓"知识就是力量"。但是，这一客观性的认知活动不是单纯的科学性活动，实际上包含着为了人类的利益才去认识、征服和利用自然这一根本目的。池田说："犹太一神教认为人类是最接近神的存在，所以理所当然地要征服其他生

① ［日］池田大作，［意］奥锐里欧·贝恰. 二十一世纪的警钟［M］. 卞立强，译. 北京：中国国际广播出版社，1988：139.

② ［日］池田大作，［法］路奈·尤伊古. 黑夜寻求黎明［M］. 卞立强，译. 北京：中国国际广播出版社，2003：260.

物和自然，使其为人类服务。这种思想深藏在现代思想的底部。"① 在这种理
性使然之下，由科学所构筑的近代文明，一方面"给人类带来恩惠，使人类
的物质生活变得那样的富足，这在过去是无法想象的"，对此，应予以肯定
的；但是，另一方面它"把解放人的生命内部的各种欲望合理化"。这样，近
代文明既实现了将人的欲望完全合理化的内在目的，又达到了征服自然合法化
的外在目的。然而，这些被合法化的欲望，真是人类的根本需要吗？"被科学
文明解放出来的、从人的生命中涌现出的欲望，主要是本能的欲望和物质的欲
望以及与这些欲望相关的权力欲、支配欲、名声欲和名誉欲等"。② 如果人类
任凭这些"魔性的欲望"支配，就会以欲望的奴隶之名哀求近代文明向自然
讨伐以不断充塞无底的欲望之井。在欲望的驱使之下，人的向外征服之剑成为
了正义之剑，池田深刻地指出：为了遵从神的意志而对统治自然所做的努力，
在这里是与人满足其欲望的行为直接联系在一起的。因而西方可以怀着绝对的
自我肯定的信心，把满足其欲望的行为看作是正义的——这恐怕就是近代西方
的动力。③

池田先生不仅洞穿了文明的欲望本质，而且还深入地分析了企图把自然的
产物变为自己所有，为此目的而创造出的文明是资本主义社会的要害。本来，
修罗界的胡作非为的性格是人所具有的内在本性，它在任何时代都在寻找飞扬
跋扈的机会。但是，科学技术文明与资本主义高度发展的现代社会，产生了会
益发歪曲人的十界本有生命的种种因素。它使人迷失了方向，日益感到不安，
特别是在资本主义社会里，人会靠储藏物质，尤其是"货币"，来寻求心灵的
安慰。货币，作为满足生活上各种需要的交换手段，当然是绝对必须的。但当
把货币作为"财产"或"资本"来看待，则这种"相对需要"会从"手段"
变成"目的"，而不断自我进行增值，不断自我膨胀。从而，满足欲望作为人

---

①　[英] 汤因比，[日] 池田大作. 展望二十一世纪 [M]. 荀春生，等，译. 北京：国际文化
出版公司，1985：33.

②　[日] 池田大作，[英] B. 威尔逊. 社会变迁下的宗教角色 [M]. 梁鸿飞，王健，译. 香港：
三联书店有限公司，1995：372.

③　[日] 池田大作，[法] 路奈·尤伊古. 黑夜寻求黎明 [M]. 卞立强，译. 北京：中国国际广
播出版社，2003：86.

的一种需要就上升为绝对需要，演变成唯一目的。虽说现今是一个价值多样化的社会，实际上是进行着金钱价值的一元化，在不断侵蚀着各种社会价值、生活价值，并且在腐蚀着人所有的秩序感觉。这正是近代文明的本质特征。① 由此可见，近代文明与自然体系的破坏和人的内在精神的沉沦之间存在着直接链条关系。但或许这只是一种历史的演绎，时代危机的幕后推手是什么呢？

（二）生态文明与消费方式生态化

人的精神沉沦和自然界的危机是一体不二的关系。但精神沉沦何处？自然生态又为何被毁？实际上，时代危机的幕后推手是消费！消费是人的需要的体现，是生产发生的动机，是人的本质的证明。

消费不是一种单纯的经济现象，而是一种体现人的道德价值观的伦理文化现象。消费的这种文化性表明，消费可以区分为不当消费和文明消费。不当消费是指在不健康的理念指导下的消费方式，比如吝啬消费、奢侈消费；正当消费是指一种健康、理性的消费方式，比如适度消费、绿色消费。

消费是人类存在和发展的证明。马克思主义认为，消费是"人的本质"的表现和确认，也是人的本质不断升华、不断发展的重要条件。人们正是在感性的占有中实现存在，体现人的本质。马克思说，"一切对象对他说来也就成为他自身的对象化，成为确证和实现他的个性的对象，成为他的对象……因此，人不仅通过思维，而且以全部感觉在对象世界中肯定自己。"② 以消费占有对象，以占有对象证明存在，这是人的本质力量和本性的体现。关于占有和存在之间的关系，弗洛姆从三个方面做了阐释：第一，占有意指那些固定的，可被描述的物，存在则指体验，而人的体验是不可描述的；第二，在占有这一生存方式中，我与我所拥有的物之间不存在生命的关系，因此占有的过程不能体现主体与客体之间一种有生命力的、创造力的关系，而存在方式的先决条件是人的独立、自由和具有批判理性，其基本特征是存在的主动性，即创造性地使用人类的各种权力，因此能体现主体与客体之间有生命力的、创造力的关

---

① ［2010 - 09 - 01］. http：//www. daisakuikeda. org/chs/props. html（池田大作中文网）.
② 马克思恩格斯文集：第一卷［M］. 北京：人民出版社，2009：191.

系；第三，存在生存方式只在于"此地此时"，但时间并不是制约存在的尺度，因为爱的感觉、快乐的感受以及获得真理的体验就发生在此时此地，而这"此时此地"就是永恒，相反，占有生存方式则在于既定时期之内，即过去、现在或未来。由于在占有的过程中，人总是眼望着过去，并试图去体验，因此占有的时间是过去的时间，而过去的时间又是短暂即失的。在当代"消费社会"（波德里亚），正是占有的短暂性和存在的永恒性这对矛盾制约着、刺激着消费的不断增量和不断增质。

　　然而，这只是消费现象运动的本质，还不是消费的本质，消费的本质是需要的满足。人的需要才是生产和消费的原动力。马克思认为，"没有需要，就没有生产。而消费则把需要再生产出来。"① 而人的需要是丰富的，这是"人的本质力量的新的证明和人的本质的新的充实"②。这表明，没有需要就没有生产，没有生产就没有消费，没有消费就没有再生产。社会生产和消费的全部目的在于满足人的内在需要，实现人的全面发展。在社会发展的不同历史阶段，人的需要和需要满足的方式是不同的。马克思主义认为，人的需要不只是维持自身新陈代谢的需要，而主要是实践主体自我创造、自我发展、自我完善的需要，人的需要是人的实践能力、人的本性的体现。人的需要的满足即消费是在人的能动的、创造性的生产实践活动中不断实现的，新的需要又随之产生。因此，消费是生产的出发点和落脚点。在市场化的今天，科学技术推陈出新，生产力水平不断提高，消费正日益强劲地展示出其对生产的反作用力，任何一个国家都不可能无视消费而妄谈经济的发展，任何一个企业都不可能放弃捕捉社会消费心理的变化而盲目地进行产品开发和扩大再生产，任何一个家庭和个人都不可能离开消费而奢谈家庭或个人幸福。

　　与科学发展观的核心要求相同，"以人为本"也是科学消费观的本质要求。科学发展观的第一要义是发展，核心是以人为本，并通过全面建设小康社会来实现人的全面发展，这就要求人的经济、政治、文化和生存环境等需要得到全面满足，人的思想道德素质、科学文化素质、生理素质、心理素质等得到

① 马克思恩格斯文集：第八卷 [M]. 北京：人民出版社，2009：15.
② 马克思恩格斯文集：第一卷 [M]. 北京：人民出版社，2009：223.

全面提高，人的积极性、主动性、创造性等得到充分发挥，人的自由、平等、人权得到全面培育。而所有这一切都要通过消费来实现，并依赖消费（需要）得到保障。就此而言，"消费"不但无罪，而且直接是人的存在方式的显示。但"何种消费，如何消费"才是合理的、文明的，才既能使自己的需要得到满足，又有益于人类的健康？解决这个问题不在于消费本身，而在于这样两个方面：从主体方面而言，在于调整需要、健全需要，使需要本身符合人的全面发展的规律，促进人我关系的和谐；从客体方面而言，在于调整社会关系，促进人与人之间的和谐，在于调整人地关系，促进人与自然之间的和谐。

改革开放三十多年来，伴随社会经济的发展，我国人民的总体生活水平明显得到提高，生活条件得到显著改善，消费文明不断得到提升。主要是：

首先，在消费方式上，多样化的消费取代了单一化的消费。人们已经完全摆脱把消费等同于满足生存需要的消费方式，逐渐从温饱生存型消费走向了发展享受型消费。非物质形态的消费，如教育、健康、信息、旅游、休闲占据了越来越重要的位置。

其次，在消费对象上，高档消费日益平民化。尽管马太效应正在发威，贫富差距还在扩大，以中等收入阶层为主体的正态分布曲线并未形成，但以前想不到、不敢想、不可能获得的商品如彩电、电冰箱、手机、电脑等家电通信用品一如"旧时王谢堂前燕，飞入寻常百姓家"，成为市民的日常消费品，深居富宅大院的"大家闺秀"降格为平头布衣的"小家碧玉"。

第三，在消费习惯上，超前消费成为时尚。量入为出的旧式理财观念节节败退，崇俭黜奢的居家美德日益边缘化，"花明天的钱，圆今天的梦"的现象凸现在改革开放之后出生的青年一代身上。这种消费时尚既体现了青年一代对自我潜力的自信，对消费欲望的解放，有利于释放思想和工作的压力，又隐藏着优良消费文化的断裂危险。对此，我们既要抛弃抱残守缺、食古不化的思想观念，也要进行一定的价值引导，寻找传统的节俭美德与现代社会消费变化之间的接榫点，从可持续发展的高度来认识和倡导适度消费。

第四，在消费意识上，绿色消费显现并日益深入人心。作为生命象征的绿色受到推崇，绿色产品受到大众喜爱，这是一种趋时的消费，代表着消费方式的未来走向和消费价值的合理转变。在生活水平改善的基础上，越来越多的人有意识地提高个人消费品位，注重精神生活的享受与充盈，为自己的生活涂画七彩颜料，扩展生活的意义和价值。

现代社会正是这样一个由消费活动所掌控的系统，在这个系统中，人对日常性生存的自我需要、实践方式，以及文化价值的构造，总是这样或那样地掌握在消费活动上。

任何消费活动都是文化形态，但在消费主义的支配下，成为了反文化、反文明的道具。异化消费是一种超出生理需求、精神需求的不当消费，具有强大的社会危害性。

首先，异化消费会形成一种两极对立的社会心理或社会意识，使少数富裕阶层容易养成骄横的优越感，视自己为一等公民，而消费缺量的多数平民和弱势群体则会产生强烈的失落感，困窘的社会状况乃至每况愈下的实际购买力与媒体激发的强烈欲望需求之间的矛盾会不断加剧，并油然而生强烈的社会不公平感，最初指向"有闲阶级"（凡勃伦）的不满和仇恨就会转而指向整个社会，"沉默的羔羊"也会变成"凶险的恶狼"，掀起腥风血雨，不仅人与人的关系会受到巨大的冲击，而且社会文明难以保全。

其次，异化消费不仅易于扭曲个人的道德人格，形成放浪形骸的自我，而且倾向于将消费者的视角拽向自身，形成封闭的自我，导致社会关怀意识和慈善意识的淡薄。

最后，由于消费主体的异化，消费客体的异化便不可避免，在过度消费的发展观的引导下的大量生产和大量消费，势必导致对自然界的掠夺式开发，破坏人和自然界之间的物质变换，废弃物将难以遏制地泛滥，自然资源将加速消耗。异化消费绝不因其经济合理性而得到辩护，它会使我们放逐平等、自由、文明等普世理念，并动摇以人为本的价值根基和人的全面自由发展的价值目标。

因此，明确消费即文化，消费即文明，是生态社会建构合理消费模式的基本前提。生态文明是一种包含构建崭新的消费模式的文明形态，是人类反思工业文明"大量生产—大量消费—大量废弃"生活方式而做出的选择与追求，它的基本要求是推进消费模式的生态化，塑造消费文明。

在生态视域下，所谓消费文明也就是消费模式的生态化，这至少包含三种意味，一是作为实体性的生态化——绿色消费，即消费无污染的产品；在消费过程中不污染环境，注重对废弃物的处置；自觉抵制或不消费那些会破坏环境或大量浪费资源、能源的物品。二是作为方法论的生态化——循环消费，即任何消费的结束不应当是消费对象作为物质形态的终结，而应该是新的生产的开始，其基本模式是"生产—消费—利用—新的生产"。三是作为价值观的生态化——可持续消费，即倡导消费者树立新的消费观念：从消费只关心个人利益，尤其是经济利益，把它完全当成私人事务的传统消费观，转变为既关心个人利益，也关心社会利益，关心环境利益，将消费利益与保护人类生存环境的利益结合在一起的新的消费观。环保主义者乐意把这种消费模式概括为"5R"：Reduce，节约资源、适度消费；Reevaluate，绿色选购、品质消费；Reuse，废物减量、复用消费；Recycle，垃圾分类、循环消费；Rescue，保护自然、人文消费。

从此而言，在生态视域中，消费文明既是主体文明的显现，又是社会文明的表征，也是生态文明的标志。

首先，消费文明体现了个人的整体素养。消费是人的生命存在的表达方式和重要内容。没有消费，人的生命价值、意义、尊严，甚至生命本身都无从谈起，而个人的这一切又是通过与他者的消费关系而凸显的。从哲学角度看，消费完全适合海德格尔对此在（人）的在世状态（烦）的分析。海德格尔认为，烦包括烦心和麻烦，烦心指涉此在与他物发生关系的存在状态，通过用具（物的使用功能）凸显一个与此在并存的他物以至世界的存在，麻烦指涉此在与他人关系的存在状态——一种共在状态，其意在通过这两种在世状态来消除主客二分的不等关系，彰显一个平等的他者的角色。一个具有健康意识、生态意识的消费者就应该抱有这种哲学思维，需要在一定程度上活在他者（他人或他物）的口味中。在现代社会，提出"消费者权益"的概念的确是一个充满着道德色彩和在生产者与消费者之间明确各自法律地位的积极事件，但是，任何权益除了包含着自由的内在规定之外，一定还包含着义务的具体规定，人们在享受消费自由，维护自身权益的同时，自然而然地担当了自由所涉及的责任，权益所涉及的道义。因此，消费不仅是个体的事务，也涉及与他者的关系，彰显的是自我的社会素质、精神素质、心理素质和道德素质。温饱型社会的特点是生产落后，产品匮乏，供给短缺。在这种历史条件下，恩格尔系数占有较大比重，人们的消费需求强烈地体现为追求衣食的基本满足。"仓廪实而知礼节，衣食足而知荣辱"，没有基本生存的满足，在穷人身上只能产生出"粗陋的需要"，"一切肉体和精神的感觉被这一切感觉的单纯异化即拥有的感觉所代替。人的本质必须被归结为这种绝对的贫困，这样它才能够从自身产生出它的内部的丰富性。"① 在享受型阶段，居民的生活水平已基本达到小康，消费结构开始从以"衣"和"食"为主要内容进入以"住"和"行"为主要内容的消费阶段。消费者在自由、理性基础上选择如何消费、消费什么，不仅取决于消费者的自由度，也取决于社会生产的自由度；不仅是消费者权利的行使，也是消费者自身素养的展示，是个体文明发展程度的体现。如果没有与文明相匹配的消费行为、享受能力，没有与文明相契合的文明素质、精神面貌与价值观念，消费就会蜕变为浪费，自由就会蜕变为无度。"因为要多方面享受，他就必须有享受的能力，因此他必须是具有高度文明的人。"② 无论是在温饱型阶段还是在享受型阶段，消费者的文明教化程度都与其消费对象的消耗程度联系在一起，消费者主观上的异化必然导致消费对象在客观上的异化，这是因为人身上那些被制造出来的需要已经转变为迎合主观上自我制造出来的欲望——"产品和需要的范围的扩大，要机敏地而且总是精打细算地屈从于非人的、精致的、非自然的和幻想出来的欲望。"③

其次，消费文明表达了人与人之间的和谐关系。任何消费都是在一定的商品流通机制——市场经济或计划经济中实现的。在马克思看来，欲望之所以成为对需要的异化表现，是因为在私有制的市场经济体制下，欲望越界式地向需

---

① 马克思恩格斯文集：第一卷［M］. 北京：人民出版社，2009：190.
② 马克思恩格斯文集：第八卷［M］. 北京：人民出版社，2009：90.
③ 马克思恩格斯文集：第一卷［M］. 北京：人民出版社，2009：224.

要发生了转变，以至于成为了"病态的欲望"①。欲望的蜕变根源于私有制社会的生产与消费之间的矛盾。在资本主义条件下，总是存在着发展社会劳动生产力和有限的消费能力之间的矛盾。"社会消费力既不是取决于绝对的生产力，也不是取决于绝对的消费力，而是取决于以对抗性的分配关系为基础的消费力；这种分配关系，使社会上大多数人的消费缩小到只能在相当狭小的界限以内变动的最低限度。其次，这个消费力还受到追求积累的欲望，扩大资本和扩大剩余价值生产规模的欲望的限制。这是资本主义生产的规律，它是由生产方法本身的不断革命，由总是和这种革命联系在一起的现有资本的贬值，由普遍的竞争斗争以及仅仅为了保存自身和避免灭亡而改进生产和扩大生产规模的必要性决定的。因此，市场必须不断扩大，以至市场的联系和调节这种联系的条件，越来越取得一种不以生产者为转移的自然规律的形式，越来越无法控制。这个内部矛盾力图通过扩大生产的外部范围求得解决。但是生产力越发展，它就越和消费关系的狭隘基础发生冲突。"② 而造成这种冲突的根本原因在于资本主义生产的根本目的，即生产的目的不是满足需要，而在于追求利润。对利润的贪婪既使生产扭曲，也使消费变态——"无度和无节制成了货币的真正尺度"③。正是生产和消费、消费主体和消费对象的"无度和无节制"，导致资本主义社会存在着严重的社会危机和生态危机。这种情况在发展中国家也同样存在。不过，与之不同的是，除了消费过剩导致的资源浪费之外，发展中国家还存在着消费不足所导致的社会问题和生态问题。消费不足使得生态和经济处于恶性循环之中，一方面，处于收入底层或消费不足的贫困阶层不但把保护环境当作富人阶层的奢侈欲望，不容易将它看作自己的责任，而且容易在绝望中无计可施滥用土地，破坏资源，通过损害未来以拯救现在，从而加剧人与资源的矛盾和冲突；另一方面，环境的恶化、资源的枯竭可以造成更大范围和更深程度的贫困，处在贫困中的人们容易滋生社会失落感和被剥夺感，从而通过过激手段破坏社会关系，产生人与人之间的矛盾和冲突。无论是严重的消费不足还是大量的消费过剩，都是片面的、狭隘的，都会造成生产与

① 马克思恩格斯文集：第一卷 [M]．北京：人民出版社，2009：224.
② 马克思恩格斯文集：第七卷 [M]．北京：人民出版社，2009：273.
③ 马克思恩格斯文集：第一卷 [M]．北京：人民出版社，2009：224.

消费的严重冲突，导致人性的堕落，造成消费者之间的尖锐矛盾和社会的不公平，坍塌人类努力建构的文明大厦。因此，消费文明将消费视为人的主动的、创造性的主体性建构活动，要求人们在消费活动中不仅要获得需要的满足，而且要以适度的消费方式沟通人与人的关系，促进人与人之间的和谐；要求人们在消费活动中不仅要享受社会提供的文明成果，更要为社会创造文明成果。

最后，消费文明追求人与自然之间的和谐关系。任何消费，从其终极意义看，都来自自然并归于自然，因此，消费文明是生态文明的有机构成。环境污染就其产生的行为缘由来看，主要在于生产和消费。工业革命以来，人们在生存需要得到满足的基础上，开始享受发展的需要，并且将享受和发展的要求定位在物质上，物欲的满足成为实现人的自我价值的重要标准，由此形成了一种消费主义所崇尚的过度消费的生活方式。这种消费模式，直接导致了人的异化和自然的异化。一方面，消费本来是作为实现人的全面发展、体现人的全部存在价值的手段，但当它"僭越"为人的目的之后，人便异化为以消费来证明其自身价值，陷入了对物的追求的恶的无限循环中，逐渐贫乏化、病态化、单面化，从而失去社会文明应有的深度和底蕴。另一方面，自然本来是作为人类的孕育者和生存发展的根基，但当人把对自然的占有作为证明人的本质的尺度时，人就会忘记自然对人的前提性意义，不断掠夺自然，从而严重削弱可持续发展的能力，制约人类的文明进程。这表现在，无论是资源的计划配置还是市场调节，在面对自然资源时，都无一例外地忽视了资源的代价，缺少对生态资源的核算，缺少对生态资源的补偿，缺少对技术的环境评价体系。在这种不健全的资源供应、商品生产、物质消费的机制中，人们看重的是技术体系所达到的成果，看重的是经济的数量增长，看重的是消费的指标上升，从不反思劳动改造的对象——自然资源的供应体系是否健全。因此，倡导消费模式的生态化是建设生态文明的要求，是实现人的全面发展的生活基础。《21世纪议程》指出："地球所面临的最严重的问题之一，就是不适当的消费和生产模式，导致环境恶化，贫困加剧和各国的发展失衡。"它呼吁"更加重视消费问题"，"各国执行新的政策以鼓励向适当的消费模式转变"①。

---

① 万以诚，等编. 新文明的路标：人类绿色运动史上的经典文献［G］. 长春：吉林人民出版社，2000：47.

从经济学的角度看，消费以商品为载体，以消费者为中心，以不同消费品的生产为外端，并终接原料的"原产地"——自然，形成一个"消费—生产—自然"的深度关系链，最终以垃圾形式重返自然。科学研究表明，任何生物都不可能生存在自己产生的废物构成的环境中。然而，人与动物不同的是具有能动性，能够建立起科学合理的消费模式以消除废物对人的负面性，这就是消费文明—— 一种由消费活动所创造的积极的生态化成果。我国人均资源相对贫乏，又处于工业化、城镇化加速和人口急剧增长的阶段，转变消费模式，促进消费方式的生态化，建构消费文明，对于实现人口、资源、环境的和谐发展，意义尤为重大。

第 1 章

消费与消费方式

要将当前盛行的一些消费观念和消费方式判定为不合理的或异化的，进而探求其向合理消费方式的回归，就必须首先对消费、消费观念、消费方式及其历史演变做一通盘的考察。

第一节　消费及其本质

消费与我们的日常生活如此须臾不离，人们谈论着、践行着"消费"，以至于"消费"成为了一个谁都能理解并明白无误地加以使用而无须追问的自明概念。但熟知非真知，恰恰是这种植根于日常生活世界的前反思的自然语言和自然思维，遮蔽着消费概念的本质内涵及其历史变迁。而只有透过日常思维和日常语言的重重遮蔽，阐明"消费"概念的具体内涵及其在历史中的迁衍，才能对"消费"的本质有全面而深刻的把握，从而才能释放出其中潜藏着的反思与批判能量。

一、消费的概念及其历史演变

"消"在《说文·水部》中的解释是："尽也。从水肖声。"其本义是指"消失，消除，不复存在"。如《易·泰》："内君子而外小人，君子道长，小人道消也。"《说文·贝部》对"费"的解释则是："散财用也。从贝，弗声。"本义指"用财多，靡费"。如《荀子·议兵》："若是则戎甲俞众，奉养必费。"而"消"、"费"合用则始见于汉代王符的《潜夫论·浮侈》："此等之俦，既不助长农工女，无有益于世，而坐食嘉谷，消费白日。"其中的"消费"是指"消磨、浪费"。后引申为物质的支出耗费，如《宋书·徐爰传》："比岁戍成，仓库多虚，先事聚众，则消费粮粟。"可见，中文"消费"一词一开始就带有道德上的贬义色彩，只是后来才慢慢地中性化了。

中文"消费"一词对应的英文是 consume 或 consumption。《牛津英语词典》给"消费"下的定义是："通过燃烧、蒸发、分解或疾病等花掉或毁掉；消耗、死亡；用完，特别是吃完、喝完；占去；花费（时间）；变得憔悴、烧尽。"显然，"消费"在这里主要是指一种过度的使用或占有。根据雷蒙·威廉斯的研究，consumption 一词是 14 世纪开始出现在英语当中的，在很长一段时期内都具有鲜明的贬义色彩。只是到了 18 世纪中期以后，它的贬义才开始消退，成为一个与"生产"相对的中性概念。而在 20 世纪（尤其是中期以来），在表示商品的购买和使用时，consumption 和 consumer 在使用上比 user 和 customer 更具优势。① "消费"和"消费者"比"使用"和"顾客"多一层意思，即消费所满足的需要和欲望超出了基本的、生物的范围。

可见，从词源学的角度看，在多种语言中，"消费"一词一开始都是在贬义上被使用，指一种不必要的或超出基本生存需要范围的消耗和浪费。这显然是由生产力水平低下、物资匮乏时代的生产中心思维和节俭观念所导致的。只是随着生产力的不断发展以及由此导致的消费观念的转变，"消费"一词才开始慢慢褪去了贬义色彩，变为一个泛指"物和劳务之购买、占有、使用或消耗"的中性词。而在生产相对过剩而需要激起人们的消费欲望以实现资本增殖和社会再生产之目的的"消费社会"中，"消费"一词在一些人心目中甚至因为"有利于"促进经济增长而具有了褒义色彩。但是，随着过度奢华消费的弊端不断凸显，"消费"在作为一个描述性的中性概念被使用的同时，其隐含着的批判意味也日益显现，从而被看作是不合理的或异化的。尤其当它被用来指一种在当代占主导的过度占有或消耗时，更是如此。

当然，尽管"消费"这一词语和概念出现的时间较晚，但今人用"消费"这一概念所涵盖的为维持基本生存而进行的人与自然之间的物质交换活动，却

---

① Williams, Raymond, Keywords. A Vocabulary of Culture and Society [M]. New York: Oxford University Press, 1985. 转引自周笑冰. 消费文化及其当代重构 [M]. 北京：人民出版社，2010：28 – 29.

不仅伴随个体生命的始终，也伴随人类社会生活的始终。只不过在生产力水平低下的社会中，一般人的需求或能够得到满足的需求，无非就是衣食住行等具体的、简单的和有限的需求，因此，人们无须也不会想到在衣食住行之外找一个抽象的词语来表达这些有限的、具体的需要。只有当人们的需求内容随着生产的发展而扩大、丰富了，只有当生产的发展以及社会的不平等达到一定程度，从而在事实上使一部分人在衣食住行等方面的消耗能够超出基本的需求时，才需要用"消费"这样一个更抽象的词语来概括这些内容不断丰富的具体消费行为，才需要用"消费"这一概念来表达对不必要的奢侈和浪费行为的担忧、不满、谴责和贬抑。

总之，随着时代条件的变化，消费的内容和方式以及人们对消费的理解和态度，也必然随之变化。在生产力水平极端低下时，消费以及人们对消费的理解，仅限于为维持最基本的生存而进行的物质交换和消耗，这时，还没有产生"消费"概念，而只有最简单的衣食住行概念，甚至最初的消费可能仅限于"食"，后来才慢慢有了衣住行等消费活动。随着生产力和社会分工的发展，一部分人，尤其是不直接从事劳动生产的剥削阶级，他们的消费内容或消费对象不断得到扩大和丰富，他们的消费方式不断地超出基本的生存需要而具有奢侈、享受的意味，"消费"概念在这时才真正产生。然而，这时的生产力水平仍然总体低下，广大社会成员生存需要的满足总体上仍然是沉重的社会负担，所以尽管一部分人的消费内容丰富了、消费方式精细化或奢靡化了，但用来指称或表述这一现象的"消费"，是一个在道德上遭到谴责和压抑的贬义概念。只是到了晚近的资本主义时期，它才被作为一个中性的与"生产"相对的经济学概念来使用。随着资本主义"生产过剩"时代来临，作为中性经济学概念的"消费"，慢慢地获得了一种被人们所崇尚的积极意义。

最后，综上所述，如果从人类消费活动的对象、内容和方式等方面及其客观历史发展出发，而不去考虑人们对这种具有客观性的消费活动持何种观点和态度，那么，我们就可以对消费下一个总结性的基本定义：人类为满足自身各方面的需要而对物和劳务的购买、占有和消耗行为。这里还需要补充几点说明：第一，这里说的"消费"不包括生产性消费，仅指生活性消费；第二，随着社会的发展，人们消费的对象或内容日益丰富而变得五花八门，但概括起来无非是对物、劳动、服务这三种产品形态的消费；第三，如果说传统的消费主要以"消耗"为主要方式的话，那么在现代社会，单纯的购买和占有也是主要的消费方式，无论购买和占有某一商品的消费者最终是否"消耗"了这一商品；第四，在当前商品经济时代，消费主要表现为以购买为前提的对商品的消费，这样一种与传统自给自足消费方式很不相同的商品消费，对人们的消费心理有着重要的影响，同时也深远地影响着消费的社会文化功能。

二、消费的本质

消费的最终目的是为了满足人的需要，但人的需要不同于动物的本能。动物的本能是先在地给定而没有发展的，而人的需要则是社会性的，会随着社会的发展而不断发展、丰富。这就解释了为什么消费似乎是一个没有尺度的领域。然而，也正因为通过消费所满足的需要具有社会性，所以消费就远远不是像它所表现出来的那样，似乎只是一种纯粹的个体私人事务，它本质上是一种由社会关系规定了的政治性、文化性和伦理性事务。也只有当我们把握到消费的政治性、文化性和伦理性本质，我们才能赢获一个根本的理论出发点，一方面据此对纷繁复杂的消费现象做出合理解释，另一方面则据此展开对不合理消费或异化消费的反思与批判。

人作为有肉体组织的生命存在，必须持续不断地与外部自然进行物质交换，这一点决定了消费的最初、最基本的内容与目的，就是满足人的肉体性生存所决定了的基本需要。马克思指出，"一切人类生存的第一个前提，也就是一切历史的第一个前提"，就是"人们为了能够'创造历史'，必须能够生活"，而为了生活，"首先就需要吃喝住穿以及其他一些东西"。①

但是，人的需要从来都不是单纯的生物性需要，它一开始就被社会文化因素所浸染，因而是被意识到了的社会性需要。就算吃、喝这样的最基本的生命活动，也是在一定的观念下指导完成的。吃什么，如何吃，在什么时候吃，什么时候不吃，都包含着一定的社会文化规定性。伯夷、叔齐宁愿在首阳山上"采薇而食之"也"不食周粟"，孔子"食不厌精，脍不厌细"却渴而不饮

---

① 马克思恩格斯文集：第一卷 [M]. 北京：人民出版社，2009：531.

"盗泉之水"，孟子在向梁惠王进献政治主张时强调五十岁以上的人才可"衣帛"，七十岁以上的人才可"食肉"，等等，其中都包含着人们对社会伦理关系的理解以及对自我的理解。

人的需要的社会性，一方面决定了人的需要必然随着社会的发展而不断发展，从而决定了消费的不断发展；另一方面则又为反思、批判和扬弃消费的异化提供了价值基点和可能性。

马克思指出："第二个事实是，已经得到满足的第一个需要本身、满足需要的活动和已经获得的为满足需要而用的工具又引起新的需要，而这种新的需要的产生是第一个历史活动。"① 也就是说，在社会性的生产活动中以及社会性的交往活动中，必然产生出新的需要，从而引起新的消费对象、消费内容和消费方式。关于需要的发展，马克思在《雇佣劳动与资本》中还指出了另一个更为具体的原因，或者也可说，是另一个更为具体的结果。他说："我们的需要和享受是由社会产生的；因此，我们在衡量享受时是以社会为尺度，而不是以满足它们的物品为尺度。因为我们的需要和享受具有社会性质，所以它们具有相对的性质。"② 这就是说，作为社会存在物，人需要以整个社会或者他人的需求水平为参照来理解和确定自身的需求，也需要通过他的消费方式来标示自身在社会中的地位，等等。总之，人们会在一种参照或对比中来理解和定位自身的需求。这种参照或对比，必然带来心理上的"相对贫困"，从而推动个体的和社会的需求水平不断向前发展。为了说明需要的这种社会性和相对性，马克思还举了一个房子与宫殿相对比的具体例子。③

但是，也正是因为消费本质上是一种社会性行为，所以它最终应归结为一个处理人与人之间关系的伦理问题。就是说，一方面，表面看来，需要和作为需要之满足的消费，似乎仅仅是人与自然之间的矛盾，但实际上也是人与人之间的矛盾。人与人之间的矛盾，或者说人与人之间遭到压抑的伦理关系，会产生出一种无止境的欲望，这种欲望不是人的正当的需要，易言之，它从根本上

---

① 马克思恩格斯文集：第一卷 [M]. 北京：人民出版社，2009：531 – 532.
② 马克思恩格斯文集：第一卷 [M]. 北京：人民出版社，2009：729.
③ ［法］让·波德里亚. 消费社会 [M]. 刘成富，全志钢，译. 南京：南京大学出版社，2001：134.

是与人的自由、全面发展背道而驰的。另一方面，正是因为欲望和被欲望所宰制的异化消费，既无止境又不利于人的自由、全面发展，或者说不利于人与人之间矛盾的解决，所以就必须立足于人的自由、全面发展，立足于人与人之间矛盾的解决，对欲望和被欲望所宰制的异化消费进行反思与批判。

可见，消费既不能仅仅理解为对生物性需求的满足，也不能仅仅理解为对无止境的欲望的满足，它本质上关涉人与人之间的社会伦理关系，应当以人与人之间矛盾的解决以及人的自由、全面发展为最终的价值归宿。

第二节 消费的社会文化功能

消费绝不仅仅是为了满足人的生存需要，它同时还承担了一系列社会文化功能。正因为如此，消费才成为了一个如此纷繁复杂的综合性社会问题，才成为一个有待反思和批判的课题。只有揭示其复杂的社会文化功能，才能全面地把握消费的本质。

一、消费是人类生存和发展的必要条件

人作为有肉体组织的对象性存在物，不仅他的生存，而且他的享受、他的发展，都需要有对象的存在，即都需要与外部自然进行物质交换，而与外部自然的物质交换也就是广义上的消费。因此，消费是人类生存和发展的必要条件。

但是，说人的生存和发展离不开消费，并不意味着无原则、无批判地鼓励任何形式的消费。事实上，不合理的消费不仅不应当提倡和鼓励，而且应当得到反思和批判。那么，到底什么样的消费是必要的、正当的，因而不应被否定和压抑？什么样的消费又是不必要的、不正当的，因而必须予以反思和批判？为了说明这一点，有的学者试图在"基本需要"与"非基本需要"之间做出区分，以便为批判不合理消费提供依据。但由于人的需要是社会性的和历史发

展性的，因而很难在"基本需要"和"非基本需要"之间做出明确的区分。例如，在生产力水平低下或条件极端艰苦时，吃饱穿暖被看作是基本需要，而在生产力水平高度发达或条件较为优越时，吃得美味、健康和穿得舒适、得体被看作是基本需要。因此，与其在"基本需要"和"非基本需要"之间做出区分，不如在"正当需要"和"异化需要"之间做出区分。

我们认为，所谓"正当需要"是指那些既有利于个体的生存、发展又有利于人类整体生存、发展的需要，所谓"异化需要"则是那些不利于人的生存、发展或不利于人类整体生存、发展的需要。

"正当需要"与"异化需要"的区分，之所以优于"基本需要"与"非基本需要"的区分，其原因在于：第一，由于需要的社会发展性，很难在"基本需要"与"非基本需要"之间做出明确的区分；① 而"正当需要"与"异化需要"的区分则充分考虑了需要的社会发展性，尽管这种区分不够具体，但很明确。② 第二，"基本需要"与"非基本需要"这种区分只能着眼于个体，因而未能将人与人之间的伦理关系维度展现出来；而"正当需要"与"异化需要"这种区分展现了人与人之间的伦理关系维度，即不仅要有利于个体的生存和发展，而且要有利于人类整体的生存、发展。第三，"基本需要"与"非基本需要"这种区分主要着眼于生存需要，而"正当需要"与"异化需要"这种区分则不仅着眼于生存需要，而且着眼于人的自由、全面发展需要，从而为批判"异化需要"和"异化消费"提供了一个更具延展性的价值基点。

根据"正当需要"与"异化需要"这种区分，只要人们的消费有利于个体的生存和发展，同时又不对他人以及人类整体的生存和发展构成阻碍与威胁，无论这种消费是局限还是超出满足基本生存需要这一狭隘范围，都应当得到尊重和鼓励。因此，问题就不在于压制人们的消费，而在于引导人们的消

---

① 由于未能把握需要的社会发展性这一本质特征，"基本需要"与"非基本需要"这一区分始终是模糊的。事实上，人们的需要一再突破所谓的"基本需要"，可见，持此主张者认为这种区分所具有的对不合理需要、不合理消费的批判性，其实是虚假的。

② 某一具体的需要是正当的还是不正当的，必须参照它是否有利于个体和人类整体的生存、发展需要这一标准而加以具体的分析。

费；不在于限制或停止发展，而在于更快、更科学地发展，以及更公平、合理的社会分工和社会财富分配。

总之，消费不仅是人类生存的必要条件，同时也是人类发展的必要条件，将人们的消费限制在满足基本生存需要的低层次上，而压制人们的随着社会历史发展而不断发展起来的，旨在求得人的自由、全面发展的高层次需要和为满足这一高层次需要而进行的高层次消费，不仅不利于解决不合理的异化消费所带来的一系列社会环境问题，反而会在这种不合理的压抑中生发出更不合理的异化需要和异化消费，从而带来更严重的社会环境问题。只有正视人的需要的社会历史发展，着眼于人的自由、全面发展，更快、更科学地发展社会生产力，追求更公平、合理的社会分工和社会分配，引导人们正确消费的同时更好地满足人们的高层次需要，才能破解当前存在的由异化消费所带来的一系列社会环境难题。

二、消费是人类社会再生产的基本环节

人类历史一方面表现为长时段的社会形态更替，另一方面则表现为每时每刻都在进行的社会再生产。而社会再生产要得以顺利进行，就必须要有生产、交换、分配和消费这四个基本环节的有效衔接和连续运行。

所谓生产是指人作用于事物以使之发生形态改变的创造性活动。广义的生产既包括物质财富的创造，也包括精神财富的创造以及人自身的生育和成长。狭义的生产则仅指物质财富的创造。作为一个经济学概念，交换是指人们相互之间以货币为媒介进行劳务和产品互通的行为或过程。经济学上的分配是指将生产资料和生活资料按照一定的制度、规则分发给生产者和消费者的行为或过程，包括社会总产品的分配、国民收入分配以及个人消费品分配等。狭义的分配主要指消费资料的分配。在经济领域，消费是指以社会产品满足人们各种需要的行为或过程，可分为生产消费和生活消费。

在现实社会中，生产、交换、分配和消费，是一个社会得以正常运行所必不可少的基本环节。但实际上，只有以私有制为基础的、有商品存在的社会才是如此，而以公有制或社会所有制为基础的、不存在商品的社会，如原始公有制社会以及人们所设想的以公有制或社会所有制为基础的未来共产主义社会，就不存在"交换"这一环节。但是，生产、分配和消费是一切社会形态所共

有的基本环节，只不过不同的社会形态必然采取不同的生产、分配和消费方式。例如，在资本主义条件下，生产是以私有制为基础的、以雇佣劳动为主要形式的社会化工业大生产，分配与消费则主要以交换为前提。在原始公有制社会中，人们共同生产，平均分配，没有私人财产。而在未来共产主义社会，生产尽管也是社会化大生产，但以公有制或社会所有制为基础，人们的自主劳动代替了现行的雇佣劳动，社会整体上调节着生产与消费，各尽所能，按需分配。

在现有的社会里，消费不仅是人们满足自身生产和发展需要的基本条件，而且在社会再生产过程中起着关键性的重要作用。尤其是在资本主义社会，一方面，由于生产的目的主要不是为了提供满足人们需要的使用价值，而是为了获得交换价值从而获得利润，实现资本增殖，所以生产者并不真正关心人们的实际需求，而只是关心商品生产和扩大再生产的实现，即只关心利润和利润扩大的实现。另一方面，由于在私有制条件下，社会生产缺乏统一的调节，生产者只是根据市场信息调整自己的生产，而市场信息具有片面性、滞后性，甚至虚假性，从而生产者在客观上也无法把握社会的真正需求。这样一来，资本主义社会就必然出现生产的相对过剩，即相对于有购买能力从而能带来利润的需求的过剩，而不是相对于人们的实际需要的过剩。为了消化这些过剩的商品以实现利润，就必须通过制度安排、广告宣传和观念引导等各种方式，挖掘人们心中最隐秘的欲望，制造出无穷无尽的虚假需求和异化需求，不断刺激和鼓励人们消费，从而使得消费主义等异化消费方式在世界范围内广泛盛行。

当然，消费在任何社会中都是必不可少的基本环节，但主要是在如下意义上讲的：社会的运行与延续必须要有人本身的生产、延续和发展，而人的生产、延续和发展又是以消费为前提的。即使从没有消费就不能实现社会产品的再生产这一点来说，消费也是必不可少的基本环节，但这一点也仍然是要以人的生产、延续和发展为价值前提。如果缺失了这一价值前提，生产、消费乃至整个经济，就是不合理的和异化的。而当代资本主义的生产、消费乃至整个经济，正处于这样一种不合理的和异化的状态，且有不断加剧的趋势。因此，我们必须深刻理解"消费是社会正常运行的基本环节"这一命题的真正含义，不能落入"不消费就停滞，越消费越发展，奢侈的和过度的消费不仅是有理的，而且是有利的和有功劳的"这样一种消费主义的意识形态陷阱，从而带来严重的社会后果、环境后果。

三、消费是社会交往的重要手段

人与人之间包括利益交换、情感交流和精神交往在内的社会交往，都与消费活动有着直接或间接的联系，因而消费是社会交往的重要手段。

利益交换直接以物的获取或消耗为目的，与消费有着更为直接的联系，这一点应当是比较直观的，因而在此不做详细考察。

人们在进行情感交流时，所要传达的似乎是一种超越于物质利益之上的内心情感，但这种内心情感其实并不能完全超越物质利益。一方面情感的产生、培养与物质利益有着隐秘的联系，很难想象两个完全没有利益瓜葛的人之间会产生情感联系。另一方面，情感是内在的，他人很难直接感受到，因而人们总是要将情感表达出来。这种表达要么借助于语言，要么通过实际行动。但通过语言表达的情感如果总是没有相应的实际行动，久而久之，就会被看作是虚假的。而实际行动本身就需要借助一定的物质条件，同时又内在地包含着某种含蓄的要求，即这种行动应当能为情感对象带来利益或好处，否则也难以达到预期的效果。可见，情感交流最终也要借助一定的物质媒介，因而最终也与消费有着一定的关联。

精神交往是指人们之间寻求世界观、人生观和价值观等方面的沟通、争锋与共鸣的活动，精神性的交往向来被人们看作是最远离物质利益的高尚交往活动。但是，人们之间现实的社会交往一般是以利益交换和情感交流为主要内容，纯粹精神性的交往是十分罕见的，马克思因此而深刻指出："'思想'一旦离开'利益'，就一定会使自己出丑。"①

人们与消费直接相关的社会交往，除了直接的经济活动之外，最常见的就是"礼尚往来"和"请客吃饭"。通过送礼或请客，或以此谋求利益或他人的帮助，或表达自己的感激、关心、欣赏等好感，或增进彼此的亲密度，等等，总之，人们试图以此建立良好的人际关系。通过送礼、请客等消费活动，进行

---

① 马克思恩格斯文集：第一卷［M］. 北京：人民出版社，2009：286.

正常的社会交往，建立良好人际关系，这本无可厚非，但如果这种社会交往异化为一种滋生腐败、践踏公平的人情消费，我们则必须予以坚决的批判和抵制。

几千年的封建宗法统治，使得中国具有十分深厚、顽固的人情主义传统，它以各种变换了的形式存在于当今中国社会生活的各个角落。这种人情主义重视亲缘关系、地缘关系和狭隘的帮派利益，忽略甚至敌视公共利益以及处于狭隘帮派之外的他人利益，表面看来重感情、讲义气，实质上却是一种以个人私利或特殊利益为中心的封建宗法观念。这种与自由、民主、平等的时代精神格格不入的人情主义封建宗法观念，在当代中国极大地助长了行贿受贿、贪污腐败的不良社会风气。行贿受贿、贪污腐败尽管有着各种复杂的社会成因，但这种人情主义无疑是其滋生的文化温床。我们可以看到，行贿受贿、贪污腐败往往是经亲戚朋友牵线搭桥，以请客送礼的形式表现出来，它不仅存在于行政、司法领域，而且广泛地存在于经济领域以及一般的社会生活领域，从而严重地损害了广大人民的利益以及他人的平等权益，严重地干扰了正常的社会经济秩序，严重地践踏了社会公平原则。

公款吃喝、公款旅游、公车私用等公款消费，是这种人情主义消费的一种重要形式，它实际上是拿"公家"的钱培养私人感情、谋取私人利益。正因为公款消费是用"公家"的钱，不仅无关乎自身利益，而且还"有利于"增进私人情感，所以往往铺张浪费、极尽奢华。它在严重损害公共利益的同时，极大地助长了铺张浪费、奢侈糜烂的异化消费观念和不良社会风气，在很大程度上加重了生态环境压力。

另外，尽管人与人之间的情感交流、精神交往等最终需要借助一定的物质媒介，从而需要借助消费的手段，但如果人们的社会交往过多地依赖于物，就会导致社会关系的物化和异化，导致人与人之间情感的淡漠与疏离，以及精神的孤独与空虚。

四、消费是身份认同的重要方式

在以私有制为基础且资源匮乏的经济时代，资源的有限性决定了等级消费的必然性，一般百姓的消费水平仅限于满足基本的生存需要，只有那些占据特殊社会地位或拥有较大财富的达官贵人，才有超出生存需求的高水平消费或奢侈消费。因此，高水平消费或奢侈消费就成了一种标示优越社会地位和高贵身份的特权。与此同时，专制社会中的统治阶级为了维护自身的特殊权威和等级身份，以政治权力为后盾，以礼制和道德为手段，有意识地将消费水平、消费方式与社会身份地位关联起来，要求人们严格按照自己的社会身份地位进行相应的消费，在衣食住行等各个方面严禁人们躐等消费。这样一种具有标示社会身份地位的等级消费，在传统封建社会表现得特别明显。根据《礼记》记载，在进行宗教祭祀活动时，"天子以牺牛，诸侯以肥牛，大夫以索牛，士以羊豕"（《礼记·曲礼》下）；在制禄定爵方面，"王者之制禄爵，公侯伯子男凡五等……天子之田（禄）方千里，公侯之田方百里，伯七十里，子男五十里"。"诸侯之下士，视上农夫，中士倍下士，上士倍中士，大夫倍上士，卿四大夫禄，君十卿禄。"越往后，消费方面的这种等级制度越严格，等级观念越顽固。孔子、荀子、曾子等，都十分强调衣食住行等方面的等级。

在传统社会中，人们的等级是以政治强力为后盾，以封建礼教为手段，先在地给定了的，是相对固定的。因此，传统社会中的等级消费主要还是起到标示社会身份的作用①，其身份认同功能主要还是消极、被动的。因而在封建等级事实上开始松动，社会身份地位不再是先在给定的，从而变得模糊并开始流动时，等级消费除了具有社会身份地位的标示功能，还更多地具有了能动的建构功能。例如，凡勃伦描绘了19世纪与20世纪之交欧洲与北美人通过"炫耀性消费"来建构社会身份地位的事实，"人们重视显眼的消费的作用基于显眼的有闲"，"每个阶层的成员总是把它们上一阶层流行的生活方式作为他们礼仪上的类型，并全力争取达到这个理想的标准……他们如果在这方面没能获得成功，其声名与自尊心就不免受损，因此他们必须力求符合这个理想的标准，至少在外貌上要做到这一点。"② 19世纪与20世纪之交，欧洲的社会等级秩序已开始松动，北美则还没有形成严格的固定不变的社会等级，因而那些聚集了巨额财富的新兴资产阶级能够通过模仿欧洲上层阶级的生活风格来建构他们的

---

① 在传统社会中，等级消费当然也有一定的社会身份地位建构功能，但由于这些身份地位主要是由政治权力先在地给定的，所以等级消费就主要还是承担了标示和巩固这一身份地位的功能。

② ［法］让·波德里亚. 消费社会［M］. 刘成富，全志钢，译. 南京：南京大学出版社，2001：64－66.

身份和社会地位。

凡勃伦所处的时代，"炫耀性消费"对社会身份地位的标示、认同与建构，主要还只是局限于一定区域和一定人群。而在当代社会，由于社会等级开始松动，人们的身份普遍变得模糊并处于不断的变动当中，身份的认同和重新建构既是必要的，也是可能的。另一方面，生产力的巨大发展所提供的丰富产品为大规模的超出生存所必需的消费提供了条件，而资本主义生产方式又内在地需要借助强大的广告传媒和文化工业无限度地激起人们的消费欲望，以实现资本的无限增殖。这样一来，一种试图通过消费符号意义来实现身份和社会地位的认同、建构与区隔的消费方式，就成为了在世界范围内日益盛行的、将越来越多的普通人群卷进来的消费主义风潮。

消费确实具有标示和建构社会身份地位的功能，但问题在于，这些功能本身是不合理的、有待反思和批判的。

首先，在传统社会中，消费具有标示社会身份地位的功能，其前提在于人们之间的社会身份地位本身就是不平等的。等级消费对社会身份地位的功能，只是巩固和助长了人与人之间的这种不平等，因而是不合理的。

其次，当传统社会中人与人之间的社会身份地位的显性的不平等被打破时，人们试图通过消费来寻求社会身份地位的重新定位与建构的观念、行为，潜在地表达了一种对社会身份地位之平等的渴望与寻求，但这种定位与建构是失败的，它不过将传统社会中人与人之间显性的不平等转化为一种隐性的不平等。从传统等级羁绊中挣脱出来的人们，将自身预设为一种不具有任何社会规定性和文化规定性的、处于"原初状态"的抽象的私人化个体，或者将这种社会的和文化的规定性看作是可以通过消费方式随意地进行更改和重建的东西，并且这种更改与重建是一种不受他人影响的自我决定的私人化自由行为。然而，现实的个人是"一切社会关系的总和"①，地位和身份始终已经先在地被社会关系，尤其是生产关系所决定了。如果现实的社会关系，尤其是生产关系没有得到根本的改变，人们的社会地位和身份也就不能通过消费方式的选择来加以改变。之所以会产生"消费能够改变和重新建构人们的身份和社会地

---

①　马克思恩格斯文集：第一卷［M］．北京：人民出版社，2009：501.

位"这样一种假象，是因为在"以物的依赖性为基础"的现代社会中，人们所看到的仅仅是一种隐去了其背景性条件的纯粹私人化的消费行为以及这种消费行为对人们地位和身份的表征作用，而没有看到在这种消费行为背后起支撑作用的背景性条件，即人们在生产中的地位以及由此决定的收入水平。实际上，消费仍然只是人们已有的社会地位和身份的一种象征和巩固方式，它绝少有可能改变人们的身份和社会地位。

五、消费是文化认同的重要方式

消费始终是一定文化观念指导下的行为，因而人们的消费也是一种重要的文化认同方式。在一般情况下，人们认同某一种文化，就会按照这一文化的要求来引导和规范自身的消费行为。

文化认同可以是自觉的，也可以是不自觉的，前者建立在对某一文化的反思性理解基础之上，后者则是在一定的社会生活背景中长期耳濡目染所形成的习惯性接受。因此，通过消费所获致的文化认同，也同样有自觉和不自觉的区分。孔子之所以无法容忍季氏"八佾舞于庭"，拒绝徒步出行，就是因为"吾从周"的他，认同了周文化，从而自觉地以此来评判他人的消费行为和规范自身的消费行为。庄子蔑视世俗物质享受而主张"吸风饮露"、"鼓腹而游"的消费观念，也同样体现了他对老子"道法自然"的道家文化的自觉认同、继承和发展。一般平民百姓在日常生活中的各种消费观念和消费行为，则体现出人们对各种文化观念的不自觉的认同。例如，中国人过春节的方式——无论多忙也要不远千里、花费巨资回家与家人团聚，无论平时多节俭也要在春节奢侈地丰盛一把，就体现了人们对中国传统文化，尤其是儒家文化的不自觉的认同。而不同国家、民族以及不同宗教信仰的人们，有着不同的消费观念和消费方式，体现的也是人们对各自民族文化传统以及各自宗教文化的不自觉的认同。

如果说，在传统社会消费还只是作为一种文化认同方式而间接地具有自我理解色彩和意义安顿功能，那么，在现代社会，消费则因为传统社会生活方式、组织形式、政治形态、文化观念等意义安顿方式在现代社会转型过程中的失落，而变成了一种无需依附和借助传统文化资源的自我理解和意义安顿方式，它本质上是现代社会"精神上无家可归状态"或意义虚无状态的表征与补偿。对于社会转型过程急剧压缩的当代中国而言，情况尤其如此。

　　首先，对中国而言，社会的现代转型不是内源性和自发性的，而是一种在外力作用刺激下的外源性的现代化进程。正因为如此，中国的社会转型是一种缺乏物质基础和观念准备的，在传统与现代的巨大矛盾张力中进行的急剧转型。迫于现代化的世界潮流，中国社会的这种急剧转型是在一种对包括经济制度、政治制度、社会制度以及道德文化在内的一切传统的暴风骤雨式的批判与改造中进行的。对传统的这种暴风骤雨式的批判与改造，不可避免地造成了中国自身传统的历史断裂，从而造成中国人在自我理解与意义安顿方面的迷惘与焦虑。而这种自身传统的历史断裂所造成的迷惘与焦虑，不可能通过对外来文化的全盘吸收来加以解决，即中国人不可能在较短的时间真正接受和消化源自西方文化的自我理解和意义安顿方式。这一方面是因为尽管中国自身的文化传统整体上已失去了它的有效性并且往往是人们批判和清算的对象，但它不可能完全丧失自身的影响力，相反，它以一种碎片化的形式自觉或不自觉地影响着中国人的自我理解、思维方式和行为方式。另一方面则是因为人们并不能真正全面地理解西方文化，因为我们所接触到的西方文化（这里指的是包括生活方式、思维方式和价值观念等在内的广义的文化），仅仅是一种从其整体背景中所截取出来的片面的和表面的东西，其文化整体的相互关联性以及内在的精神特质却并不为中国人所熟识、理解和接受。

　　其次，马克思主义的共产主义理想不仅曾经鼓舞了中国人民争取民族独立的革命斗争，而且也曾经尤其是在新中国成立以来，作为全国性的、全民族性的理想信念，无可争议地成为了中国人民自我理解和意义安顿的压倒性方式，甚至唯一的方式。但是，这种理想所激起的伟大热情能否持久地存在，取决于这个理想在现实中是否得到不扭曲、不走样的体现，以及是否得到不折不扣的推进。然而遗憾的是，20 世纪 50 年代中期到 70 年代中后期这段时间里，中国的社会主义建设出现了失误，遭受了重大挫折。社会主义建设的失误以及由此导致的困境，迫使以邓小平为核心的第二代领导集体进行了旨在解放生产力的改革开放。改革开放取得了伟大成就，同时也产生了一系列新的社会问题与矛盾，如贫富差距、利益分化、对抗加剧、道德滑坡、社会风气沦丧以及个人主义膨胀等。这些新问题与矛盾使得人们日益疏远了那个曾经为所有人提供意义安顿和价值基础的共产主义价值理想。共产主义理想的疏远，亦即主流价值观的失落，使得中国人又回到了一种由文化传统的历史断裂所造成的价值真空状态。而且，由于共产主义理想曾经吸取了中国人民全部的生命热情，因而它的疏远与失落所造成的价值虚无感就会来得更加凶猛与彻底。在这种严重的价值真空状态下，人们很容易放弃理想性的精神价值追求，而是将自己还原为一种纯粹享乐的动物性自然主体，在无止境地追求欲望之满足的消费主义生活方式中寻求感官的刺激和人生的慰藉。①

总之，作为社会性存在物，人内在地具有通过文化认同来进行自我理解和意义安顿的需要，并且这种文化认同最终必然也要落实到消费观念和消费行为层面上来，因而消费作为一种文化认同方式，本无可厚非。现代社会所面临的问题在于，消费已经因为传统文化资源的失效而丧失了认同对象，从而享受主义和纵欲主义的消费观念本身成为了取代一切文化价值的伪文化，成为一种没有价值归宿和精神家园的虚假意义安顿形式。对此，必须予以深刻的反思与批判，并在此基础上重建精神家园和价值基底。

六、消费是维护政治统治的重要手段

表面上看，消费是与政治无关的私人行为，但实际上，消费也是维护政治统治的有效手段，这一点在现代资本主义"消费社会"中表现得尤为突出。

首先，保证人们的基本消费，是政治统治合法性的基本内容。任何统治都潜含着一个最为基本的"契约"，即必须以保证人们基本的生存为基本的合法性前提，易言之，以保证人们为满足基本生存需要而进行的消费为基本的合法性前提。如果人们的基本生存得不到保障，政治统治的合法性也就丧失了。尽管传统的专制统治往往通过神权来获取自身的合法性，但这种合法性仍然不能抛开保证人们生存这一现实内容。就像周王朝从商王朝的灭亡中吸取教训从而提出"天视自我民视，天听自我民听"一样，"民本"思想正是保证人民基本

① 关于通过正面的灌输和反面的丑化将国家目标和理想化作个人信仰这样一种由国家来供给终极意义的机制及其失效对中国消费主义的影响，王宁曾给予了详细而深刻的分析。王宁. 从节俭主义到消费主义转型的文化逻辑 [J]. 兰州大学学报（社会科学版），2010（3）.

生存需要这一统治合法性的初步的和隐晦的表达。而历代王朝的覆灭，不断地印证了这一点。

其次，通过严格规定人们的消费水平和消费方式，有利于强化人与人之间的等级差别，从而有利于维护以等级差别为本质特征的专制统治。等级消费一方面固然是由于资源的稀缺性而不得不采取的分配方式，但另一方面也能够被统治者用来强化等级、巩固统治。通过政治权力和封建礼教，严格地规定人们在衣食住行等日常生活的各个方面的消费等级，这一方面能够将普遍百姓的消费限制在一个极端低下的水平，从而有利于避免政治统治因资源的严重短缺而崩溃；另一方面，通过将人与人之间的等级标示化、具体化，迫使人们慢慢习惯、接受，甚至主动认同这种等级秩序，削弱甚至泯灭人们对不合理等级秩序的反思、批判和反抗能力，从而有利于维护专制统治。

最后，随着神权政治的衰落，保障人们的自由、平等成为了现代政治统治的合法性基础。但是，现代政治本质上仍然是一种阶级统治，仍然存在特殊利益与公共利益的矛盾冲突，因而本质上仍然与人们的自由、平等相冲突。为了维护自身的统治，统治阶级有意识地借助了消费手段。一方面，人们不仅要被用作"劳动力"，以便实现生产和扩大再生产，同时也要被用作"消费力"，以便不断被生产出来的商品能够被消费掉，从而最终实现利润和资本增殖。另一方面，统治阶级在加剧对自然和工人的开发与掠夺这一基础上，通过为人们提供丰盛的消费商品，使人们在这种消费主义的生活方式中得到满足，从而弱化人们对不合理现实的反思与批判能力，窒息人们追求自由、平等的解放冲动，最终对政治事务变得不敏感甚至麻木。关于消费在现代资本主义国家中的政治功能，马尔库塞、哈贝马斯等西方马克思主义者，都曾做过精彩的分析。例如，哈贝马斯认为，在失去了政治结构的资本主义公共领域中，合法性被压缩成了两个剩余的需求，其中一个就是"公民的私人性"，即对政治的冷漠，人们转而关注事业、休闲和消费，从而助长了在系统内获得适当回报的期望，这种期望表现在为了金钱、休闲时间以及安全感。① 哈贝马斯的意思是说，人

---

① ［德］哈贝马斯. 合法化危机［M］. 刘北成，曹卫东，译. 上海：上海人民出版社，2000：51.

们被排除在资产阶级政治事务之外，政治主体地位的这种丧失使得人们将注意力转移到私人性的休闲与消费领域。而这也就意味着，专注于私人性的消费领域，人们弱化了对政治事务的兴趣，从而客观上有利于资产阶级的政治统治。

可见，只要存在阶级统治，消费就绝不像它表面看来的那样仅仅是一种私人事务，它一定会被用来作为获取统治合法性的工具，一定会被用来作为麻痹人们的思想从而维护阶级统治的工作。从这个意义讲，消费尤其是消费主义具有一种维护阶级统治的意识形态色彩和功能。因此，揭露和批判消费所具有的这种意识形态功能，从而释放出人们追求自由、平等的潜能，就是消费研究所应担负的重任。

第三节 | 消费观念与消费方式

消费是"联结经济与文化的社会活动"，是经济生活、文化生活与社会生活的联结点和汇聚地，不仅具有经济和营销意义，而且具有重要的文化和社会意义。[①] 人们的消费观念和消费方式始终受到一定社会生活条件和社会生活方式的制约，从根本上讲，是由一定的社会物质生活条件决定的，同时又反过来影响社会生活本身。因此，要考察人们的消费观念和消费方式，就必须考察其与社会生活及其历史发展之间辩证的互动关联。

一、消费观念、消费方式与社会生活

人的消费主要不是满足单纯生理需要的本能活动，而是在一定的社会物质条件下受一定观念引导的有意识的社会性活动。因此，人们的消费活动总是直接或间接、自觉或不自觉地受到一定消费观念的制约，并形成一定的消费方式。而人们的消费观念和消费方式最终又是由一定的社会物质条件和社会生活

---

① 王宁. 消费社会学 [M]. 北京：社会科学文献出版社，2011：1.

方式决定的。

人不像动物那样单纯依赖于直接给予的自然物来满足单纯的生理本能，而是将自身的生存和生活建立在社会性的生产实践活动基础之上。人们能够消费什么、消费多少、如何消费，都取决于人们能够生产什么、生产多少以及如何生产，即取决于一定的社会生产状况。① "一当人开始生产自己的生活资料，即迈出由他们的肉体组织所决定的这一步的时候，人本身就开始把自己和动物区别开来。人们生产自己的生活资料，同时间接地生产着自己的物质生活本身。"②

当然，人们的消费还受到一定观念的引导。人们的消费观念最初起源于人们对自身生产能力、消费需求以及生产能力与消费需求之间矛盾与张力的意识，即根据自身的生产能力来指导自身的消费。但是，不仅人们的生产能力是客观的，而且人们的需求本身也是由一定的社会生产状况和社会生活方式决定的，因而也是客观的。也就是说，人们的需求不是主观臆想出来的，而是在具有客观性的社会生活中逐步发展起来的。只有当社会生活本身发展到一定的程度，从而使得某种需要成为必要和可能时，这种需要才会呈现在人们的意识中，从而成为人们的自觉需求。例如，当原始社会中的人们之间还不存在不平等的身份差异时，通过衣食住行等来彰显身份、固定等级这样的需要就根本不可能出现。可见，人们的消费观念本身也是一定社会生活条件的产物。

以上考察的是社会生活尤其是社会物质生活条件对消费观念和消费方式的决定与制约。但消费本身也是生产，是一切社会生产的基础和条件，并因此而促进社会的发展。生活消费是人的再生产，亦即生产力的再生产。人是生产的主体、核心，但人必须消费才能生存、繁衍并获得能力的发展，并且人们的消费水平（食物、医疗卫生以及教育程度等）在很大程度上决定了人们的生存、繁衍和能力水平。因此，消费不应被简单地理解为仅仅是消耗，它同时也是积极的生产。生产性消费是物的再生产，同样也是生产力的再生产。物（劳动

---

① 人们的消费最直接地受到其收入水平的制约，但是，人们的收入水平以及人们用其收入能够交换到什么产品，最终还是取决于总体的社会生产状况。

② 马克思恩格斯文集：第一卷［M］．北京：人民出版社，2009：519．

工具、劳动对象、劳动资料等）是生产活动必不可少的物质性要素，它们直接决定和表征着生产力的发展水平（对物进行加工的方式，即作用于劳动对象的广度和深度以及由此决定的生产效率）。

总之，消费作为社会再生产的基础性环节，一方面受到社会物质生产生活条件的制约，另一方面又反过来影响社会生活的发展。这种影响既可能是积极的促进，也可能是消极的阻碍。当消费与生产之间保持一种有张力的动态平衡，从而与社会生活本身相适应时，消费就促进社会的发展。而当消费过多或过少，破坏了消费与生产之间的动态平衡时，消费就阻碍社会的发展。

超出社会承受能力的生活消费（尤其是奢侈的、纵欲的消费），一方面会过多地消耗社会财富，从而总体上减少社会的生产性投入，社会再生产就难以扩大，甚至难以为继；另一方面不仅不能促进作为生产主体的人的发展，反而损害人们的健康、消沉人们的意志、萎靡人们的精神，不利于人和社会的健康、长远发展。而过多的生产性消费由于超出生态环境的承受能力，也同样不利于社会的健康、持续发展。超出社会生产能力的消费导致社会衰退甚至灭亡的实例，不胜枚举，例如，古罗马的衰落就与人们的生活过于奢侈、放荡有重要的关系。尽管关于玛雅、巴比伦、楼兰等曾经高度发达的古代文明衰败、消亡的原因，人们众多猜测，莫衷一是，但过度消费所导致的生态环境破坏，无疑是其中最具解释力和说服力的重要原因之一。

将消费控制在一定的范围内，从而为社会生产和再生产提供必要的积累，是一切社会得以延续和发展的必要条件。尤其是在生产力水平相对低下的传统社会，抑制消费以维持社会的整体生存与发展，更是具有重大的意义。但是，过低的消费水平也同样不利于社会的发展。一方面，生产出来的产品最终要用于人们的消费，而消费必然引起新的需要，"已经得到满足的第一个需要本身、满足需要的活动和已经获得的为满足需要而用的工具又引起新的需要"①。因此，没有消费就不会引起新的需要，社会生产就不会有新的扩大，较低的消费只能引起较少的新需要，社会生产只能有较小的扩大。另一方面，过低的消费水平不利于人的生存、繁衍和能力的发展，也就不利于社会生产的发展。因

① 马克思恩格斯文集：第一卷 [M]. 北京：人民出版社，2009：531.

为人是生产的主体与核心，人口的数量、质量（包括健康程度、思维方式、价值观念、文化知识以及技能技巧等各个要素）直接关系到生产的数量与质量。

无论是生产力的发展，还是社会本身的发展，其最终目的都是为了人的生存、享受和发展。因此，消费与社会生活的关系最终要落脚到消费与人的生存、享受和发展之间的关系上来。而人的生存、享受和发展就是人们的生活质量，因此，对消费的评价就必须考察消费与生活质量的关系。① 事实上，消费作为最基本的人类活动，消费什么，如何消费，必然直接地关系到人们的生活质量。而人们的消费方式同时又受到消费观念的制约，因此，消费观念和消费方式对人们的生活质量都有着重要的影响。

人的生存、享受和发展都离不开消费，因此，一般而言，消费越多越丰富，人们的生存条件就越有可能得到保障和改善，人们获得享受和发展的可能性就越大，生活质量就越高。但不能因此将生活质量的高低等同于消费水平的高低，尤其不能等同于物质消费的多寡。

首先，生活是丰富的，人们的需要是多方面的。有些需要能够且必须通过消费才能满足，如衣、食、住、行、医疗、教育等，而有些需要则不能或无须通过消费来满足，如自由、尊重、认同、理解、自我实现等情感和精神需要。生活质量是一个总体的、综合的评价概念，如果片面追求物质性消费而忽视情感和精神层面的需要，人们的生活质量就不可能得到真正的提高。

其次，不合理的消费不仅不利于人的生存、享受和发展，而且有损人们的身心健康。就生理层面的需要而言，一方面这些需求之间存在着矛盾和冲突，某一方面需求的满足以另一方面需求的不满足甚至牺牲为代价，从而损及身体的总体和谐。例如，人有感官享受的需要，但同时也有休息的需要，沉湎于感官享受而不顾及身体的休息需要，就必然损害人们的身体健康而难以企及高质量的生活。另一方面，需要表征着人的某种匮乏，而需要的满足则是为了达到一种平衡，但过多的消费，尤其是感官享受会破坏这种平衡，从而损害人们的身体健康。例如，营养过剩、纵欲过度，都不是健康的生活。除了生理需要之

---

① 　这里说的生活质量包含了物质和精神两个层面，因而不能等同于"物质生活水平"概念。

外，人们还有情感和精神需要。情感和精神需要的满足通常也需要一定的物质条件，从而也与消费密切相关。但是，情感和精神需要又必须超越于物质消费才能得到真正的满足，沉湎于物质消费必然阻碍情感和精神需要的满足，甚至导致情感和精神需要的弱化和退化。例如，沉湎于物欲，实际上也是对物的依赖，就有损人的独立和自由，消磨人们的意志，从而阻碍人的自我实现（玩物丧志）。再如，由于社会关系的物化，人与人之间的关系变得疏远、冷漠，从而人与人之间相互关心、相互理解和相互尊重的情感和精神需要就难以满足，甚至这种情感和精神需要越来越不被人们意识到。

由此可见，尽管消费水平在很大程度上表征着生活质量的高度，但它只是衡量生活质量的一个方面的尺度，并且只有适度、合宜的消费才有助于生活质量的提升，而过度的、不合理的消费则不仅不能提升人们的生活质量，反而阻碍着生活质量的提升。在物质条件日益得到改善的现代社会，人们的消费越来越丰富多样，越来越多地影响到人们生活的各个方面，消费方式合理与否直接关系到人们的生活质量。而消费方式是否合理，不仅取决于社会生产提供消费品的方式是否合理（是否安全、健康），而且也取决于人们的消费观念是否合理，同时取决于消费知识的健全程度（对消费品性能的认知）。因此，健全消费知识、树立正确的消费观念、践行合理的消费方式，是提高生活质量的重要条件。

二、消费观念与消费方式类型的考察

随着社会的发展，人们的消费日益丰富和多样化，形成了不同类型的消费观念和消费方式。

1. 自然主义消费观念和消费方式。这里所谓的"自然主义"，不是哲学本体论意义上的那种自然主义，而是指人们的消费，较多地满足自然生理需求而较少满足身份认同、等级区分、意义建构、个性张扬等社会文化需求，较多地倾向于有什么消费什么、有多少消费多少，较少有意识地进行选择、谋划和储存。这种自然主义的消费观念和消费方式，主要是与生产力水平低下、社会还没有出现明显的身份等级差别、人们的思维比较纯朴自然的氏族社会这一历史发展阶段相适应。

　　由于生产力水平低下，社会产品在满足人们基本的生存之外几乎没有盈余，因而也就没有私有财产，人们共同生产、共同消费，既没有贫富贵贱的身份等级差别，也没有占为己有的私有观念。在这种状态下，人们的需求仅限于衣食住行等基本的生存，身份认同、等级区分、意义建构、个性张扬等消费的社会文化功能都还没有发展起来。

　　就物质层面而言，自然主义的消费方式确实表现为一种绝对的"贫困"，但在精神层面上很"富足"。在没有私有制也没有私欲贪婪的社会氛围中，人们既不被物所困，也相信自然资源的富足，并不因物质的匮乏而焦虑。波德里亚在《消费社会》中提到萨林斯所举的例子并发挥了他所持的观点。萨林斯认为，澳大利亚、卡拉阿里的渔猎者们尽管过着绝对"贫困"的生活，但真正地知道和体验着"丰盛"。因为这些原始社会的人们没有私有财产，一起劳作，分享一切，因而不为物所困。为了更好地迁移，他们将物丢弃。他们的浪费是彻底的，他们会把所有的东西都消费掉，既没有经济上的考虑，也没有库存。他们睡得多，因为他们相信自然资源的丰富。也就是说，他们并不担心和焦虑，而是尽情地享受当下的"丰盛"生活。波德里亚认为，原始社会特有的集体性的"缺乏远见"和"浪费"，恰恰表明了实际的丰盛，而现代社会的体制特征恰恰在于：人们面对人类手段的不足产生了失望，以及对于市场经济和普遍竞争的深层后果产生了激烈的、灾难性的焦虑。因此，现代贫困不是财富的量少，而是在一种竞争性的社会关系中产生的"心理贫困"，真正的丰盛是建立在人与人之间的具体交流当中，在这种交流当中，每时每刻都在增加着被交换物的价值。①

　　确实，自然主义的消费方式在一定程度上表征着社会生活的和谐和人们心理上的富足。但完全意义上的自然主义消费方式，只存在于没有私有财产、没有身份等级差别的原始社会。从某种意义上讲，要保持自然主义的消费方式，就必须抵制物的积累，因而必须彻底地"浪费"，因为积累必然导致私有财产、社会等级和身份差异，从而必然导致贪欲和由贪欲带来的焦虑。

---

　　① ［法］让·波德里亚. 消费社会 ［M］. 刘成富，全志钢，译. 南京：南京大学出版社，2001：56.

出于对物欲横流、社会不公等文明弊端的反抗，文明社会中的一些人也希望过一种无知无欲的"自然"生活，因而在消费观念和消费方式上也崇尚自然、节俭。例如，道家主张无欲无求，清静无为。但无论人们怎样去追求这样一种"自然"的生活，它都无法回到原始社会那种真正自然主义的生活方式中去。因为原始社会中人们的这种自然主义消费，本身就是一种无须"追求"的自然而然的生活方式。这种生活方式不受任何"观念"的引导，因为这种自然而然的态度不是对生活进行反思的结果，而是与实际生活直接融为一体的。而文明社会中的人们，却是在对现实生活的批判性反思之后的一种刻意追求，不仅需要理性、意志来改变自己的观念，而且还需要理性和意志来抵制或逃离与"自然状态"相背离的现实社会。

2. 节俭与禁欲的消费观念和消费方式。在原始社会，人口稀少，人们的需求简单有限，相对于稀少的人口而言，自然物产富饶而丰盛，并且人们所获得的所有产品均平等分享。因此，尽管生产力水平极其低下，人们并不觉得物质匮乏，更不会感觉到物质的匮乏会威胁到自身的生存。人们相信丰盛的自然物产足以满足自身自然而简单的生存需求，他们既没有储存的必要，也没有储存的手段，一切都随性而为、随遇而安，在简单中安享丰盛。

随着生产力的发展，如狩猎工具的改进和狩猎技能的发展，人们所获得的产品毕竟偶有盈余。这些盈余产品不再用来浪费或丢弃，而是拿来与其他氏族进行交换，这种交换一开始是偶然的和不经意的，后来慢慢就成为了一种有意识的常规性活动。由于氏族间的产品交换的常规化，从共同的劳作中分离出一些人专门从事或掌管氏族间的产品交换就成为了必要。这些专门从事或掌管氏族间产品交换的人——一般也就是氏族首领——就有了将公共产品据为己有的便利，从而慢慢出现了最初的私有财产。因此，生产力的发展既导致了分工的发展，也导致了私有财产和私有制的出现。

随着分工和私有制的出现，原始氏族社会开始瓦解，那种无欲无忧、既"贫困"又"丰盛"的自然主义状态也成为了历史记忆，一去不返，代之而起的是一种有着深深伦理文化印记的节俭消费观念和消费方式，即一种对欲望有所节制、珍惜财物、生活简单朴素而不铺张浪费的消费观念和消费方式。节俭本质上是对资源与需求之间客观存在的紧张关系的反映和应对。尽管进入文明时代之后，生产力较之于原始社会有了较大的发展，但资源与需求之间的矛盾反而更加凸显出来。这并不是因为物质财富总量的减少，而是因为人口数量的增加、人类需要的发展以及由此带来的人们对资源与需求之间的矛盾的更为深刻的认识和更为强烈的感受。

就物质产品总量而言，原始社会确实是"贫困"的，但相对于人们简单的需求而言，原始社会又是富足的，并且对产品的平等分享又极大地增进了人们的富足感，因为人们根本无须单独地面对物质的匮乏所带来的生存困扰。而进入文明社会之后，尽管物质产品总量增加了，但人口数量也同时增加了，并且由人口增加所带来的需要以及由社会生活变化所带来的需要也增多了、发展了，更重要的是，这些需要的满足方式也发生了根本变化。这些都是加剧资源与需求矛盾的重要因素，也是促使节俭成为主导性消费观念和消费方式的重要因素。

人口增加所带来的需要增加主要表现为基本生存需要的客观增加。社会生活变化所带来的需要的增多和发展主要有：一方面，需要的种类增多了，原始社会人们的需要主要是饮食需要，至多还有保暖和一些宗教方面的需要，而文明时代则不仅有衣食住行和宗教需要，还有统治、管理、教育、享受等各方面的社会文化需要。另一方面，需要的质量提升了，衣食住行不仅仅满足生存的需要，而且也满足人们的享受需要，同时还满足人们的社会身份地位的认同与区分需要，而这些更为精细的需要的满足必然要消耗更多的产品。就满足需要的方式而言，原始社会是共同劳作、平等分享，而在私有制文明社会，一方面，人们不再共同面对生存和需要满足问题，而是以家庭（至多是家族）为单位各自面对这一问题；另一方面，社会的分化使得劳动者不仅要提供产品满足自身及家庭或家族的需要，而且还要为那些脱离劳动的社会阶层提供消费资料以满足他们更为精细、奢侈的生存和享受需要。

面对资源与需求之间日益凸显的矛盾，节俭是生产力有了一定发展但又不是高度发展的传统社会的必然选择。对于平民百姓而言，不仅要维持自身及家庭成员的生存，而且要供养庞大的非劳动社会阶层，如果不节俭，就根本无法维持基本的生活。事实上，在传统社会中，尽管人们过着极为节俭的生活，往往还是入不敷出，尤其是遭遇天灾人祸时，更是苦苦挣扎在死亡的边缘线上。

长期困窘的生存状态慢慢形成了节俭的习惯和观念，并成为一种美德为人们所称道和提倡。节俭的观念和生活不仅为平民百姓所奉行，而且也为统治阶级所提倡，在一定程度上也为统治阶级成员所践行。一方面，由于统治阶级对人民的剥削所得因社会总体财富的有限而总有一个限度，因而节俭仍然有其现实必要性；另一方面，为了让平民百姓节衣缩食，从而更多地贡献给统治阶级，统治阶级也有必要将节俭作为一种全社会都应奉行的美德加以大力提倡。一旦节俭成为一种社会性的美德，就不仅对平民百姓有约束，对统治阶级也同样有一定的约束作用。因此，尽管统治阶级实际上过着一种相对奢侈的生活，但在观念上、口头上也仍然要提倡和标榜节俭美德；尽管越是上层统治者，越是过着奢华荒淫的生活，但也要以"礼制"的名义和形式将这种与社会地位等级相关联的奢华生活加以合法化，使之不至于与节俭美德发生表面的冲突；尽管统治阶级总体上过着一种相对奢华的生活，但也有一部分成员将节俭内化为自身的美德而切实地加以践行。总之，在物质相对匮乏的传统社会，节俭事实上成为了一种主导性的消费观念和消费方式，从百姓、各级官吏直到最高统治者，都不敢公开地加以反对，即使暗地里过着奢靡的生活，表面上也要有意识地加以掩饰，甚至在一定程度上还因为对节俭美德的认同而受到良心的谴责。

由此可见，节俭一方面是物质匮乏与需求矛盾的客观要求，一方面也是对这种矛盾的认知甚至焦虑的产物。而当这种焦虑超过一定限度时，就产生了一种禁欲主义的消费观念和消费方式。禁欲主义本是一种严酷要求人们节制肉体欲望的宗教苦行和道德要求，但作为一种关涉消费的观念和生活方式，本质上是对物质匮乏与需求之间的矛盾的过度反应。当然，正因为禁欲主义是一种反思的产物，因而一开始主要是在有教养的社会阶层中产生。由于有教养的社会阶层是社会话语权的垄断者和思想观念的创造者，因此，尽管有教养的统治阶层是禁欲主义的提倡者，可广大平民百姓才是主要的被动践行者。统治阶级为了维护自身的统治和剥削，将禁欲主义的要求内化为封建道德礼教①，在全社会范围内迫使人们自觉或不自觉地加以践行。

---

① 如孔子的"非礼勿视、非礼勿听、非礼勿动"以及宋明理学"存天理、灭人欲"的主张，实质上都是以封建礼教的名义压制人们的需要。

　　表面看来，禁欲主义是为了摆脱物质欲望的束缚而追求精神的独立和灵魂的超脱，似乎表现出对物的蔑视，但本质上是对物质匮乏的变态焦虑。这种焦虑不断地被转化为对物质进而对肉体和肉体欲望的极端敌视，而焦虑和敌视的态度也就表现人们并未真正解决需求与物质匮乏之间的矛盾。因此，禁欲主义并不能真正地实现身心和谐的自然状态，从而也就不能真正地实现精神的独立和灵魂的解脱。尽管作为个体，人们有可能通过禁欲主义的方式偶然地实现灵魂的解脱（当然也不是真正的、合理的解放），但整个社会因为禁欲主义存在而表明自身仍处于物质匮乏的困境当中，仍处于欲望的束缚之中，因而也就仍处于人与自然以及人与人之间的矛盾当中，因为欲望的根源就在于人与自然以及人与人之间的矛盾。尽管遭到人们本能的或自觉的反抗①，但由于社会物质条件和思想观念的限制，禁欲主义不仅在生产力水平相对低下的传统社会中一直存在——要么以直接的形式存在，要么以隐蔽、温和的形式潜存于封建礼教以及节俭的消费观念和消费方式当中，而且在生产力高度发达的现代社会也同样存在。事实上，只要还存在私有制以及由此带来的竞争，禁欲主义就不能得到根除，因为对物质匮乏的焦虑不仅关系到物质财富的多寡，而且它本质上是私有制以及私有制条件下的社会竞争的伴生物。

　　尽管节俭的消费观念和消费方式与禁欲的消费观念和消费方式之间并没有十分明显的界线，尽管这两种消费方式和消费观念在当前仍然存在私有制和竞争的社会条件下都不能消除，但对二者仍应采取不同的评价和态度。

　　除了在原始社会中由于人们的生活与自然直接合为一体而无需节俭外，节俭在任何时代都有其不可否定的合理价值。尽管在封建等级社会中，节俭因为客观上有利于统治阶级而带有意识形态色彩，但节俭本身是一种应当倡导和践行的消费观念和生活方式。节俭之所以是合理的和必需的，首先是因为资源自身最终无法超越的有限性。面对有限的自然资源，人类只有奉行节俭的生活方式，才能满足自身永续生存、永续发展的长远需要，个体和家庭也只有节俭才能长远地免于困窘。其次是因为节俭不仅具有使人们免于困窘的工具性价值，它同时还体现着人们的人格修养和人生境界，表征着人们精神的独立和自由程度。放纵欲望而不懂得节制的人，他就因此而成为欲望的奴隶，从而限制了他

---

　　①　本能的反抗表现为人们的各种"非礼"和"乱礼"行为，而自觉的反抗则表现为"食色，性也"这样的理论主张。

的人格和境界。当然，节俭的具体内涵和具体形式在不同时代会不断变化，原先被看作奢侈的消费方式，会随着社会条件的变化和人们的需要本身的发展而成为合理的、节俭的消费方式。判断一种消费方式是否是节俭的，主要不在于具体的消费内容和消费形式，而在于人们在消费时是否物尽其用，是否避免了不必要的浪费。

禁欲主义尽管在特定条件下能够在一定程度上促进社会的发展①，在一定意义上也有助于人们摆脱物欲的束缚而获得精神上的自由与独立，但禁欲主义的观念毕竟是对人的片面的和畸形的理解，禁欲主义的生活方式毕竟不利于人的自由、全面发展。从根本上讲，禁欲主义是对人性的扭曲与摧残，同时也不利于社会的健康、持续发展。

因此，无论是出于对资源有限性的考虑，还是出于对人与社会的自由、全面发展的考虑，我们都应当提倡节俭的消费观念和消费方式，而谴责、批判禁欲主义的消费观念和生活方式。

3. 奢侈与纵欲的消费观念和消费方式。奢侈是节俭的反义，纵欲是禁欲的反义。但相互对立的事物，往往同时也就是相互联系着的相辅相成的事物，在某种意义上说，是同一事物的两个方面。奢侈与节俭、纵欲与禁欲之间的关系，也正是这种一物两面、相辅相成的关系。

"奢"本义是"大家庭"，"侈"是"人多"，即佣人多、随从多，如《国语·晋语八》中说桓子"骄泰奢侈，贪欲无艺"。"奢"、"侈"合起来的意思就是挥霍、浪费。奢侈作为一种消费方式和生活方式，尽管作为节俭的反面而经常受到人们道义上的谴责，但在人类的文明时代，奢侈如影随形般地成为提倡节俭的社会中难以根除的现象。人们越是提倡节俭、谴责奢侈，奢侈就越是顽固地附着于人类的社会生活。或许正因为奢侈是难以遏制的冲动和难以根除的现象，人们才要不断地加以谴责。奢侈之所以难以根除，其原因就在于它实际上与节俭一样，都是人们对资源匮乏的一种反应方式，只不过奢侈是与节俭相反的反应方式罢了。

面对匮乏的资源，人们通过节制自身欲望或需求的方式来加以应对，以求得生存和发展，这就是节俭的观念和方式。但也有一些人，尤其是那些拥有较

---

① 例如，马克斯·韦伯在《新教伦理与资本主义精神》中，就曾经肯定了新教禁欲主义的消费观念和生活方式对于资本积累从而对于资本主义发展的重要作用。

多资源的人，恰恰需要通过对资源的挥霍、浪费，来表明自己不受资源匮乏的制约，从而彰显自身社会地位的优越性。因此，尽管原始社会中人们也有经常性的"奢侈"行为，如毫不珍惜地丢弃一时消费不完的财物，但文明时代的奢侈与原始社会中的"奢侈"有着本质的区别。原始社会中人们的"奢侈"行为，一方面是因为他们根本没必要珍惜和储存满足当下基本需要之外的财物，并且也没有储存的手段；另一方面则是因为他们根本不需要通过奢侈来彰显自己优越的社会地位，他们根本不懂得"奢侈"在文明时代的社会文化功能，因为他们根本就没有社会地位上的人为差别。因此，原始社会中的"奢侈"是一种纯朴的行为，是一种对自然丰盛的天真信赖，而文明时代的奢侈则是一种做作，是一种对资源匮乏所导致的焦虑的人为掩饰，尽管奢侈者本身未必清晰地意识到了自身的奢侈行为是对资源匮乏所产生的焦虑的掩饰。而对资源匮乏所产生的焦虑的这种掩饰，是奢侈的社会学意义上的本质。

　　因此，只要存在私有制和社会竞争以及由此导致的对资源匮乏的焦虑，奢侈就会作为与节俭不同的对资源匮乏的反应方式，与节俭一样长久地存在于人类社会生活当中。尽管奢侈得到的是与节俭不同的社会评价，但比节俭更容易抓住人们的心，正所谓"由俭入奢易，由奢入俭难"。当然，奢侈毕竟需要充足的物质资源支撑，所以，在物质匮乏的传统社会，奢侈尽管为人们所向往，但从未得到人们的正面评价或道义上的支持。而在物质丰富的当今时代，尤其是在资本逻辑的主宰之下，人们似乎不仅不谴责奢侈，反而认为奢侈、浪费是正当的、合理的，因为奢侈、浪费促进了经济的发展，没有奢侈、浪费，经济就会停滞，甚至崩溃。这种似是而非的观点是极端有害的，持这种观点的人根本不明白经济发展的根本动力是正当的人类需要，而不是奢侈、浪费，根本不明白经济健康、持续发展的条件是生产与消费的动态平衡，而不是生产与消费的畸形对抗，持这种观点的人根本不顾及资源的限度和生态环境的承受能力，从而抽掉了经济社会健康、持续发展的资源基础和生态环境基础。

　　表面看来，似乎正是奢侈、浪费推动了生产，从而促进了经济发展，因而似乎正是奢侈、浪费保持了生产与消费的平衡。但这种观点忽视了一个前提性的事实，即首先是现代工业资本主义生产方式所固有的矛盾导致了生产与消费的严重脱节，从而才需要通过不断刺激消费的方式来联结已经脱节了的生产与消费。因此，这种需要不断地人为刺激消费来满足生产需要的状态与其说是生产与消费的平衡，不如说是生产与消费之间的脱节之后的一种畸形对抗。这样的经济运行方式，本身已经从根本上扭曲了生产与消费的关系，从根本上误解了经济的本质。生产本身和经济增长本身不是目的，而是满足人类正常需要的手段。而在资本主义工业经济条件下，生产和经济增长本身却被扭曲为目的（实际上不过是资本增殖的手段），而原本应当是目的的消费则被扭曲为生产和经济增长的手段。

纵欲与禁欲相反，是指对欲望尤其是肉欲的放纵。因此，纵欲与奢侈并不完全一样，奢侈表现为对外在财物的挥霍、浪费，目的是彰显人们的资源优势和社会地位优势；而纵欲则是对自身欲望的满足与放纵。禁欲、纵欲、奢侈尽管有着不同的表现形式，但有着共同的社会文化根源，即资源的匮乏以及对资源匮乏的焦虑。

资源以竞争的方式在社会中分配，欲望的满足需要以资源的竞争性获取为条件。因此，禁欲主义表面看来是对欲望对象即"物"的禁绝，实质上也就是对社会生活乃至整个外部世界的逃离与弃绝。奢侈通过对自身社会地位优势的彰显，看起来是对肉欲的放纵，实质上是对以肉欲形式表现出来的"我"的放纵，而这个"我"就是一种与他人及外部世界相对分化、相对立的孤独个体的自我意识。因此，纵欲表面看来仅仅是一种肉体欲望的满足与放纵，但实质上是对社会分化的恐惧、逃离与反抗。这种恐惧、逃离与反抗有两种相反的方式，一是追求抽象的自我保存，试图以"自我"吞噬他人和外部世界，从而克服个体自我与他人、社会及外部世界的分化；一是以纵欲的方式毁灭"自我"，使个体化的"自我"重新融入混沌未分的世界整体，也同样是为了克服个体自我与他人、社会及外部世界的分化。可见，毁灭与占有，不过是同一心理的两个极端。而奢侈对自身社会地位优势的彰显，实质上也就是要在分化、对抗的社会秩序中占据和巩固一个有利的上位。

4. 生态化消费观念和消费方式。人们的消费观念和消费方式是由一定社会物质条件决定的，因此，尽管任何时代都有多种消费观念和消费方式并存，但每一个时代又都有其占主导的消费观念和消费方式。与原始社会生产力水平和社会生活方式相适应并占主导地位的是一种自然主义的消费观念和消费方式，与封建社会或农业文明相适应并占主导地位的是一种节俭的消费观念和消费方式，而与现代资本主义工业文明相适应并占主导地位的是一种奢侈的消费观念和消费方式。而当现代资本主义工业文明在全球范围内导致了普遍而严重的生态环境问题时，一种生态化的消费观念和消费方式，就成为了时代的内在需要，越来越被人们提倡、接受和践行。

所谓生态化消费，是指一种既满足人的合理需求又不对生态环境造成危害的消费观念和消费方式，适度、持续、全面是其基本特征。所谓适度，就是要求人们的消费规模和消费水平必须与一定的物质生产能力和生态环境承受能力相适应，既不超前消费，又要保障一定的生活质量。所谓持续，就是要求人们的消费不仅要考虑当前的生产能力和生态环境承受能力，而且要考虑未来的生产能力和生态环境承受能力，不仅满足当代人的生存、享受和发展需求，而且也要为子孙后代的生存、享受和发展预留好空间并创造良好的条件。所谓全面，就是要求人们的消费不能过分偏重物质欲望的满足和物质产品的消耗，而应当充分关注和努力追求情感认同和精神升华等非物质层面的需求，实现人的全面发展。当前占主导的高消费方式之所以是片面的，就是因为它偏重物质而忽视人的情感需要和精神需要

就其本质而言，生态化消费追求的是人与社会、人与自然的共同发展，从而实现人、社会、自然和谐共生的生态文明。表面看来，生态化消费是人类需求的满足与生态环境承受能力即人与自然之间矛盾尖锐化的产物。但人的需求不是纯粹的自然生理需求，而是一种社会性需求，衡量、评价和决定需求水平的尺度是人与人之间的社会关系，而不是纯粹自然的生理需要。人与自然的矛盾实际上包含了两个层面，一是人的肉体即内在自然与外部自然的矛盾，二是人的精神即自我与外部自然的矛盾。而这两个层面的矛盾本质上又是人与人之间的矛盾，或本质上与人与人之间的矛盾内在相关。因此，生态化消费所要解决的不仅仅是人与自然的矛盾，也是人与人之间的社会矛盾，它不仅仅是一种仅仅依靠科学技术所能解决的自然生理要求，也是一种需要通过社会制度来变革生产方式和生活方式的社会伦理要求。也就是说，如果没有对人与自然矛盾所折射出来的人与人之间的矛盾的伦理领会，就不可能真正理解生态化消费的本质内涵；如果没有社会制度对社会生产方式和生活方式的根本性变革，亦即如果没有从根本上触及人与人之间的矛盾的解决，生态化消费就不可能真正实现。

生态化消费是一种与节俭的、奢侈的、禁欲的、纵欲的以及自然主义的消

费观念和消费方式都不相同的全新消费观念和消费方式。

节俭是生态化消费的题中应有之义，但生态化消费所提倡的节俭与传统节俭又有质的区别。首先，传统节俭是在相对低下的生产力水平以及可获得的资源十分有限的条件下不得不做出的选择，而生态化消费所提倡的节俭则是在人们已经能够借助现有强大生产力获得丰富资源这一基础之上，考虑到资源和生态环境的可持续性而做出的自觉选择。其次，传统节俭是将人们的需求和消费限制在一个相对较低的水平，从而维持一种较低水平的持续生存，而生态化消费所提倡的节俭则与人们的高水平生活质量相容并致力于持续不断地改善人们的生活水平、提高人们的生活质量。最后，传统节俭主要是用来约束平民百姓，与之形成鲜明对比的则是统治阶级的奢靡与挥霍，而生态化消费所提倡的节俭则最大限度地弱化了这种社会等级性，是针对所有社会成员提出的普遍伦理要求。

生态化消费并不排斥高质量的生活，相反，它在尊重自然、顺应自然、保护自然从而保持生态和谐、环境友好的前提下，努力地追求人们生活质量的持续提升。因此，生态化消费在提倡节俭的同时，反对禁欲主义的消费观念和消费方式。但这并不意味着生态化消费与奢侈、纵欲有亲缘性。生态化消费不仅追求人与自然的和谐，而且追求人与人之间的平等、和谐。而奢侈和纵欲则不仅浪费资源从而表征和加剧人与自然的矛盾，而且同时也表征和加剧人与自身以及人与人之间的矛盾。因此，生态化消费坚决反对奢侈和纵欲。

就其都包含着顺应自然这一点而言，生态化消费与自然主义消费有着某种相似性，但同时又具有本质的差别。首先，自然主义消费是一种低水平的消费，而生态化消费则保持着人们的高质量生活。其次，自然主义消费是在人与自然还未真正分离从而人与自然矛盾还未真正凸显这一条件下对自然的单纯顺应，而生态化消费对自然的顺应则是一种在更高层次上扬弃人与自然之间的矛盾的基础上对自然的主动顺应。因此，在自然主义生活状态中的人们，其对自然是一种天真纯朴的信赖，而在生态化生活方式中的人们，其对待自然的态度是建立在反思基础上的尊重、顺应与保护。或者说，前者与自然的关系是一种还未分化的混沌，而后者与自然的关系则是一种有差别但不对抗并相互促进的和谐。

第 2 章

文明的更替与消费方式的演变

"消费的历史，就是时代的历史——不同的时代将留给人们不同的消费的烙印——拮据的或是宽裕的、奢侈的或是平淡的、开心的或是郁闷的、幸福的或是痛苦的记忆……"① 从告别野蛮步入文明，人类先后经历了原始文明、农业文明、工业文明等不同文明形态，现在正在向生态文明迈进，与这些文明形态相对应，人类有着不同的消费方式。

第一节 原始文明与消费方式

根据现代人类学研究，迄今 300 万年前，地球上诞生了人类。作为人类祖先的类人猿，是和自然界直接同一的，人猿相揖别标志着人类文明的开始，也标志着人类与自然界相互作用历史的开始。当人类出现以后，自然界中就分化出了具有自觉能动性的主体，实现了从自然史到人类社会史的转变。人类诞生以后开始了永不停息的进化的脚步，开始了自然界的人化过程，产生了不同的人类文明：大约 300 万年的原始文明，1 万年左右的农业文明，近 300 年的工业文明。在不同文明形态下，人与自然关系各有不同特点，作为研究人与自然关系重要范式之一的消费方式也各有不同特点。

原始社会特有的生产方式和生产状况决定了原始人特有的消费方式和消费状况，这种特有的消费方式和消费状况表现在消费的内容、消费主体与客体的关系、消费的组织形式等方面。

---

① 刘汉太. 消费的福祉 [M]. 北京：中国发展出版社，2006：8.

一、弱生存型消费

众所周知，由于原始人开发自然的能力极其有限，导致原始社会的生产力水平低下，物质产品紧缺，精神文化生活匮乏，这种状况决定了原始人不可能产生过多、过高的消费需求，只能提出衣、食等一些基本的生存需要，尽管如此，在费尽周折后也难以如愿，食不果腹、衣不裹体、居无定所等是常有的事。因此，原始人的消费是一种弱生存型消费。

从吃的方面来看，在没有学会使用火之前，原始人最初吃一些野外的浆果、树皮和小动物等。由于吃生、吃素，导致营养不良，所以原始人的智力比较低下，身体条件很差，与自然抗争的能力很弱。学会了使用火之后，原始人开始吃一些熟食，开始过着野外烤肉的生活。然而，野外烤肉对原始人来说并不是一件很容易的事，要取决于狩猎水平，取决于从野外能捕获多少"猎物"。由于生产工具落后，原始人从自然界中所能获得的物质产品十分有限，很难真正满足原始人自身的生存需要，经常要饱受饥饿的折磨。

从穿的方面来看，在原始社会早期，原始人什么也不穿，赤裸着身体流浪在野外而不觉羞耻。后来，原始人逐渐有了羞耻感，开始从自然界采集一些树叶、野草等作为衣服裹在身上的某些部位上。再后来，原始人学会了狩猎生活，开始扒下动物的兽皮穿在身上，有了现代衣服的"雏形"。尽管如此，对于原始人来说，摆脱不了寒冷、酷热的煎熬。

从住的方面来看，在原始社会前期，原始人还没有学会建造房屋，不得不居住在洞穴里，过着穴居的流浪生活。到了原始社会后期，原始人逐渐学会了利用自然界的树木、棍棒、枝叶等原始材料建造简易的茅草屋，开始有了"家"的感觉。然而，原始人的简易茅草屋，很难经得起常年的风吹日晒、雨雪冰霜的考验，很难抵挡得住洪水猛兽的袭击。原始人不得不一次次"重建家园"，四处奔波。

二、原生态型消费

所谓"原生态"，是指生物原来特有的原始、原初的状态。

在整个宇宙中，地球的起源是很晚的，地球什么时候出现的呢？大约47亿年前。在地球的生命史上，人类的出现也是很晚的。地球上什么时候出现生命的呢？大约 32 亿年前。人类又是什么时候出现的呢？大约 300 万年前。300
万年与 47 亿年、32 亿年相比，的确显得很短暂。从人类诞生到现在的 300 万
年的时间长河中，人对自然过度索取的历史更短，人类对自然真正构成威胁，
只是工业革命发生以后的事情，而工业革命距今不过 300 来年的时间。在很长
一段时间，人类不仅没有对自然构成威胁和破坏，还不得不依赖自然、适应自
然，这种依赖和适应在原始社会表现得尤其明显。

在原始社会，人类没有进化到有足够的能力去破坏自然、改造自然，相
反，原始人是在过分依赖自然、适应自然的过程中谋求自身的生存和发展。达
尔文的生物进化论告诉我们，原始人过着茹毛饮血般的生活，在自然食物链中
与动物竞争。原始人的吃、穿、住等生活必需品，几乎都直接取自自然界。根
据我国古代的传说，巢氏发明了"构木为巢"，使人类的"巢"由树上下迁到
地面；燧人氏发明了"钻燧取火"，使人类由吃生食过渡到吃熟食。这些传
说，从一定程度上说明了原始人的消费是原生态化的。原始人与动物、植物等
自然界其他成员平等地参与自然生态系统的能量流通，对自然生态环境的破坏
几乎为零。

三、集体组织型消费

原始社会，人类还没有摆脱动物式的生活方式，没有学会独立生活。由于
生活环境极其恶劣，单个人无法抵御自然灾害的袭击和驱赶野兽；由于生产和
生活工具简单粗糙，生存能力很低，只靠单个人的力量无法维持自身的生存，
因此，在原始社会，原始人为了抵御自然灾害和驱赶野兽，为了维持自身的生
存，不得不过着几十人、几百人集聚在一起的群居生活，团结起来形成合力。

按照社会组织形式的发展，原始社会可以分为两个时期：一是原始群时
期，二是氏族公社时期。原始群时期，人类处于群居阶段，没有固定居住地，
而是组成不大的游荡集团。由于主要依靠采集自然物作为生活来源，当一个地
方的自然物被采集得差不多时就转移到另一个地方。所谓氏族，是指原始社会
由血缘关系联系起来的比较稳定的人的联合，是人类社会自然形成的原始社会
的基本生产单位和生活组织。氏族的特点是以血缘关系为纽带，不以地域划分
为基础，是为全体氏族成员谋利益，体现全体成员意志的原始民主组织。在氏
族组织的发展过程中，经历了母系氏族和父系氏族两个阶段。所谓母系氏族，

即由一位共同的女性祖先所繁衍的后代子孙组成，是原始公社制度的典型形式，占据原始社会历史的绝大部分时期；所谓父系氏族，即由一位共同的男性祖先所繁衍的后代子孙组成，历时较短即为阶级社会所代替。

无论是在原始群时期，还是在氏族公社时期，原始人都是过着群居生活，他们共同劳动，从自然界获取生活资料，共同分享劳动成果，共同消费，共同抵御自然灾害，共同与野兽做斗争。

第二节　农业文明与消费方式

大约距今一万年前，人类文明出现了第一个重大转折，由原始文明过渡到农业文明。在农业文明时代，随着生产工具的不断改进，人类改造自然的能力逐渐提高，自然界进一步人化，开始逐渐打上人类的烙印。在人类改造自然的能力逐渐提高和自然界逐渐人化的过程中，人类的生活状况和消费方式也在悄然发生变化。

一、基本生存型消费

相比原始社会极其落后的物质生产能力，进入到农业社会以后，随着人类大规模农耕和畜牧活动的开展，人类从自然界所获得的物质产品越来越多，人类的生存条件大大改善，吃、穿、住等方面的生活必需品基本能够满足，在部分地区甚至出现了剩余现象。

在吃的方面，无论是数量还是质量，都比原始社会有了显著变化。古代农业文明大都发源于大河流域，这些地区肥沃的土地、便利的灌溉和适宜的气候，为文明的产生与发展提供了稳定的农业生产条件。随着铜器、铁器等农业生产工具的发明和使用，人类的物质生产能力大大提高，不仅不用像过去那样过分依赖自然的"恩赐"，而且可以对自然进行重复投资和利用，从自然界源源不断地获取可供消费的食物，饥饿现象大大减少。在农业社会，人们除了耕种土地以外，还饲养牛、羊、鸡、鸭等。农业文明时代的人们告别了原始社会

"吃生"、"吃素"的生活，开始了"粮食"、"熟食"、"肉食"生活，生活质量有了明显改善。

在穿的方面，农业文明使人类真正告别了衣不遮体的时代，开始了"穿衣时代"。这一时期的人们，除了耕种土地和驯养动物外，还开始了种桑养蚕、纺纱织布，以满足人类自身穿衣的需要。中国唐代诗人孟郊的《游子吟》真实地刻画了中国农业社会妇女纺纱织布的辛劳，千百年来一直为世人所铭记。"慈母手中线，游子身上衣。临行密密缝，意恐迟迟归。谁言寸草心，报得三春晖。"

在住的方面，在农业社会，人类逐渐告别了长期的迁徙不定、居无定所的游牧生活、流浪生活，开始建造真正意义上的房屋，有了真正意义上的"家"，过着相对稳定的定居生活，村落也出现了。人类再也不用担心风吹日晒，不用担心猛兽的袭击。

在这一时期，生产直接用于满足消费，自给自足，不需要相互交换；生活的主题就是直接享受生命，无拘无束，自由豁达，吃喝玩乐。人们生存的理想就是期盼上天赐予风调雨顺的天时，一家人在自己的土地上耕耘、收获，过着安稳、宁静、自足、和睦的生活。

二、生态维护型消费

在农业社会，主要的产业部门是农业，人类消费的产品绝大部分直接和农业相关。在农业生产中，农民和土地、大自然保持着紧密的联系，通过人力和畜力进行耕作，收获的农产品很大程度上受到气候、土壤等自然因素的直接影响。所以，古代农业文明很容易形成尊重自然规律、人与自然和谐相处等思想，尤其是在中国古代具有浓厚的"天人合一"思想。透过农业生产进行哲学思考，就会很自然地把人与自然看作是一个相互联系、相互依赖的有机整体，产生朴素的有机论，产生既利用自然又维护自然的生态学观点。

农业文明时代，人类为了满足自身生存的需要，在利用自然、改造自然的过程中，在局部地区也出现过"竭泽而渔，焚薮而田"等对自然资源进行掠夺性开发利用的现象。日益增长的人口，导致人类越来越多地对自然进行索取，不同程度地引发了人与自然关系的紧张，最后导致文明的衰亡。古巴比伦文明夭折了，玛雅文明消亡了，印度文明衰败了，作为中华文明重要发源地的黄土高原沦为不毛之地。这些孕育过灿烂辉煌的农业文明的地方，都曾是一望无际的青山碧水，只是由于人类的不合理开发，才变成了茫茫荒漠。农业文明在造福人类的同时，也改变了自然的"本色"，一望无际的绿色不见了，把苍茫的黄色留给了大地。正是基于这一点，我国当代著名环境学家曲格平先生将农业文明称之为"黄色文明"。然而，与当今人类对自然的破坏和伤害所不同的是，农业文明时代，人类对自然的开发和利用，是为了满足基本的生存需要，而不带有其他目的。

因此，总的来说，尽管农业文明时代的人类不再像原始文明时代那样消极、被动地适应自然，而是积极、主动地适应自然，凭借自身的力量改造自然，使自然不断人化，使人与自然的关系出现了局部性、阶段性的紧张，但是，由于这一时期人类的生产方式主要以农业和牧业为主，活动范围受到很大限制，人类改造自然的能力仍然十分有限，对自然界的破坏还不是很大，还处在自然生态系统能够承受的范围之内，远没有超出自然界本身的恢复和再生产能力，人与自然关系能保持一种相对较好的和谐状态。

三、个体分散型消费

与原始社会集体组织型消费所不同的是，随着人类开发和利用自然能力的逐渐提高和人类主体意识的逐渐觉醒，随着原始社会晚期私有制的出现，人类告别了原始社会的群居生活，进入了农业社会的家庭生活。马克思和恩格斯在《德意志意识形态》中指出，"单个分开的家庭经济由于私有制的进一步发展而成为更加必需的了。在农业民族那里，共同的家庭经济也和共同的耕作一样是不可能的。城市的建造是一大进步。但是，在过去任何时代，消灭单个分开的经济——这是与消灭私有制分不开的——是不可能的，因为还没有具备这样做的物质条件。"① 因此，与个体家庭经济相对应的消费方式也由集体组织型消费演变为以个体分散型消费为主。

在漫长的农业社会，以家庭为基本生产单位、以手工劳动为主要生产方式的自给自足的小农经济在社会中一直占据主导地位，生产的目的主要是为了满足家庭生活消费，而不是交换，人们的消费以个体分散型消费为主。这种个体

---

① 李爱华. 马克思主义经典著作导读 [M]. 北京：北京师范大学出版社，2008：55－56.

分散型消费是以家庭为单位，家庭成员在家庭组织下进行物质生产和消费，对家庭有着一种割舍不断的深厚情怀。正是由于此，中国古代一直遵循着"齐家、治国、平天下"的理念。

当时的社会分工不够发达，社会分化程度比较低，社会流动性较弱，各阶级、各阶层之间等级森严，社会关系以血缘和地缘关系为主，个人的交流空间受到很大局限，社会竞争机制不健全，生活节奏慢，社会的变革和进步非常迟缓。在这些背景下生活的人们，在家庭纽带的牵引下，人际交往的人情味浓厚，心理的紧张和精神的压抑较少，比较容易满足于现状而安分守己，这也是为什么农业文明能够持续近 1 万年之久的重要原因。

第三节　工业文明与消费方式

在工业文明时代，科学技术突飞猛进，生产工具日新月异，人类改造自然的能力空前提高，人类的主体意识空前觉醒、主人翁精神空前彰显，由此导致的人类生产生活状况发生了翻天覆地的变化，人类的消费状况和消费方式也发生了显著改变。

一、消费主义日益盛行

消费主义是最近几十年使用频率较高的一个名词，是目前在发达资本主义国家消费领域普遍存在，在发展中国家消费领域已蔓延开来的一种消费观念。这种消费观念把消费作为人生的根本目的和体现人生价值的根本尺度，把消费更多的物质资料和占有更多的社会财富作为人生成功的标签和幸福的符号，在生活实践中无所顾忌和毫无节制地进行消费，以追求新、奇、特的消费行为来显示自己的身份和社会地位。[1]

在原始文明的物质匮乏和农业文明的物资短缺时代，人们的欲望受到很大抑制，很难萌发追求为满足生存需求消费之外的消费冲动，在消费领域占主导

---

[1]　何小青. 消费伦理研究［M］. 上海：上海三联书店，2007：72.

地位的价值观念和道德规范是禁欲主义和消费理性主义。崇尚节俭，节制欲望，是那时人们普遍遵循的准则。

进入到工业文明时代，在几次科学技术革命的推动下，资本主义生产力得到了飞速发展，社会物质产品和精神产品日益丰富，西方资本主义国家逐渐进入生产过剩时代，这时资本能否持续增殖在很大程度上取决于消费市场的状况，消费对生产的反作用力越来越明显。因此，不断刺激消费需求，奋力开拓消费市场，自然成为资本主义发展的必然选择。要发展就要有消费需求，要发展就要多消费，成为一种普遍的共识，20 世纪 30 年代爆发的经济危机导致的经济大萧条很好地证明了这一点。经济危机的反复爆发，使消费问题不仅成为一个经济问题，而且成为一个政治问题和社会问题。经济学家、政治学家、社会学家等对消费问题越来越重视，研究越来越深入，得出的共同结论就是要鼓励多消费，少积累。于是，以"多消费，少积累"为基本特征的消费主义在发达资本主义国家很快盛行起来，并迅速波及发展中国家。在现代社会，"顾客是上帝"的经营理念，表面上看，是给了消费者崇高的地位，实际上不过是"消费至上"的代名词。

从消费的目的和作用来看，消费是为了满足人的某种需要。在原始文明和农业文明时代，这种需要更多地表现为对产品的使用价值的需要。随着农业文明向工业文明的过渡和商品经济、市场经济的扩展，人们的消费活动越来越受到生产经营者追求利润最大化的影响和制约。在消费主义价值观的主导下，在各种形式的广告的煽动下，消费者的消费逐渐背离了自己的真正需要，而是按生产经营者设计的消费方式和消费对象进行"无意义"的消费。正如 E. 舒尔曼所说："一旦经济主义主宰了技术，利润取得了核心的地位，商品的生产就不再受到消费者当前需要的支配。相反，需要是为了商业性的原因而通过广告创造出来的。技术的产品甚至不经人们的追求而强加于人们。"①

二、享受发展型消费占主导

和原始文明时代的弱生存型消费、农业文明时代的基本生存型消费所不同的是，工业文明时代，人们的消费越来越多地倾向于满足自身的享受需要、发

---

① ［荷兰］E 舒尔曼. 科技文明与人类未来［M］. 李小兵，等，译. 上海：东方出版社，1995：359.

展需要、享受发展型需要，尤其是享受型需要日益占据主导地位，成为工业文明时代消费的主流。与此相伴生的是，消费主义所主张的高消费被推崇。高消费主要表现为挥霍型消费、奢侈型消费、超前型消费、炫耀性消费。

1. 挥霍型消费。"一次性"的消费是典型的挥霍型消费，这种"一次性"比比皆是，像一次性筷子、一次性快餐盒、一次性纸杯、一次性勺子、一次性塑料袋、一次性装食物的碟子、一次性牙刷、一次性拖鞋、一次性袜子、一次性剃须刀、一次性电池、一次性瓶子、一次性罐子、一次性纸尿布等常见的日用品如雨后春笋般涌现，甚至许多所谓的"耐用消费品"（冰箱、彩电、照相机、手机、汽车等）也往往由于产品更新换代过快，市场上出现了功能更多、款式更新颖的新产品，旧的消费品很快就被抛弃了。即时性消费也是典型的挥霍型消费。即时性消费是和一次性消费关联在一起的。以前，人们总是把现有的一切都保存起来，尽可能长久地使用这些东西，购买一件什物就是为了保留它。那时人们的座右铭是东西越旧越好。而今天旧的没有去，新的便来，人们的座右铭是东西越新越好，喜新厌旧已成为人们的一种普遍心态。随着科学技术的日新月异，产品更新换代频率的加快，产品使用的周期越来越短，"新三年，旧三年，缝缝补补又三年"的时代早已远去。现代社会中几乎所有的消费品都具有"一次性"或"类一次性"，"用过即扔"的物品越来越多。挥霍型消费奉行"不求天长地久，只求曾经拥有"的消费准则，挥霍的不仅是物品的使用价值，更是有限的自然资源；不仅大大增加了资源消耗，而且造成了大量生活垃圾，使人类生活在一个垃圾遍地的"垃圾世界"。①

2. 奢侈型消费。汤姆·雷根区分了三类消费需求：生存需要，这是生物学、生态学赋予人类的基本利益；社会需求，这是人类学、文化学、社会学所规定的人类的特有利益；奢侈（奢靡）需求，这属于消费经济学家所推崇的

---

① 以一次性木筷为例，据调查，目前国内有上千家企业生产木制筷子，年消耗木资源近 500 万立方米。全国林木年采伐量约 4758 万立方米，生产筷子就占了 10.5%。我国的一次性筷子大部分是出口到日本、韩国。据日本农林水产省林业厅最新的统计数据显示，日本全年一次性筷子的消耗量约为 257 亿双，但日本国内一次性筷子的产量仅占 3% 左右，96% 的一次性筷子从中国进口。与此形成鲜明对比的是，日本的森林覆盖率高达 65%，而我国的森林覆盖率则不到 20.36%。这些一次性产品仅仅参与了一次消费过程就加入了垃圾行列。一次性消费加剧了消费中的短期行为，大大缩短了商品的使用寿命，进一步凸显资源的稀缺性。再以一次性塑料袋为例，一次性塑料袋作为一项科技发明，曾经是文明的象征，却成为 20 世纪人类最糟糕的发明，也成为环境的"隐形杀手"。人们在获得便利的同时，也制造了大量的白色污染，成了挥之不去的"白色恶魔"。

满足少数人享用的利益。何谓奢侈？《辞海》对其解释为：不节俭；过分、过多，如奢望、奢愿。奢侈消费就是超出人的生活必需的消费，是对奢侈品的消费。奢侈与节俭相对立。从历史上看，节俭是一种主流文化，是一种美德，而奢侈则被人们所否定，但到了后来，奢侈和节俭都曾被思想家当成资本主义产生和发展的动力。韦伯在《新教伦理与资本主义精神》中对资本主义产生的宗教基础进行了分析，认为"当这种获利的自由和消费的限制结合在一起时，禁欲主义的节俭必然会产生资本积累的结果；而强加在消费上的种种限制则促成资本被用于生产性质的投资，进而增加财富的总量"。① 而桑巴特则认为资本主义产生于"奢侈"，并非如韦伯所说的"禁欲"，这一思想主要体现在他的《奢侈与资本主义》中。

在前资本主义社会，奢侈消费只是少数人的专利。进入现代社会，在经济学家的鼓动下，在大众传媒的蛊惑下，在政府政策的鼓励下，奢侈消费风靡全球。奢侈消费已经超出消费的本真含义，使消费成为凸显人性阴暗、丑陋的工具。

从消费者的消费目的来看，物质消费可以分为两种：满足需要的消费和满足欲望的消费。满足需要的消费和满足欲望的消费是两种完全不同的消费，前者是人们为了生存必须进行的消费，后者是人们为了满足某种心理上的欲望而进行的消费，例如追求地位上的优越感、妒忌心理、攀比心理等。需要是相对有限的、容易满足的，欲望是无限的、难以满足的；满足需要的消费是一切社会所共有的，满足欲望的消费是工业社会才有的。正如丹尼尔·贝尔所说："资产阶级社会与众不同的特征是，它所要满足的不是需要，而是欲求，欲求超过了生理本能，进入心理层次，因而它是无限的要求。"② 奢侈型消费奉行"我消费，我富贵"的消费准则，把追求奢侈品的消费看作是自身地位、身份的象征，看作是满足自身优越感、虚荣心理等的手段。

奢侈型消费在发达资本主义国家表现得较为普遍，大多数发展中国家还在致力于解决温饱问题，尚处在基本生存型为主的发展阶段。然而，随着经济全球化的迅速蔓延，不少发展中国家在工业化进程中纷纷效仿发达国家的发展模

---

① ［美］马克思·韦伯. 新教伦理与资本主义精神［M］. 龙婧，译. 北京：群言出版社，2007：162.

② ［美］丹尼尔·贝尔. 资本主义的文化矛盾［M］. 赵凡，等，译. 上海：上海三联书店，1989：68.

式及其消费方式，奢侈型消费逐渐在全球扩展，不少发展中国家也沾染上了这种"不良习气"，一直以勤劳、节俭著称的中国也被卷入其中。奢侈品销售在中国持续走高是其明证。

3. 超前型消费。马克思主义认为，消费是由生产决定的，消费水平是由生产力的发展水平决定的。具体到个人和家庭，消费水平和消费状况是由收入水平和收入状况决定的。关于这一点，中国古代思想家孟子很早就意识到了，他在向梁惠王讲述王者之道时，一再举出这样一个例子："五亩之宅，树之以桑，五十者可以衣帛矣。鸡豚狗彘之畜，无失其时，七十者可以食肉矣。"（《孟子·梁惠王上》）在原始文明和农业文明时代，消费水平和消费状况与当时的生产力发展水平和状况是比较一致的，那时人们奉行的是勤俭节约的消费准则。

进入到工业文明时代，随着经济危机的不断爆发，消费对生产的反作用力被无形中夸大了，在各种形式的广告的煽动和诱导下，勤俭节约的消费准则逐渐被抛弃，超前消费被奉为新的消费准则。所谓超前消费，是指个人和家庭的消费水平和消费状况超过了现有的收入水平和收入状况，即透支未来的收入去消费。超前消费奉行的是"花明天的钱，圆今天的梦"，实质是一种及时行乐的享乐主义的消费观。在当今社会生活中，超前消费的现象到处可见，贷款买房、买车，成为"房奴"、"车奴"的人越来越多。

现代信用制度的产生及完善为超前消费奠定了基础。人们不再量力而行、量入为出，过那种赚够了钱再来消费的"先苦后甜"的生活，而是以享乐为目标，"先享受快乐再偿还"，或者"边享受快乐边偿还"。信贷消费使"花明天的钱，圆今天的梦"成为可能，这便极大地调动了人们的享受欲望，人们没有必要以牺牲今天的享受而换取明天的幸福，为了今天的享受，哪怕入不敷出，成为"负翁"、"啃老族"也在所不惜。

4. 炫耀性消费。在消费社会，人们受到物的包围，人们的需求也发生了性质上的变化。消费不再是对物品的使用价值或物质性价值的诉求，而是对物的意义性的需求。消费品的物质性维度不再是人们关注的重点，消费的意义性维度得到大力凸显。"需求瞄准的不是物，而是价值。需求的满足首先具有附着这些价值的意义。"[1] 人们把消费作为物品象征意义和符号表达的过程，通

---

[1]　［美］让·波德里亚. 消费社会［M］. 刘成富，全志钢，等，译. 南京：南京大学出版社，2000：59.

过消费向他人展示自身的实力和地位，这就是"炫耀性消费"。

炫耀性消费最早是由美国制度经济学派创始人——凡伯伦提出的。他把消费与有闲阶级和所有权制度联系起来，系统地研究了消费的社会结构意义。进入 20 世纪后，法国社会理论家波德里亚继承了凡伯伦的思想，对消费主义进行了重新构建。在消费时代，每个人都是通过消费来确立自己的位置。"消费就是这样一个踏轮，每个人都用谁在前面和谁在后面来判断他们自己的位置。"① 通过各种物品，每个个体和群体都在寻找着自己或群体的位置。物品要成为消费物品必须成为符号，这是消费社会人们普遍的追求。

消费社会也是一个社会驯化的社会。它要把消费的象征意义和符号价值嵌入人们的思想观念和行为习惯中。"消费社会也是进行消费培训，进行面向消费的社会驯化的社会，也就是与新型生产力的出现以及一种生产力高度发达的经济体系的垄断性调整相适应的一种新的特定社会化模式。"② 消费社会充分调动了人们追求符号消费的欲望，大肆进行炫耀性消费。炫耀性消费是一种系统化的符号操作行为。

炫耀性消费的一个主要表现是热衷于追求名牌。追求名牌成为时下人们消费时的优先选择。物品的使用价值不是首要考虑的问题，最重要的是它或它们是什么牌子。人们购买名牌产品时，除希望得到品质保证之外，更重要的是追求附在使用价值上的符号价值，他们的目的不是生活需要的满足，而是被刺激和调动的炫耀欲望的满足。商家也正是抓住了消费者炫耀的心理，获得了超额利润。消费者觉得越是名牌的东西，就越尊贵，就越能炫耀自己。其实，牌子只是在物品上的一个标识。如果没有了物品，标识又将附到哪里去呢？在传统社会，物品的使用价值才是人们关注的焦点。进入消费社会，物品的符号价值得到空前的升值。名牌已成为了一种文化，成为富裕起来的人们的信仰支撑。名牌正是利用符号消费与身份认同和社会地位之间的关系，不断地刺激消费者的炫耀心理，挑动消费者炫耀消费的欲望。追求名牌是对消费者社会地位和身份的一种认同和肯定。

---

① ［美］艾伦·杜宁. 多少算够：消费社会与地球的未来［M］. 毕聿，译. 长春：吉林人民出版社，1997：20.

② ［法］让·波德里亚. 消费社会［M］. 刘成富，全志钢，译. 南京：南京大学出版社，2000：73.

　　炫耀性消费的另一个表现是虚假消费。虚假消费是虚荣心理所导致的为了面子的不真实消费，换句话说，消费本身不是为了消耗商品或物品的使用价值，而是为了消费品所带来的符号价值。"面子"在东方人的消费行为中起了很大的作用。马尔库塞把这种虚荣需要称为"虚假的需要"。据有关研究指出，中国的奢侈品消费者大体可分为两类：一类是富有阶层的消费者，他们喜欢避开人潮，追求个性化服务，经常光顾奢侈品零售商店，购买最新、最流行的产品，一般不会考虑价格问题。如果说，这一类人群在奢侈品消费上的享乐体验多于其象征价值，不再一味追求地位炫耀和虚荣，那么，第二类人群则购买奢侈品代表的财富和社会地位。他们是"透支"奢侈者，多为月薪数千元的白领上班族，其中以外企公司的雇员最为典型，"中国人在尚未完全满足基本生活需要（衣、食、住、行）的时候，就存在着炫耀消费的需求。"①

　　炫耀性消费的产生，与消费社会生产的相对过剩、传媒的大肆宣传引导、社会道德的滑坡、先富群体的示范等不无关系。炫耀性消费对消费者的消费理性和消费主权构成极大挑战。消费者在消费时往往会受到炫耀欲望和心理的驱使，求牌子，要面子，由此造成的后果是消费标准的飙升，这就必然造成资源的浪费，以及人与自然、人与人、人与自我的失衡。以马尔库塞和弗洛姆为代表的西方学者对此进行了猛烈抨击。

三、生态破坏型消费唱主角

　　人们通常形象地把原始文明称为"绿色文明"，把农业文明称为"黄色文明"，把工业文明称为"黑色文明"，这主要是从生态意义上来说的。与原始文明时代的原生态型消费和农业文明时代的生态保护型消费相比，工业文明时代的消费带来的是资源高耗、环境污染问题越来越严重，生态破坏型消费在唱主角。

　　工业文明的出现从根本上改变了人与自然的关系，人类似乎不再惧怕自然的"神秘和威力"，俨然成为自然的主宰者和支配者，"征服自然"成为这个时代的最强音。人们普遍认为，大自然是上帝馈赠给人类的宝库，这里有取之不尽，用之不竭的资源，人类可以肆无忌惮、永无限制地对其进行索取。在科学技术革命的辅佐下，一场"向自然进军"的资源掠夺战如火如荼地进行，

---

① 安永会计事务所. 安永中国奢侈品市场报告 [J]. 中国商人，2005（12）.

人类取得了对自然的一次又一次"伟大胜利"。然而，恩格斯早在一百多年前就告诫人类："我们不要过分陶醉于我们对自然界的胜利，对于每一次这样的胜利，自然界都报复了我们。每一次胜利，在第一步都确实取得了我们预期的结果，但是在第二步和第三步却有了完全不同的、出乎预料的影响，常常把第一个结果又取消了。"① 遗憾的是，聪明的人类并没有听取这种告诫，恩格斯的伟大预言在今天早已变成了现实。人类对自然的过度掠夺和索取带来的后果就是频发的洪涝灾害、冰雪灾害、干旱灾害、泥石流、沙尘暴，就是温室效应、臭氧层空洞、生物多样性锐减、酸雨、山体滑坡、水土流失、土地沙化、河道断流以及大气污染、水体污染、土地污染、噪声污染、食物污染等。

工业文明在高扬人类的主体性和能动性的同时，使人类变得空前的狂妄自大，在创造前所未有的物质生产力的同时，也对自然造成了前所未有的破坏。正如美国未来学家托夫勒所说："由于工业现实观基于征服自然的原则，由于它的人口的增长，它的残忍无情的技术和它为了发展而持续不断的需求，彻底地破坏了周围环境，超过了早先任何年代的浩劫。"② 人类对自然造成的浩劫，不仅破坏了自然生态系统的平衡，而且正在威胁着人类自身。痛定思痛，在惨痛的教训面前，人们逐渐意识到，以牺牲资源和环境为代价去换取经济社会发展的工业文明，如同原始文明和农业文明一样，已经走向了衰落。人类要从根本上摆脱自然的"折磨"，就必须实现文明形态的转型，告别"给自然制造黑色"的工业文明，寻求一种新的文明——生态文明。

总而言之，在工业文明时期，消费主义日益盛行，享受型消费占主导地位，生态破坏型的消费唱主角，这种消费方式是工业文明经济发展方式所决定的，反过来又巩固和强化着工业文明的经济发展方式。这种经济发展方式是以消费之轮转动生产之轮，从而形成两轮疯转之联动，为着两轮联动之疯转，它不惜透支人的健康，不惜透支人类的未来，不惜透支人类赖以生存的自然。这种消费方式必然使人与自我、人与人、人与自然关系异化、恶化和失衡，造成精神文化危机、社会危机和生态危机。

1. 精神文化危机：人与自我关系的异化。在消费社会，物质消费成了消

① 马克思恩格斯文集：第九卷 [M]．北京：人民出版社，2009：559.
② [美] 阿尔温·托夫勒．第三次浪潮 [M]．朱志炎，潘琪，张炎，译．北京：三联书店，1984：187.

费的全部。在人对物的依赖性建立的同时，人的独立性已经丧失。物质消费成为人生的目的和价值。需知人要生存就必须进行物质消费，物质消费是人类赖以生存的基本前提，也是人类从事实践活动的前提，这首先是人的自然属性的体现，但是人的本质属性是社会性。也就是说，人除了有物质需要外，还有精神文化的追求。人生的目的和价值不能仅仅满足于物质消费，人的需要对物的依赖性仅仅是追求人生目的和价值的基础。片面地把物质消费当成消费的全部，颠倒了消费与生存之间的关系，必然造成物的价值对人的价值的取代，使人成为物的奴隶，成为创造物质利润的工具；必然造成物欲横流，使人内心冷漠、孤独和灵魂失语，使人成为单向度的人。因而，必然造成人与自我关系的异化，"在那里，消费不是为了满足正常需要，而是为了刺激经济的增长；人生的目的不是为了创造和尊严，而是为了纵欲和享乐；个体不是把群体和社会当作家园，而是看作牢笼和地狱。人们普遍地感到空虚无聊、生活的无意义，浮华的外表下掩盖着深刻的精神文化危机。"①

2. 社会危机：人与人关系的恶化。在消费社会，多元、丰富、复杂的人际关系被简化为商家—顾客、卖者—买者、消费者—消费者的线性关系，使得人际关系更加疏离，进一步加剧了社会矛盾。萨特认为今天冲突、竞争的社会是"魔鬼的猎场"，"他人就是地狱"，"一个人或者超越他人，或者被他人超越"，人与人"不是和谐，而是冲突"。②人与人的关系变成了"狼与狼"的对立状态。

在消费主义的笼罩下，消费成了社会地位、人生价值和人生幸福的主要标志，亲情、友情、爱情均逐渐变为纯粹的物质关系、利益关系乃至消费关系。不断膨胀的消费欲望冲击、破坏和消解着传统价值体系，致使"现代社会中人的价值观遭到了严重的扭曲：只讲财富的占有而不讲财富的意义；只讲高消费、超前消费，而不问所消费的是不是自己真正需要的；经济的增长被当作了最终的目的，而对在这种经济增长中带来的人的异化现象视而不见；为了利润挖空心思地制造消费热点，盲目攀比，片面顾全面子的现象比比皆是"。③消费的挥霍性、奢侈性、超前性、炫耀性等必然导致一部分人以牺牲他人的合理

① 陈芬. 消费主义的困境［J］. 伦理学研究，2004（5）.
② ［德］萨特. 存在与虚无［M］. 陈宣良，等，译. 北京：三联书店，1987：429.
③ 张焕明. 困境与出路——消费主义的生态审视［J］. 福建论坛，2006（7）.

需要为代价，而另一部分人则因经济、社会等多种因素消费不足，加剧了贫富悬殊和消费不公正，造成人与人关系的恶化，造成了社会危机。

3. 生态危机：人与自然关系的失衡。施里达斯·拉夫尔在《我们的家园——地球》一书中说："消费问题是环境危机问题的核心，人类对生物圈的影响正在产生着对于环境的压力并威胁着地球支持生命的能力。从本质上说，这种影响是通过人们使用或耗费能源和原材料所产生的。"①

在消费社会，人们在欲望和市场需要的驱使下，疯狂地进行物质消费，维持着消费社会的生活方式。而这样的生活方式是建立在大量物品和资源消耗的基础上的，经过消费社会的"社会驯化"，越来越多的人变成了轿车驾驶者、电视观看者、商业街的购物者、一次性产品的钟爱者……这种巨大的转变必然要付出沉重的代价。"我们的消费者生活方式供应的像汽车、一次性物品和包装、高脂肪饮食以及空调等东西——只有付出巨大的环境代价才能被供给。我们的生活方式所依赖的正是巨大和源源不断的商品输入。这些商品——能源、化学制品、金属和纸的生产对地球将造成严重的伤害。"②

面对永无止境的需求和不断膨胀的欲望，我们的家园——地球是否还能承受如此之重？地球能支持什么水平的消费呢？消费多少才算够呢？这些都是消费时代值得深思的问题。"大量生产—大量消费—大量丢弃"的模式在不断加剧消费欲望的无限性与资源的有限性的矛盾。"从全球变暖到物种灭绝，我们消费者应对地球的不幸承担巨大的责任。然而我们的消费却很少受到那些关心地球命运的人们的注意，这些人注意的是环境恶化的其他因素。消费是在全球环境平衡中被忽略的一个量度。"③ 这种忽略是可怕的，必须改变。不重视消费所带来的环境问题，必然会对环境造成更大的问题，使人与自然关系失衡，导致生态危机。

---

① ［美］施里达斯·拉夫尔. 我们的家园——地球［M］. 夏堃堡，译. 北京：中国环境科学出版社，1993：13.

② ［美］艾伦·杜宁. 多少算够：消费社会与地球的未来［M］. 毕聿，译. 长春：吉林人民出版社，1997：30.

③ ［美］艾伦·杜宁. 多少算够：消费社会与地球的未来［M］. 毕聿，译. 长春：吉林人民出版社，1997：36.

第 3 章

当代消费异化问题的审视

马克思主义认为，人类的活动是由生产、分配、交换、消费这四个环节构成，"生产制造出适合需要的对象；分配依照社会规律把它们分配；交换依照个人需要把已经分配的东西再分配；最后，在消费中，产品脱离这种社会运动，直接变成个人需要的对象和仆役，供个人享受而满足个人需要。"① 消费不仅是一种个人行为，而且是一种社会现象；不仅是个人生存发展的客观需要，而且是社会发展进步的不竭动力。生态文明时代的到来，对人类的消费提出了新的更高要求，需要对既往的消费方式、消费结构、消费取向等进行学理上的深层次反思和实践上的根本性变革。

第一节　消费方式异化的伦理辨析

消费既是人的对象性活动，又是人的价值性活动。作为对象性活动，人是消费的主体；作为价值性活动，人的自由、全面和可持续发展是消费的目的。马克思关于生产与消费关系的论述，正是坚持了对象性与价值性的统一。他指出，一方面，"生产直接也是消费。双重的消费，主体的和客体的。第一，个人在生产过程中发展自己的能力，也在生产行为中支出、消耗这种能力，这同自然的生殖是生命力的一种消费完全一样。第二，生产资料的消费，生产资料被使用、被消耗、一部分（如在燃烧中）重新分解为一般元素。原料的消费也是这样，原料不再保持自己的自然形状和自然特性，而是丧失了这种形状和特性。因此，生产行为本身就它的一切要素来说也是消费行为。"② 另一方面，

① 马克思恩格斯文集：第八卷［M］．北京：人民出版社，2009：12.
② 马克思恩格斯文集：第八卷［M］．北京：人民出版社，2009：14.

"消费直接也是生产，正如在自然界中元素和化学物质的消费是植物的生产一样。例如，在吃喝这一种消费形式中，人生产自己的身体，这是明显的事。而对于以这种或那种方式从某一方面来生产人的其他任何消费方式也都可以这样说。消费的生产……因此，这种消费的生产——虽然它是生产和消费的直接统一——是与原来意义上的生产根本不同的。生产同消费合一和消费同生产合一的这种直接统一，并不排斥它们直接是两个东西。"① 在生产同消费合一和消费同生产合一的基础上，马克思区分了生产消费与个人消费。我们这里的消费方式主要指人们的个人消费方式，即人们在日常生活中为了满足生理上的、心理上的和精神上的需要而使用、消耗各种生活资料和劳务的方式的总和，也就是指在一定社会经济条件下，消费者与消费资料相结合以满足消费需要的方法和形式，是消费的自然形式和社会形式的统一。

一、消费方式异化的主要表现

"异化"作为一个重要的哲学概念，源自拉丁语 alienation，包含外化、让渡、转让、疏远、受异己力量的支配等含义。在德国古典哲学中，广泛使用了异化概念。费希特首先使用异化概念阐述"自我"与"非我"的联系，认为能动的"自我"创造了"非我"，"非我"是"自我"的异化并反作用于"自我"；黑格尔在其辩证法体系中，将自我意识的异化作为重要环节；费尔巴哈专门研究了人的本质的异化问题，并留下了一句名言："神是人的本质的异化。"②

马克思对异化问题表现出了极大的研究兴趣和热情，集中体现在《1844年经济学哲学手稿》中对劳动异化问题的研究。马克思研究劳动异化问题，旨在说明资本主义制度固有的缺陷和不合理性导致人的异化存在，表现为四个方面：人同自己的劳动产品相异化、人同自己的生命活动相异化、人同自己的类本质相异化以及人同人相异化。马克思指出，"人同自己的劳动产品、自己的生命活动、自己的类本质相异化的直接结果就是人同人相异化。当人同自身相对立的时候，他也同他人相对立。"③ 马克思的研究视野和研究范式为我们

---

① 马克思恩格斯文集：第八卷 [M]. 北京：人民出版社，2009：14 – 15.
② 邢贲思. 费尔巴哈论神是人的本质的异化 [J]. 哲学研究，1965（1）.
③ 马克思恩格斯文集：第一卷 [M]. 北京：人民出版社，2009：163.

考察消费方式异化问题提供了借鉴和参考。根据消费能力和消费水平的不同，当前，我国居民不合理的消费方式大体上可以分为三种类型：奢侈型、攀比型、无力型。

1. 奢侈型：为消费而消费导致主体性丧失。《辞海》对"奢侈"的解释是："不节俭；过分，过多，如奢望、奢愿。"从理论上对奢侈消费进行定义并得到广泛认同的是德国学者维尔纳·桑巴特。他认为："奢侈是任何超出必要开支的花费。"而"必要开支"，可以通过两种方法来确定：一是参考某些价值判断（例如道德的或审美的判断），主观地确认"必要开支"；二是建立一个客观的标准来衡量"必要开支"。可以从人的心理需要或者被称为个人文化需求的东西里，发现评判标准。前者随社会风气变化而变化，后者根据历史时期而改变。至于文化需求或文化必需品，可以随意画出一条线；然而这一任意的行为不应与上面提到的"必要开支"的主观评判相混淆。① 国内学者多借鉴桑巴特的定义来界定奢侈消费，如尹世杰认为"奢侈消费是指某些人在吃、穿、用、住、行以及文化娱乐等方面，远远超过一般的水平和标准，从而出现铺张浪费的情况"②。根据学者定义，我们可以从几个角度看待奢侈消费，一是奢侈消费与个人的收入及财力状况不相适应，二是奢侈消费与社会平均消费能力与消费水平不相吻合，三是奢侈消费过多地占用与消耗了社会、自然资源。

在特定历史时期，奢侈消费对经济发展也许是有利的。德国学者沃夫冈·拉茨勒在《奢侈带来富足》中指出："奢侈品对社会的迅速发展有着积极的作用，它们明显刺激社会取得效益和成果。奢侈对于各种形式的国民经济还会起到促进作用。现代奢侈品会给予全球社会更多发展动力。"③ 但在现实的"消费主义"的语境中，在不健康伦理理念的"操控"下，奢侈消费非但没有发挥出应有的作用和功能，反而冲击着社会道德与文明。

首先，奢侈消费导致错误的财富观。马克思在谈到资本家的挥霍和奢侈时，曾指出，"在一定的发展阶段上，已经习以为常的挥霍，作为炫耀富有从而取得信贷的手段，甚至成了'不幸的'资本家营业上的一种必要。奢侈被

---

① ［德］维尔纳·桑巴特. 奢侈与资本主义［M］. 王燕平，侯小河，译. 上海：上海人民出版社，2000：79 - 81.

② 尹世杰. 关于奢侈消费的几个问题［J］. 湘潭大学学报，2008（2）.

③ ［德］沃夫冈·拉茨勒. 奢侈带来富足［M］. 刘风，译. 北京：中信出版社，2003：48.

列入资本的交际费用。此外，资本家财富的增长，不是像货币贮藏者那样同自己的个人劳动和个人消费的节约成比例，而是同他榨取别人的劳动力的程度和强使工人放弃一切生活享受的程度成比例的。因此，虽然资本家的挥霍从来不像放荡的封建主的挥霍那样是直截了当的，相反地，在它的背后总是隐藏着最肮脏的贪欲和最小心的盘算"①。在奢侈消费之下，财富不再有精神与物质两个层面，而仅仅是指物质财富。人们对财富的拥有欲望，简单转化为对物质财产的占有欲望。这种欲望同时腐蚀着富人与穷人，让许多人为了掠取和占有财物费尽心机，甚至铤而走险、不择手段。人们看不起穷困之人，对富人充满敬佩、羡慕之色，却不问富人之财富来自何处、因何得来。然而，财富应该等同于人的创造性发展的生产力，而人的全面发展才是目的。西斯蒙第说过："如果这些成果，即我们称为财富的东西，不仅是物质的，同时也包含着道德的和智慧的结晶，不但可以作为享受，也是用来使人健康发展以达到完善地步的手段，我们是否能够肯定地说已经接近这个目的了呢？"②

其次，奢侈消费过度消耗社会资源，影响生态环境。奢侈消费是对资源的不合理使用。为了满足奢侈消费的欲求，就必须进行物质资料的生产，而这种物质资料的生产，必然伴随着人类赖以生存的生态环境的或多或少的破坏。以产品过度包装为例，每年因产品过度包装砍伐的森林数量难以计数，生产产品包装的造纸、印染等行为对环境污染十分严重，产品消费后包装成为垃圾，不仅污染环境，还需耗费大量资金进行处理。为了满足消费需求，地球上的森林被大量地砍伐，各种资源被无度地开采，物种加速灭绝，自然灾害频发。近半个世纪以来，人类对地球资源的消耗、对地球环境的破坏比任何时代都厉害，自然对人类的报复也越来越频繁。在美国《未来学家》杂志1993年发表的题为《我们快乐吗？》的文章中写道："消费者社会大量开采资源，总有一天可能会把森林、土壤、水和空气耗竭、毒害或者无可挽回地损毁。全世界各地的消费者们程度不同地要对人类面临的全球环境问题负责。"③ 奢侈消费会增加整个社会的生态风险，以至最终酿成生态悲剧。

最后，奢侈消费损害社会公正，引发仇富心理。奢侈消费损害社会公正首

---

① 马克思恩格斯文集：第五卷 [M]．北京：人民出版社，2009：685．
② [瑞士] 西斯蒙第．政治经济学研究 [M]．胡尧步，等，译．北京：商务印书馆，1989：序言．
③ 欧阳志远．最后的消费——文明的自毁与补救 [M]．北京：人民出版社，2000：236．

先表现为损害代内公正，受生产力水平与生产资料的限制，在特定的社会中的一定时期内，消费品供给的总量是恒定的，奢侈消费占用与消耗了更多的社会资源，必然使其他主体分配到的资源减少，让他们产生被剥夺感。从这个意义上说，奢侈消费实际上代表着社会消费的不平等。奢侈消费既损害社会公正，还损害代际公正。比如耕地。我国农村曾提出过一个口号，"但存方寸地，留与子孙耕"，如果不注重耕地的合理利用与保护，子孙很可能是无地可耕了。当代人的奢侈消费，为后代人的发展埋下了隐患，由后代人来为当代人的错误埋单。在我国当前社会环境下，奢侈消费还容易引发仇富心理和对公共组织的不信任，激发社会矛盾，引起社会冲突。因为经济体制的不健全，我国一些富有者的财富并不是通过辛勤劳动与合法经营得来，而是通过钻法律空子、打政策的擦边球、权钱交易甚至暴力手段获得。普通百姓对这些富人的心理不是尊崇，而是仇视，因为这些人通过不正当手段掠取了本应该属于大家的财富。富裕阶层的奢侈消费，会增加人们的仇视心理，甚至激发部分人毁坏财物与抢夺财物的冲动。任职于公共组织的人或其子女的奢侈消费、炫富行为，还可能引发人们对公共组织的不信任。

奢侈型消费的不断涌现和"全面出击"，一定程度上反映了改革开放后我国居民的消费能力和消费水平得到了大幅度提升；但奢侈型消费对处于社会主义初级阶段的中国来说，绝不应该成为消费领域的主流，因为这种消费方式远远超出了现阶段我国的整体经济实力和人均收入水平。奢侈型消费在很大程度上已经失去了消费自身的本来意义，消费成了一种符号，高消费只是身份和地位的象征，而身份和地位是由第三者来加以界定和评价的。因此，奢侈型消费实质上是为了消费而消费，仅仅是名义上对客体的使用价值的支配和占有，并没有真正满足人的需要，主体在消费过程中不仅没有使自身得到很好发展，而且丧失了主体性。奢侈型消费考虑的是消费本身的符号和象征，而不是消费对于主体的价值和功能，更不思考主体与主体、主体与客体之间的影响和意义。

2. 攀比型：为面子而消费导致自我异化。林语堂在《吾国与吾民》中指出，"面子"是一种看似微妙且不可捉摸的存在，但是能够深刻、广泛地影响人们的行为。国人爱"面子"的传统由来已久。有时是在精神层面，如儒家思想教导人们要重视"礼、义、廉、耻"，还说"饿死事小，失节事大"、"士可杀，不可辱"。是时，"面子"是一种好的道德节操与精神气概，爱面子也不是一件坏事。爱"面子"有时又是一种生活习惯，如国人请客时，不管客人多少，总要做上一桌子丰盛的菜肴，一边吃还要一边说"没菜、没菜，招待不周"。但当"面子"由精神层面下降为对单纯的物质追求时，就产生了不好的影响。例如，当今中国社会，很多人认可"笑贫不笑娼"。在精神层面丧失崇高追求后，转而求诸于奢华的物质来突显自己的与众不同，驾豪车、用名牌、去高档会所成为成功人士的象征。在这种象征意义的误导之下，许多本无能力去追求这些价格昂贵的消费品的人，也不惜一切代价去追求。

爱"面子"必然带来攀比之风。东晋时，石崇和国舅斗富，最后两败俱伤。当前，国人攀比之风盛行，已渗入国人生活的衣、食、住、行等各个方面。攀比型消费主要是具有一定消费能力和消费水平的消费群体进行的消费活动，是一种为了要面子而超越自身消费能力和消费水平的消费方式，也是目前资本主义社会的中产阶级和社会主义社会的中等收入群体比较偏好的消费方式。中产阶级和中等收入群体是消费的中坚力量，也是市场经济活动中商家争夺的主要消费对象。在漫天飞舞的商业广告和从众心理、攀比心理等的影响和刺激下，近年来中国的中等收入群体在高消费、奢侈消费浪潮中毫不示弱。以购买商品房为例，多数中等收入群体越来越倾向于购买面积大、地段好、环境佳的高档商品房，而不屑于购买原本适合其消费能力和消费水平的中档商品房或二手房，更不愿去租房，这也是为什么中国的商品房价格一路飙升、居高不下的重要原因之一。事实上，购买高档商品房对中等收入群体来说不仅是奢侈的，也是超前的，远远超出了当下自身的支付能力。可是，对于这些人来说，为了在与亲戚朋友谈及住房问题时不被蔑视，甚至可以炫耀一下，仍然热衷于购买高档商品房。其结果是，中等收入群体在高房价面前不得不通过抵押贷款、按揭负债、分期付款的方式购买高档商品房，这种消费方式需要买房者十几年甚至几十年的时间来支付，而这段时间对于大多数买房者来说，恰恰是人生中最美好、最宝贵的时间，但他们要一直为了一套房子而奋斗、拼命挣钱，有时甚至要忍受各种有形和无形的压力，这就是人们俗称的"房奴"。

不仅在住房消费方面如此，在私家车、高档日用品等消费领域，同样出现了中等收入群体为了攀比而深受消费之累的现象。在各地街道上开着宝马、奔驰等高档车"招摇过市"的人群不少是并不富有的年轻人。在国内外各大奢侈品店流连忘返的人群中，也有不少是并不富裕的中国人，尤其是走上工作岗

位不久的年轻人。一位年轻的中国女孩曾向英国朋友坦言，"如果我的同事有
4 个 LV 包包，那我就会想要有 5 个更大更好的 LV 包包。"①现实生活中，一
些年轻人挣得不多，却花得不少。为了购买奢侈品而不惜透支消费，他们的月
薪虽然只有 2000 元，却购买 1800 元一个的皮包、吃上百元一份的牛排，涌现
因奢侈消费而月月花光所有薪水的"月光族"，因没钱消费而向长辈要钱的
"啃老族"，有钱时什么都敢买、没钱时便一贫如洗的"新贫族"，还有银行存
款为负数的"负翁"。事实上，中国绝大部分的奢侈品消费者是年轻人和中年
人，而不像发达国家，这部分人群是中年人和老年人。② 世界奢侈品协会的调
查也显示，中国奢侈品消费者平均年龄比欧洲奢侈品消费者年轻 15 岁，比美
国奢侈品消费者年轻 25 岁，而且中国奢侈品消费者年轻化的速度更令人惊讶：
在 2007 年至 2010 年间，中国奢侈品主流消费群的最低年龄由 35 岁下降到目
前的 25 岁。③

　　中等收入群体为了要面子而热衷的攀比消费，不仅远远超出了自身的收入
水平和支付能力，而且他们的大量休闲时间被这种"无休止"的消费剥夺，
身心健康受到巨大伤害。在这种不合理的消费方式中，主体的消费对象和消费
活动越来越成为与主体敌对的存在，导致消费者自我异化。

　　3. 无力型：想消费而不能消费导致心理恐惧。任何时期，消费都涉及两
方面的因素，即有东西可消费与有能力来消费。有东西可消费指的是消费品的
供给。在生产力水平较低的时期，社会的物质产品不够丰富，人们的消费需求
远远超过产品供给，生产什么就消费什么。从新中国成立到改革开放之前，特
别是"三年困难时期"，物质供给极度贫乏，生活日用品都需凭票购买，根本
无法奢侈消费。无力型消费则不是指这种社会供应力不足的情况，而主要是指
消费能力和消费水平较低的消费群体所进行的消费活动，是在低收入群体中占
主导的消费方式。中国自古以来就是一个农业人口占多数的国家，农村一直是
中国欠发达的地方。尽管改革开放 30 多年、发展社会主义市场经济 20 多年，
中国的农村和农民发生了较大变化，农村面貌焕然一新，农民收入有了一定提

---

①　［英］葛凯. 中国消费的崛起［M］. 曹槟，译. 北京：中信出版社，2011：37.
②　［英］葛凯. 中国消费的崛起［M］. 曹槟，译. 北京：中信出版社，2011：36 - 37.
③　朱瑶. 中国成第二大奢侈品消费国畸形背后隐忧：炫富［EB/OL］.［2001 - 05 - 17］. 人民
网.

高，但与城市和发达地区相比，农村仍是欠发达地区，与城市工薪阶层相比，农民仍是低收入者。2011年11月29日，中国政府宣布国家扶贫标准线从2010年的农民人均纯收入1274元升至2300元。根据该标准，全国贫困人口数量和覆盖面由2010年的2688万人扩大至1.28亿人，占农村总人口的13.4%，占全国总人口（除港澳台地区外）的近1/10。由于中国农村贫困人口众多，加上城市下岗失业人员、刚毕业的大学生等低收入人群，因此，在中国的收入群体中，低收入者占有很大的比重；与之相对应的是，在消费群体中，低水平消费者占据很大比重。

对于广大低收入群体而言，他们挣得少，花得也少，消费时常常捉襟见肘，以他们的收入水平根本无法追赶高消费、奢侈消费的浪潮。面对品种不断丰富、式样不断翻新、价格不断攀升的消费品，低收入群体不是不想购买，而是不能购买，往往处于一种心有余而力不足的境地。况且，对于低收入群体来说，勤俭持家、艰苦朴素等生活传统由来已久、根深蒂固，即使偶尔略有余钱，他们也丝毫不敢冲动消费。因为尽管收入低，但必要的生活开支不仅丝毫不会少，甚至还会不断增加，尤其是还要考虑小孩上学、子女结婚、家人生病等大额开支，轻消费、少消费、重节俭、多储蓄成为低收入者无奈的消费方式和生活方式。事实上，不仅低收入群体如此，大多数中国人保有少消费、多储蓄的生活传统，这也是为什么中国人的储蓄率一直居高不下的重要原因。据统计，平均每个中国人将他们收入的1/4～1/2存起来，与之形成鲜明对比的是美国人，2010年，美国人只将收入的1%存入银行，这算得上是全世界最低的储蓄率了。[1]

低收入群体在消费问题上不仅受到自身收入水平的制约，而且常常出现心理失落甚至心理恐惧。面对高收入群体的奢侈消费、忘我消费以及中等收入群体的攀比消费、超前消费，低收入群体不仅表现出可望而不可即的无奈，有时更表现出羡慕、妒忌、恨，并由此产生强烈的心理失落感。消费对于低收入群体来说，不仅不是享受，反而成了一种心理负担，有时甚至是心理恐惧。

二、消费方式异化的伦理反思

当前，在我国居民消费方式中出现的种种不合理现象，对自然界、社会和

---

① ［英］葛凯．中国消费的崛起［M］．曹槟，译．北京：中信出版社，2011：XXIII.

人的自由、全面发展产生了一系列负面影响。

1. 人类与自然相对立。消费方式异化的最大危害是导致人类与自然相对立。众所周知，人类来源于自然界，人类的生存和发展一刻也离不开自然界，自然界是人类的"衣食父母"。从这个意义上说，人类应该倍加珍惜自然界，就像呵护自己的眼睛一样呵护自然界，就像对待自己的父母一样与自然界和睦相处。在消费问题上，人类应该合理消费、文明消费、生态消费。然而，在消费主义的影响下，某些异化的消费方式将人与自然截然对立，为了满足人的无限欲望，肆无忌惮地掠夺自然、践踏自然、破坏自然。在消费领域视自然为人类的奴隶，毫无节制地向自然索取的做法，不仅违背了自然规律，破坏了自然生态系统，而且威胁了人类的可持续生存和发展。

在消费主义大旗的挥动下，人类开始大规模地消费各种自然资源，包括不可再生资源。据统计，整个 20 世纪，人类消耗了 1420 亿吨石油、2650 亿吨煤、380 亿吨铁、7.6 亿吨铝、4.8 亿吨铜……占世界人口 15% 的工业发达国家，消耗了世界 56% 的石油、60% 以上的天然气和 50% 以上的重要矿产资源。[1] 大量消费的背后是大量的污染和破坏，对空气的污染、对水的污染、对土壤的污染、对植物的破坏、对动物的破坏、对环境的破坏……其结果是生存环境不断恶化，"城门失火，殃及池鱼"，与人类朝夕相伴的动物、植物一个个逐渐灭绝。很难想象，人类会不会重蹈死去的伙伴们的覆辙而自我毁灭？

即使在今天，仍有一些国家，仍有一些人尚未觉醒，似乎仍沉浸在"商品拜物教"中，仍在异化消费方式主导下自觉或不自觉地与自然对立、与自然为敌。

2. 主体与客体相颠倒。"强迫性消费"使主体与客体相颠倒。人是消费的主体，物是消费的客体，消费的实质就是客体满足主体的某种需要。因此，在某种意义上说，在消费问题上，主体与客体应该是高度统一的，主体在消费时应该是自由自主的，客体应该是跟随主体的。然而，在奢侈型、攀比型等异化消费方式中，主体与客体的关系却并非如此，主体在消费时被客体牵着走，主体并不自由也难以自主。这种"主客颠倒"真实地反映了在异化消费方式中

---

① 刘大椿. 自然辩证法概论 [M]. 北京：中国人民大学出版社，2008：134.

主体与客体的尖锐对立和斗争。

首先，在异化消费方式下，主体在消费时并不自主。正如弗洛姆所言，对于某些人来说，"消费不是为了使用或者享受买来的消费物品，所以购买和消费行为成了强迫性的和非理性的目的。每个人的梦想就是能买到最新推出的东西，买到市场上新近出现的最新样式的商品，相比之下，使用物品得到的真实享受却成为次要的。"① 对于购物狂来说，他们的消费是跟着时尚走，什么东西时尚就想买什么，俨然变成了"物的附庸"。倘若他们不够富有，当发现一种时尚的商品自己无力购买时，他们的第一反应不是自己是否真正需要它，而是抱怨自己的收入太低以致囊中羞涩。因此，对于他们来说，生活的内容就是拼命赚钱、拼命消费，而且拼命赚钱也是为了拼命消费。

其次，在异化消费方式下，主体在消费时并不自由。消费社会一面是享乐主义，另一面是大众传媒，享乐主义改变了人们的消费习惯，乃至幸福、信仰的内容和形式，而从电视、广播到电脑、手机等大众传媒无时不在、无所不在的各类消费资讯即时刺激着消费者的神经，点燃消费的冲动和欲望，使消费主义如虎添翼。人们在消费时总是自觉或不自觉地被各种商业广告左右着，人们对各种品牌或名牌的热衷和向往就是很好的例证。人们在消费时被各种商业广告左右，实质上是被广告所宣传的物品左右。当作为主体的人在消费时被作为客体的物品左右时，就很难彰显主体性，人也就被束缚、被绑架了。马克思强烈谴责了异化劳动给劳动者自身带来的巨大伤害："劳动对工人来说是外在的东西，也就是说，不属于他的本质；因此，他在自己的劳动中不是肯定自己，而是否定自己，不是感到幸福，而是感到不幸，不是自由地发挥自己的体力和智力，而是使自己的肉体受折磨、精神遭摧残。因此，工人只有在劳动之外才感到自在，而在劳动中则感到不自在，他在不劳动时觉得舒畅，而在劳动时就觉得不舒畅。因此，他的劳动不是自愿的劳动，而是被迫的强制劳动。"② 在消费领域，就像在异化劳动下一样，人们也是不自由的。正如马尔库塞所指

① ［美］艾里希·弗洛姆. 健全的社会［M］. 欧阳谦，译. 北京：中国文联出版公司，1988：135－136.

② 马克思恩格斯文集：第一卷［M］. 北京：人民出版社，2009：159.

出的：“在极其多样的产品和后勤服务中进行自由选择，并不意味着自由。”①马尔库塞还将这种消费称为“强迫性消费”，也就是说，人们的消费并不是自由自主的，而是受控制、被操纵的。

最后，在异化消费方式下，主体在消费时并不自在。通俗地说，所谓自在是指一种无拘无束的逍遥境界，既可指身体的不受羁绊束缚，又可指心灵的自由放逸。而哲学上讲的自在，是指不因他物的在场或不在场而自为的存在，是主体的自有性、独属性。然而，在消费社会中各种异化消费已经使得主体不再自我，而是支离破碎，无所适从。消费主义所熏陶出来的新自恋主义表现得并不自在，甚至矛盾重重，一方面，消费革命及其享乐主义伦理加速了社会的原子化，渐渐掏空了根植于个体深层意识的社会信仰，并导致个体的非社会化；另一方面，通过大众媒介以及消费逻辑，个体又被重新社会化了，只不过这是一种去压抑的、旨在多变的社会化；最终，个体虽然摆脱了罪恶感，但由于必须独自面对瞬息万变的世界而陷入焦虑与彷徨之中，体验到深深的冷漠与幻灭感。

3. 手段与目的相背离。过度追求使用价值之外的心理满足使手段与目的相背离。消费是人有意识、有目的的经济活动，从这个意义上说，消费是满足人们某种需要的手段。很显然，手段是用来为目的服务的，消费作为手段，是为了满足作为主体的人的需要，其目的是为了实现人的自由、全面发展，为了让人生活得更加幸福、更有尊严。

马克思主义政治经济学认为，任何商品都是使用价值和价值的统一体，无论是对于消费者还是对于生产者来说，都不可能兼得商品的使用价值和价值，消费者为了获得商品的使用价值就必须将商品的价值让渡给生产者，同样，生产者为了获得商品的价值就必须将商品的使用价值让渡给消费者。消费者购买各种商品正是为了获得其使用价值，用于满足个人的某种需要。然而，随着社会的不断发展、人类的不断进步，人们对商品使用价值的要求越来越高、越来越多，商品使用价值中包含的“有用性”的内涵越来越丰富，由此衍生出了身份价值、符号价值、象征价值等，并且随着人们对商品“原始使用价值”

---

① ［美］马尔库塞. 单面人［M］. 左晓斯，等，译. 长沙：湖南人民出版社，1988：6.

的消费逐渐饱和，人们越来越将消费兴趣转移到商品使用价值中的衍生价值上。例如，价值几百万元的手表、数千万元的汽车、上亿元的房子仍不乏买家，究其原因，是因为名表、豪车、豪宅等传递着买家的地位、身份、品位等信息，而地位、身份等恰恰是个人价值的重要表现。因此，消费在迎合人们日益萌生的需要的同时，也扩展了自身的职能，由满足人们的生存需要、发展需要扩展到表征人们的自我价值。人们消费的目的，"不在于满足实用和生存的需要，也不仅仅在于享乐，而主要在于向人们炫耀自己的财力、地位和身份。因此，这种消费实质是要向社会公众传达某种社会优越感，以挑起他们的羡慕、尊敬和妒忌。"①

在消费职能扩展的背景下，人们的消费理念、消费取向也发生了重大变化，人们对消费的追求不再局限在衣、食、住、行、用等方面，而更多地考虑个人的身份、地位、情趣、品位等。于是，在消费主义泛滥的当下，各种异化消费方式不再将消费视作满足个人需要的手段，而是看作人生的重要目的，认为附加在消费品上或体现在消费方式中的那些消费功能之外的信息，才是人生成功与否的标志，因而崇尚物质主义，追求感官享受，沉迷于占有和消费尽可能多的物质产品，大肆宣扬快消费、多消费、高消费。由消费支撑着的人生就这样被简化为吃、喝、玩、乐。这种极端"物化"的消费方式是极具危害的，因为人的需要是多样化的，是不断变化的，人生的目的和价值在于为社会和他人做贡献，个人自我价值的实现有赖于个人的社会价值。"把精神满足寄托在占有和消费物质财富上也好，精神生活的低俗化也好，消费主义对人的存在和发展的根本危害在于，它把人的需要的丰富性归结为物质需要，把人生价值的实现降低为物质欲望的满足，从而大大缩小了人类与其他动物的差别，也从根本上颠倒了人生的目的与手段的关系。"② 事实上，物质消费不过是实现人生价值的前提和手段，而不是人生价值的终点和目的。

4. 欲望与理性相冲突。错误的舆论引导使欲望与理性相冲突。作为主体

---

① ［美］艾伦·杜宁. 多少算够——消费社会与地球的未来［M］. 毕聿，译. 长春：吉林人民出版社，1997：5.

② 高文武，关胜侠. 消费主义与消费生态化［M］. 武汉：武汉大学出版社，2011：91.

的人，具有与其他动物相同的欲望。马克思指出，"人作为自然存在物，而且作为有生命的自然存在物，一方面具有自然力、生命力，是能动的自然存在物；这些力量作为天赋和才能，作为欲望存在于人身上"①。但是，与其他动物所不同的是，人还具有理性，人的欲望是受理性支配的。简言之，人是欲望和理性的结合体。欲望（desire）可以简单理解为需要（need）得到满足的愿望（will），欲望并不是什么十恶不赦的东西。从某种意义上说，合理的、善的欲望不仅是个人生存和发展的动力，也是社会发展、人类进步的动力。理性既是人们分析问题和解决问题的能力，也是人们用以辨别是非、分清善恶、控制行为的能力。

人的需要和欲望是多样化的，也是复杂的，甚至是无止境的，正因为如此，欲望离不开理性的引导和支配。在消费问题上，科学、合理、文明的消费方式应当是欲望与理性相统一的消费方式，即受理性主导的、受合理欲望刺激下的消费方式。这种消费方式能够较好地协调消费过程中涉及的人与自然、人与社会、人与人的关系，能够合理控制消费欲望，科学进行消费抉择，使消费符合个人自由、全面发展的要求，而又不危及自然、社会与他人的可持续发展。

然而，受 20 世纪 30 年代英国经济学家凯恩斯的政府干预市场、刺激消费的经济理论的影响，人们的物欲膨胀，直接导致消费主义的泛滥并萌生各种异化消费方式。消费主义将人的物欲、权欲、性欲等都与消费联系在一起，甚至将人的身体也看作是消费品。波德里亚在《消费社会》一书中生动地描述了西方社会在消费主义支配下围绕"身体"所进行的消费，并将"身体"视作"最美的消费品"："在消费的全套装备中，有一种比其他一切都更美丽、更珍贵、更光彩夺目的物品，它比负载了全部内涵的汽车还要负载更沉重的内涵，它就是身体。在经历了一千年的清教传统之后，对它作为身体和性解放符号的'重新发现'……人们给它套上卫生保健、营养、医疗的光环……今天的一切

---

① 马克思恩格斯文集：第一卷［M］. 北京：人民出版社，2009：209.

都证明身体变成了救赎物品，在这一心理和意识形态功能中，它彻底取代了灵魂。"①

在异化消费方式的指引下，人的欲望通过消费主义这一载体被不断刺激。"在价值观上，它坚持欲望的满足就是幸福，认为人生的价值就在于欲望的满足，主张用各种办法刺激和解放人的欲望。在文化上，它用高贵和独特来装扮人们的欲望，通过不断更新时尚，使人们的主观欲望永远无法得到彻底满足。在时间维度上，它引导人们奉行'今朝有酒今朝醉'的哲学，注重当下，漠视未来，讲究当下活得足够刺激，畅快淋漓，努力让'当下的每一时刻都成为时尚中的经典'。一旦这种及时行乐的意识在人们的心理结构中扎下根来，情况就必然是：对自己来说，每个人只要有能力，就会无止境地去追求财富，变着花样去消费；对他人来说，要使他的钱袋向自己敞开，就必须想法刺激他的消费欲望，并使这种欲望不断变成购买和消费的行为。"② 然而，人的欲望是没有止境的，在消费问题上，如果任由过多的、无止境的欲望横行，必然导致主体的自我烦恼和痛苦，并伴随人与自然关系的紧张、人与社会关系的疏远、人与人关系的淡化。因此，作为主体的人必须重归理性，用理性驾驭欲望，在理性的指引下合理消费、科学消费、文明消费。

三、消费方式异化的伦理追问

消费方式是人类社会生活方式的重要内容。广义的社会生活方式是指人们在一定社会关系中的生存和活动的方式；狭义的社会生活方式是指人们在社会生活中与消费资料相结合的方式，即消费方式，它包括消费意识、消费心理、消费能力、消费结构、消费水平和消费习俗等。任何一种消费方式都涉及三个有关联的问题，即"消费什么"、"为何消费"、"如何消费"。人们消费什么、为何消费、怎样消费既取决于生产什么、为何生产、生产多少，又取决于人们需要什么、为何需要、需要多少。人的需要是不断变化的，因此，消费方式也

---

① ［法］让·波德里亚. 消费社会［M］. 刘成富，全志钢，译. 南京：南京大学出版社，2000：139.

② 高文武，关胜侠. 消费主义与消费生态化［M］. 武汉：武汉大学出版社，2011：93.

是不断变化的，而不断变化的消费方式应该置于道德批评的视域才能保持健康、积极的方向。

1. 我们到底应该消费什么？消费既是人类社会的普遍现象，又是人类特有的活动方式。人们在消费时，首先面临的是"消费什么"。所谓"消费什么"，意指消费的对象和指向，如作为商品的物品，或作为享用的服务；作为商品的使用价值，或作为商品的符号价值、象征价值；是以物质性消费的追求为重，还是以精神文化消费的追求为重；是青睐绿色产品的低碳消费，还是传统产品的高碳消费。在异化消费方式中，奢侈型消费更多的是注重商品的符号价值和象征价值，而忽视商品的使用价值；攀比型消费以追求物质消费为主，忽视精神文化消费；无力型消费作为一种无选择的消费，无论是物质消费还是精神消费，均没有满足人的基本需要。

在生产力落后、产品匮乏的年代，人们过着食不果腹、衣不遮体、居无定所的生活，"消费什么"的问题始终困扰着我们。那时，可供人们消费的产品有限，人们为了基本的生存和发展需要，在消费时追问的更多的是"我们能消费什么"。随着科技的进步，人类认识自然和改造自然的能力增强，可供我们消费的产品越来越多，人们在消费时无须再受制于"我们能消费什么"。当下，各大商场的商品琳琅满目，几乎我们想消费的东西都能购买到，甚至许多我们没有想到的东西也有卖。在消费主义大潮的影响下，想消费什么就消费什么成了某些人的嗜好。

2013 年，据媒体公开报道，广东不少富人流行"成人喝人奶"，"甚至可以直接对着奶头喝奶"。这一"新兴事物"在网络上引起了热议，有的赞成，有的反对。赞成者认为消费是个人的私事，消费无禁区，只要有能力，想消费什么就可以消费什么；反对者认为这种奇特的消费方式有违社会伦理道德，消费有禁区，并非想消费什么就能消费什么。上述两种观点争论的实质聚焦在关于消费对象到底有无界限的争论上。

事实上，消费既是个人行为，也是社会活动，它不仅从特定的角度展现着人的内在本质，而且承载着人类社会的经济、政治、文化、生态等多重意蕴，内生着一定的伦理向度和价值抉择。在产品极丰富的今天，人们在摆脱"我们能消费什么"束缚的同时，"我们应该消费什么"便成为消费者需要思考和面对的问题。对于消费者而言，消费对象不是毫无界限的，不是想消费什么就能消费什么。总的来看，对"我们应该消费什么"的思考和判断需要符合以下原则：一是符合社会伦理道德规范，我们所追求的消费对象应该是当下绝大多数人能够认可和接受的，是社会伦理道德许可的；二是可持续发展的原则，我们所追求的消费对象应该符合子孙后代可持续发展的要求，是能源资源环境许可的；三是普遍正义原则，我们所追求的消费对象不能损害他人的利益，是他人正当消费许可的。

2. 我们究竟为何消费？消费究竟为了什么，即为何消费，追问的是消费的目的和意义。所谓"为何消费"，是指消费的理由和意义，如：是为满足需要而消费，还是为满足欲望而消费；是为满足生存等基本需要而消费，还是为满足享受需要而消费；是为满足自己的需要而消费，还是为满足市场的需要而消费。

在异化消费方式中，奢侈型消费以满足心理需要为主，远远超出了满足基本生理需要的范畴，更多的是为了满足消费者无止境的心理欲望，其结果不是为了满足自身的需要而消费，而是为了满足市场的需要而消费；攀比型消费既满足生理需要也满足心理需要，但常表现为以满足虚荣心为主的心理需要，消费的目的既是为了满足自己的需要而消费，也是为了追赶他人需要的时髦而消费；无力型消费首先是满足自身的生理需要的消费，其目的在于追求生存的最低层次需要。

消费既是人的生理需要，也是人的心理需要；生理需要是满足自身生存的最基本需要，心理需要是建立在生存需要基础之上的更高层次的自我需要；生理需要维系人的生命，心理需要彰显人的价值。对于任何一个消费者而言，生理需要和心理需要二者缺一不可。那么，在消费问题上，该如何平衡生理需要与心理需要？消费究竟是为了生理需要还是为了心理需要？消费需要的满足与个体的消费能力、社会的消费环境等息息相关，只有当个体具备一定的消费能力，特定的消费需要才有可能得到满足；只有当个体具备消费能力且社会消费环境允许时，某些消费行为才有可能被认可和接受。就奢侈型消费而言，个体虽具备较高的消费能力，但当下的社会消费环境不允许个体毫无顾忌地奢侈、浪费，因而得不到社会的普遍认可和接受，常被推向舆论和公众批判、谴责的风口浪尖；就攀比型消费而言，由于个体不具备相应的消费能力，只是出于满足虚荣心的需要而盲目消费、超前消费，这种消费需要的满足实质上是一种"虚假满足"，当下的社会消费环境对此也是不提倡、不鼓励的，因而也是普遍受到质疑；就无力型消费而言，个体因不具备相应的消费能力而缺乏必要的消费欲望，即使有某些消费欲望也常因无力消费而导致心理恐惧，这种异化消费方式既不利于社会的进步，也不利于个体的发展。

3. 我们应该如何消费？所谓"如何消费"，是指消费的手段和方法，它取决于对为何消费的理解，例如，是消耗商品的使用价值还是其社会价值，是消费服务的内在价值还是展示其外在的价值。由于个体的消费行为受自身消费能力、消费心理、消费取向以及社会资源环境、消费政策、消费导向等的影响，因此，个体在消费抉择时，既要考虑自身因素，也要考虑社会因素，坚持个人需要与社会许可的统一。就当下中国而言，消费者要摒弃奢侈型、攀比型等异化消费方式，追求适度型、绿色型、文明型等科学消费方式，为社会主义生态文明建设做出应有贡献。

适度型消费方式是就消费的数量而言，与之相对应的是奢侈浪费型的消费方式。消费数量的多少不仅直接影响消费者需要的满足程度，而且影响生态环境，关系子孙后代的长远发展。法国经济学家让·巴蒂斯特·萨伊曾经指出："把消费限定在一个过于狭窄的范围，就会使人得不到他的资产所允许的满足；相反，过多的豪爽的消费则会侵蚀到不应该滥用的财富。"[1] 所谓适度型消费方式，是指消费的数量和质量既符合消费者自身的消费能力，又符合生产力发展水平和社会伦理道德规范。在生态文明时代，大力倡导适度型消费方式，在经济、环境、道德等方面都具有重要意义。在经济方面，适度型消费方式是与社会经济发展水平相适应的消费方式，有助于充分发挥消费对经济发展的拉动作用；在环境方面，适度型消费方式依据资源环境的承载能力进行消费，较好地处理了人与自然的关系，有助于发挥消费在自然生态系统循环中的调和作用；在道德方面，适度型消费方式既吸收了"崇尚节俭"等传统伦理智慧，又契合了"反对浪费"等当代道德要求，有助于发挥消费在道德传承中的桥梁作用。

---

① ［法］萨伊. 政治经济学概论［M］. 陈福生，陈振骅，译. 北京：商务印书馆，1997：567.

绿色消费是基于消费主义引发的资源环境问题而提出的。所谓绿色型消费方式，就是要求消费者在购买、使用、回收、处理等消费全过程要充分考虑资源环境的因素。在购买时，要购买符合环境标准的"绿色产品"；在使用时，要尽量不造成或减少对环境的污染和破坏；要尽可能回收、再利用使用过的产品，减少一次性使用；要选择环保的废弃物处理方式，尽量减轻对空气、水、土壤等的污染和破坏。作为一种新的消费方式，绿色消费对消费者个人和生态环境都是有益的，体现了人的价值维度和自然的生态维度的统一。一方面，绿色消费以满足需要、保持健康为目的，倡导健康、简朴、丰富的生活，坚持了人的主体性，彰显了人的价值；另一方面，绿色消费秉持高度的环境保护责任意识，自觉地将自身的消费行为纳入自然生态系统之中，促进自然生态系统的良性循环，维护自然生态系统的平衡。

文明消费是相对奢侈型消费、攀比型消费、一次性消费等不文明消费而言的，重在突出消费的价值取向和道德倾向。消费既是一种经济行为，是经济学研究的重要对象，也是一种道德行为，是伦理学需要关注的重要领域。近年来，在消费领域出现的"人乳宴"、"胎盘宴"、"裸体宴"等不道德、反道德消费倾向，不仅玷污了神圣的人性、良知，而且腐蚀了人类的文明大厦。文明消费要求消费者要有强烈的消费伦理意识，正确认识自身的消费行为可能对社会和他人造成的影响，在社会伦理道德许可的条件下合理选择消费方式，既追求必要的物质消费以维系生命、健全体魄，又以高尚的精神消费陶冶情操、净化心灵。正如美国学者艾伦·杜宁所言："当大多数人看到一辆豪华汽车首先想到它导致空气污染而不是它所象征的社会地位的时候，环境道德就到来了。同样，当大多数人看到过度的包装，一次性产品或者一个新的购物中心而认为这些是对他们子孙犯罪而愤怒的时候，消费主义就处于衰退之中了。"① 奢靡型消费、攀比型消费、一次性消费等不合理、不文明的异化消费方式的衰退之时，正是适度消费、绿色消费、文明消费等科学消费方式的兴起之时。只有当适度消费、绿色消费、文明消费等科学消费方式不断兴盛，"美丽中国"才有可能真正实现。

---

① ［美］艾伦·杜宁. 多少算够：消费社会与地球的未来［M］. 毕聿，译. 长春：吉林人民出版社，1997：102－103.

第二节　消费方式异化的价值调节

所谓消费取向，是指人们在消费过程中表现出的理念、意识、态度等，是考量人们消费行为合理与否、科学与否、文明与否的重要尺度。在消费活动中，人们的消费取向受整个社会的消费环境、自身的消费能力、自我的认知水平和价值观念等多种因素的影响和制约。当前，受消费者的认知水平、消费观念、消费环境等的影响，在我国居民消费中存在一些不合理的消费取向，对其进行伦理审视和价值调节是实现生态文明、共建美丽中国的内在要求。

一、享受型消费的价值缺失

从人们的消费结构来看，大体上有三种消费类型：一是以基本生活资料消费为主的生存型消费，二是以教育、科技、艺术等消费为主的发展型消费，三是以娱乐、旅游等消费为主的享受型消费。与生存型消费和发展型消费相比，享受型消费不是建立在满足基本生存和发展需要基础上的消费，是一种以享受为目的的消费取向，奉行的是"我消费，我快乐"的消费准则。

享受型消费作为一种高层次的消费类型，是经济不断发展、社会日益进步的产物，是人们衣食无忧之后的客观需要。马克思曾经指出："人类的生产在一定的阶段上会达到这样的高度：能够不仅生产生活必需品，而且生产奢侈品，即使最初只是为少数人生产。这样，生存斗争——我们暂时假定这个范畴在这里是有效的——就变成为享受而斗争，不再是单纯为生存资料斗争，而是为发展资料，为社会地生产出来的发展资料而斗争。"① 因此，享受型消费的出现，是人类社会生产发展到一定高度的必然结果，它反映了经济发展和社会进步的总体趋势。合理的、适度的享受型消费不仅有利于个人的自由、全面发展，而且是经济发展、社会进步的重要推动力。

---

① 马克思恩格斯文集：第四卷 [M]. 北京：人民出版社，1995：623.

改革开放后，随着我国经济的快速发展，人民收入大幅度增加，人民生活水平得到较大提高，大多数人早已告别贫困，解决了温饱问题，正在奔向小康，有的还率先过上了富裕生活。在这一过程中，人们的消费也不再仅仅是为了填饱肚子、防寒保暖，娱乐、旅游等需要不断增长并得到了一定程度上的满足。现实生活中，人们逐渐由以前的"过日子"走向"享受生活"，越来越多的人在工作和学习之余有了丰富的娱乐活动，唱歌、跳舞、下棋、看电影、观球赛、打高尔夫、搓麻将、玩扑克、泡酒吧、进茶楼等娱乐风起云涌，周游列国、游山玩水对于一些中国人来说，不再是梦想。

这一点从旅游消费来看就很明显。这些年来，我国旅游人数和旅游收入呈现出"双线走红"。2007—2011 年，我国国内旅游人数分别为 16.1 亿人次、17.1 亿人次、19.0 亿人次、21.0 亿人次、26.4 亿人次，相应的旅游收入分别为 7770.6 亿元、8749.36 亿元、10183.76 亿元、12579.86 亿元、19305.46 亿元。[1] 2011 年的国内旅游人数比 2007 年增加了 10.3 亿人次，增幅为 64%；旅游收入增加了 11534.86 亿元，增幅为 148.4%。在人均旅游花费方面，2007—2011 年，我国人均旅游花费分别为 482.6 元、511.0 元、535.4 元、598.2 元、731.0 元。[2] 2011 年的人均旅游花费比 2007 年增加 248.4 元，增幅为 51.5%。

然而，在越来越多的人开始"享受生活"的同时，也出现了过早享受、一味享受、过度享受等享乐主义热潮。如同其他事物一样，享受消费要有一个度，否则就会物极必反。合理、适时、适度的享受消费对于释放压力、陶冶情操、丰富生活等具有积极效应，但不合理的、过早的、过度的享受消费则会带来消极效应。

首先，过早地追求享受型消费容易滋生超前消费习惯，颠倒人生价值中奉献与索取的关系。马克思主义认为，消费是由生产决定的，消费水平是由生产力发展水平决定的。具体到个人和家庭，消费水平和消费状况是由收入水平和收入状况决定的。作为一种高层次的消费类型，享受型消费是经济发展和社会进步到一定阶段的产物。对于消费者而言，只有当自身具备了相应的消费能力和消费水平时，才可以理直气壮地去追求享受型消费，才可以自然而然地去实

---

[1] 国家统计局. 中国统计摘要 2012 [M]. 北京：中国统计出版社，2012：161.

[2] 国家统计局. 中国统计摘要 2012 [M]. 北京：中国统计出版社，2012：162.

现享受型消费。然而，近年来，在中国刮起了一股过早追求享受的"超前消费旋风"。所谓超前消费，是指个人和家庭的消费水平和消费状况超过了现有的收入水平和收入状况，即透支未来的收入去消费。在现实生活中，超前消费的现象到处可见，不仅年轻人贷款买房、买车，成为"房奴"、"车奴"的现象越来越普遍，而且不少学生也在赶超前消费的时髦。据 2011 年 6 月 23 日至 7 月 23 日间一项《关于"时尚杂志的消费主义文化对大学生的影响"的调查》①，当前大学生每月支出在 500 元以下的仅占 5.2%，500～1000 元的占 62.9%，1000 元以上的占 32%。大学生的年均消费额已经远远高出了同期中国人均年度可支配收入。这些支出结构不仅很超前，而且极不合理，其中，使用手机、电脑、CD 机、MP3、录音笔等现代化设备是其消费额中的主体。此外，情感支出、培训支出、旅游支出等价格昂贵。并且，许多大学生在消费时毫无循环利用和保护环境的意识，他们一边参加各类环保活动，一边却无视资源、能源的有限性，就餐使用一次性餐盒，教室、寝室开着长明灯，任由水龙头长流水……这种超前消费现象在校园里形成了一股盲目攀比的不良风气，互相竞逐消费，饮食消费讲求高档，日用消费讲求品牌，娱乐消费讲求新潮，人情消费讲求阔气。上述调查数据显示，在注重化妆品的品牌上，15.5% 的学生"非常注重"，49.5% 的学生"较为注重"。有的学生不得以过着"负债生活"，四处借钱消费，甚至骗取银行的贷款和学校的资助去消费，更有甚者走上了偷盗、抢劫等违法犯罪道路。超前消费奉行的是"花明天的钱，圆今天的梦"的消费准则，实质是一种享乐主义的消费观。这种过早追求享受的消费观念，将享受作为人生的首要目的，颠倒了人生价值中奉献与索取的关系，未奉献、先索取，未付出、先享受。

其次，过度地追求享受型消费容易滋生"狂热消费"心理，背离勤俭节约的优良道德传统。过度地追求享受型消费，很容易导致过强的消费欲望和过大的享受派头，从而滋生难以抵挡的狂热消费心理，冲击勤俭节约的优良传统，甚至败坏社会风气。由于享受本身具有超强的诱惑力和巨大的惯性，稍有放纵，便难以抵挡，甚至"一发不可收拾"，从而使人进入一种醉生梦死的境地。事实上，在当下中国，过度享受消费的"野马"早已躁动不安，一股股

①　http：//www.sojump.com/report/867190.aspx.

过度消费狂潮席卷大江南北，一座座豪华办公大楼拔地而起，一辆辆高档小汽车驶入街头，讲排场、比阔气，住的是豪华宾馆，吃的是山珍野味，穿的是名牌服饰，戴的是时尚手表。在外国人眼中，中国早已不是那个一穷二白、穷困潦倒的国家，甚至给外国人造成了"和中国比，美国是第三世界"① 的假象。值得注意的是，这种过度消费狂潮在公职人员的公款消费中表现得尤为明显，利用公款大吃大喝、高标准进行公务接待、借出国考察之名行公费旅游之实早已成为官场惯例，严重败坏了社会风气，引发纳税人的强烈不满。不仅如此，一些公职人员由于在公务活动中养成了过度享受消费的陋习，在私人生活中"不甘示弱"，便干起了权钱交易、贪污、受贿、拿回扣等勾当，逐渐走向腐化堕落。

当前，中国仍是一个发展中国家，尚处在社会主义初级阶段，还在为进入全面小康而奋斗，我们的人均收入水平还远远没有达到"富裕标准"。因此，过早、过多、过高地追求享受型消费既是不现实的，也是有悖常理的。艰苦奋斗、勤俭节约既是中华民族的优良传统，也是我们的传家宝，千万不能丢。为此，要合理控制自身欲望，综合考虑实际情况，坚持量力而行、量入为出、科学消费、适度消费的价值取向。

二、一次性消费的价值遗失

根据美国著名学者艾伦·杜宁的统计，"英国人每年抛弃 25 亿块尿布；日本人每年使用 3000 万台'可随便'处理的一次性相机……美国人每年抛弃1.83 亿把剃刀、27 亿节电池、1.4 亿立方米包装'花生果'的聚苯乙烯塑料、3.5 亿个喷油漆的罐子，再加上足够供给全世界的人每一个月一顿野餐的纸张和塑料制品。"② 如果统计中国人每年消费的一次性产品数量以及由此产生的垃圾，得出的数据很可能是"有过之而无不及"。

一次性消费奉行的是"不求天长地久，只求曾经拥有"的消费准则，它的盛行既受到西方消费主义的影响，又迎合了消费者方便、快捷、廉价的消费

---

① 2008 年北京奥运会期间，美国记者到中国采访，看到北京现代化的场馆、一流的设施、发达的交通等后，发出了"和中国比，美国是第三世界"的感慨。

② ［美］艾伦·杜宁. 多少算够——消费社会与地球的未来［M］. 毕聿，译. 长春：吉林人民出版社，1997：66.

需求。从经济学的角度来看，一次性消费之所以盛行，主要原因在于生产环节。生产者为了追逐高额利润丝毫不顾及对环境和人类健康的影响，大量生产一次性产品，在市场经济日益活跃的当下，有人卖必然会有人买，一次性消费很快成为社会风气，并迅速改变了人们原有的消费习惯和消费取向。从生态学的角度来看，一次性消费之所以盛行，与人类中心主义观点的主导脱不了干系。人类中心主义认为，在人与自然关系中，人是第一位的、是高贵的，自然是第二位的、是卑微的；人是目的，自然界只是人类实现自身目的和价值的工具。受人类中心主义的影响，拜金主义、金钱至上等思想和观念逐渐泛滥。由于生产一次性消费品的成本低、利润高，在金钱的巨大诱惑下，生产者便不遗余力地生产一次性产品，并大规模地投放到市场上。以生产纸碗为例，生产一个纸碗的成本只需七八分钱，但它的一般售价在 0.2～0.5 元之间，这样的利润确实可观，部分人甚至认为这是生活的目的，所以就把自然界看成是取得低廉原料的仓库，并认为自然界自身是无价值的，只有被人发现、被人利用，才能体现出物对人的价值。① 很显然，这是一种极端人类中心主义的表现，也是现代社会愈演愈烈的环境问题的祸根。

与极端人类中心主义相联系的是，一次性消费建立在自然资源是"取之不尽，用之不竭"的价值假设基础之上。然而，这种价值假设是根本不成立的。因而，一次性消费是不科学、不合理、不文明的，是与人类可持续发展目标背道而驰的，在现实生活中也是极其有害的。

一次性消费加剧了自然资源的枯竭，导致了人与自然关系的空前紧张。一次性消费越多，一次性生产就越多，所需要的自然资源也就越多。然而，相对于不断增加的人口总数和永无止境的人类欲望，自然资源是极其有限的，而并非是"取之不尽，用之不竭"的。一次性消费挥霍的是物品的使用价值，更是有限的自然资源；一次性消费的盛行，大大加速了资源枯竭的进程。在中国，由于一次性消费的增多和庞大的人口基数，资源告罄的矛盾尤为突出。根据中国科学院国情分析研究小组发布的各国自然资源综合排序结果，我国自然资源总量在 144 个国家中排在第 8 位，而资源综合负担系数（我国自然资源所负担人口数量与世界平均值比较）为 3，即我国自然资源所负担的人口数是世

① 郭会宁. 伦理道德视角下的一次性消费 [J]. 商业文化，2008（5）.

界平均水平的 3 倍。① 很显然，中国的自然资源难以支撑一次性消费带来的巨大压力。

由于一次性用品多为塑料制品且"用过即扔"，不仅大大增加了资源消耗，而且向外界排放出大量有毒物质，导致了大量生活垃圾，使人类生活在一个垃圾遍地的"垃圾世界"，对环境造成了巨大的污染和破坏，导致人类生存环境急剧恶化，直接危及人类的健康。针对西方消费主义带来的环境灾难，美国海洋生物学家蕾切尔·卡逊（Rachel Carson，1907—1964）于 1962 年出版了《寂静的春天》一书。在这部震惊世界的著作中，作者用生动而极具分量的语言描述了这场环境灾难：美国中部一个原本美丽如画、生机勃勃的小城镇在充满希望的春天却突然变成了一个怪病流行、死气沉沉的地方，"神秘莫测的疾病袭击了成群的小鸡，牛羊病倒和死亡。到处是死神的幽灵，农夫们诉说着他们家庭的多病，城里的医生也越来越为他们病人中出现的新病感到困惑莫解……一种奇怪的寂静笼罩了这个地方……这是一个没有声息的春天"，她由此告诫世人："不是魔法，也不是敌人的活动使这个受损害的世界的生命无法复生，而是人们自己使自己受害。"②

一次性消费的泛滥，违背了"自然资源是有限的"的价值准则，破坏了人与自然的和谐关系。从价值调节角度来看，消费者要坚决破除"自然资源是取之不尽，用之不竭"的错误观念，节制无穷的物质占有欲望，秉持合理、适度的消费原则，尽量避免或减少使用一次性消费产品，尽可能使用可循环利用和重复使用的消费品，彻底改变不良消费习惯，积极践行低碳生活理念。

三、炫耀性消费的价值迷失

从消费者的消费目的来看，消费可以分为两种，一种是满足个人需要的消费，另一种是满足自我欲望的消费。满足个人需要的消费和满足自我欲望的消费是两种完全不同的消费类型，前者是人们为了生存和发展必须进行的消费，后者是人们为了满足某种心理上的欲望而进行的消费，例如追求地位上的优越

---

① 何小青. 消费伦理研究［M］. 上海：上海三联书店，2007：131.

② ［美］蕾切尔·卡逊. 寂静的春天［M］. 吕瑞兰，李长生，译. 长春：吉林人民出版社，1997：2.

感、身份上的富贵感，满足虚荣心等。一般而言，需要是相对有限的、容易满足的，欲望则是无限的、难以彻底满足的；满足需要的消费是一切社会所共有的，满足欲望的消费是工业社会所特有的。正如丹尼尔·贝尔（Daniel Bell，1919—2011）所说："资产阶级社会与众不同的特征是，它所要满足的不是需要，而是欲求，欲求超过了生理本能，进入心理层次，因而它是无限的要求。"① 生存型、发展型消费是属于满足个人需要的消费，而炫耀性消费则是属于典型的满足自我欲望的消费。

一般认为，最早提出"炫耀性消费"（conspicuous consumption）一词的是加拿大经济学家约翰·雷（John Rae，1796—1872），他认为欲望的膨胀、虚荣心的存在是引发炫耀性消费的主要原因，炫耀性消费品使拥有他人不曾拥有的东西的欲望和虚荣心得到了满足。美国经济学家托斯丹·邦德·凡勃伦（Thorstein B Veblen，1857—1929）将炫耀性消费引入经济学中，在 1899 年出版的《有闲阶级论——关于制度的经济研究》一书中，系统阐述了他的"炫耀性消费理论"，认为炫耀性消费是为了表现自己拥有的财富、占有的权力和地位的消费，"通过消费让他人明白了消费者的经济力量、权力和地位，从而使消费者博得荣誉，获得自我满足。"② 简单来说，所谓炫耀性消费，是指消费者为了满足自身的身份、地位、声望、攀比、虚荣等心理欲望而进行的消费行为。炫耀性消费奉行的是"我消费，我富贵"的消费准则，把消费看作是自身地位、身份的象征，看作是满足自身优越感、富贵感、虚荣心等的手段。

从一般表象来看，炫耀性消费主要表现为对各类奢侈品的"穷追猛打"，因为只有奢侈品才能最大限度地展现消费者的地位、身份、财富状况，才能真正实现炫耀性消费的目的。在 2004 年全球奢侈品消费中，日本占 41%，美国占 17%，欧洲各国共占 16%，中国占 12%，中国成为世界第三大奢侈品消费国；当时，全球四大会计师事务所之一的安永会计师事务所预计，到 2015 年，中国将取代美国成为世界第二大奢侈品消费国。③ 然而，这家会计师事务所的预计是否太保守了？抑或是中国奢侈品消费的发展速度太超常了？大约 5 年时

---

① ［美］丹尼尔·贝尔. 资本主义的文化矛盾［M］. 赵凡，等，译. 上海：上海三联书店，1989：68.

② 何小青. 消费伦理研究［M］. 上海：上海三联书店，2007：128.

③ 奂平清. 中国奢侈性消费的忧思［J］. 世界知识，2005（22）.

间，据世界奢侈品协会发布的报告显示，2009 年 1 月，中国首次超过美国成为继日本之后的世界第二大奢侈品消费国；又过了不到 3 年的时间，截至 2011 年底，中国奢侈品市场年消费总额已经达到 126 亿美元（不包括私人飞机、游艇与豪华车），占据全球份额的 28%，目前，中国已经成为全球占有率最大的奢侈品消费国。① 中国的人均收入只有美国 1/3 左右，但中国高端人群的奢侈品购买力是日本人的 1.5 倍，是美国人的 3 倍，中国已经成为全球最惹眼的奢侈品高成长市场。如此强劲的奢侈品消费势头很不正常，支撑飞速发展的奢侈品消费背后的动力，是一向爱面子的中国人的炫耀心理。

炫耀性消费的"异军突起"，一定程度上刺激了生产、拉动了消费、增加了税收，但也带来了一系列消极后果。

首先，炫耀性消费扭曲了人们的价值观，影响身心健康。从价值观看，炫耀性消费者关注的不是基本的生存和发展需要，而是不断被激发的自我欲望的满足，将满足无止境的炫耀欲望视作人生的目的和意义。这种消费价值观是对人的基本生存发展需要和商品使用价值的"双重背离"。一方面，炫耀性消费者通过购买大量价值不菲的名牌商品来展示自己的身份、地位和经济实力，而不顾这些商品自己是否真的需要。从某种意义上说，炫耀性消费者购买商品的目的，不是为了生活需要，而是为了满足无止境的个人欲望和虚荣心。另一方面，炫耀性消费者购买商品，看重的不是商品的使用价值，而是商品的符号价值，即体现个人身份、地位、经济实力等的价值，以此作为获得他人认可和尊重、引起别人关注和羡慕等的手段。因此，炫耀性消费体现的是社会象征性的符号意义，超越了生存和发展的价值需求，背离了商品的使用价值。现实生活中，当人们过分看重自己的身份、地位时，便会倾其所能去炫耀和攀比，官员的腐败、富豪的堕落，很多就是受炫耀性消费价值观的影响，最后落得个身败名裂、倾家荡产。

其次，炫耀性消费败坏了社会风气，危及社会和谐。中国人爱面子的大众心理助长了炫耀性消费，而炫耀性消费又强化了爱面子心理，引发消费中的盲目、攀比、浪费等行为，导致大众心理失衡，滋长拜金主义、享乐主义、利己主义，败坏社会风气。不仅如此，炫耀性消费以消费什么、消费多少作为评判

---

① http://www.cqcb.com/china/2012 – 01 – 19/569327. html2012 – 01 – 1922：57：23.

依据，将原本地位平等的社会群体分为高低、贵贱，放大了贫富差距，加深了富人与穷人的心理鸿沟，引起穷人对现实社会的不满和对未来的悲观失望情绪，对社会的和谐稳定构成潜在威胁。事实上，现实生活中出现的"仇富"、"怨官"等不良心态及由此引发的恶性事件，很多与富豪的"炫富"、官员的"显官"具有很大关系。因此，合理控制自我欲望，积极从事慈善事业，是富豪、官员履行社会责任的时代召唤。

最后，炫耀性消费挥霍了能源资源，破坏了生态环境。由于炫耀性消费不是以满足基本生存和发展需要为目的，而纯粹是为了满足某种心理欲望，因此，炫耀性消费者购买的商品的使用价值并没有得到最大化利用。不仅如此，炫耀性消费者为了不断炫耀的需要，不得不站在消费的前列，引领消费时尚，进行时髦消费。这种消费取向对于有限的能源资源来说，无疑是巨大的挥霍和浪费。对于中国而言，早已不是"地大物博"，而是"地大物薄"，我们的很多能源资源人均占有量是很小的，丝毫经不起挥霍。我们有限的能源资源，必须优先考虑十几亿人的基本生存和发展需要，考虑子孙后代的长远发展需要。因此，决不可置能源资源状况于不顾，置人们的基本生存和发展需要于不顾，置子孙后代的生死于不顾，去鼓励和倡导炫耀性消费。相反，应该引导富人多为穷人考虑，多为子孙后代考虑，多为能源资源和生态环境考虑，努力改变炫耀性消费的价值观念，合理消费、适度消费、文明消费，确保实现自身和社会的可持续发展。

四、浪费性消费的价值丧失

所谓浪费性消费，是指消费主体的消费行为在满足自身生存和发展需要的同时，消耗了不必要的能源资源，其实质是一种过度消费，即超过了自身需要的消费。浪费性消费与一次性消费、炫耀性消费、奢侈型消费等关系密切，是就消费的过程和结果而言的，是相对于有限的能源资源而言的。从某种意义上说，一次性消费、炫耀性消费、奢侈型消费的结果都带有浪费性。但是，与一次性消费、炫耀性消费、奢侈型消费所不同的是，浪费性消费的产生，有的是消费主体有意识的行为，有的则是无意识的行为；而一次性消费、炫耀性消费、奢侈型消费等都是消费主体具有明确意识和目的的行为。

作为消费过程中的一种不合理现象，浪费性消费的产生，是社会发展到一定阶段的产物，是多种因素综合作用的结果。

一是经济发展水平和收入水平。在我国，改革开放前，经济发展水平和收入水平十分低下，人们连温饱问题都难以解决，过着挨饿受冻的生活，根本不可能进行浪费性消费，那时可供人们消费的商品也十分匮乏。改革开放后，在市场经济的带动下，社会经济发展水平和人民收入水平都得到了较大提高，不仅可供人们消费的商品越来越多，而且各种产品的更新换代越来越快，人们不仅能够吃得饱、穿得暖、住得好，甚至还有了“剩余”，浪费性消费随之不断出现。从食物消费来看，“锄禾日当午，汗滴禾下土。谁知盘中餐，粒粒皆辛苦。”这个曾经被作为儿童启蒙的诗句，告诉人们从小就要格外珍惜粮食，千万不可浪费。当然，那时的生活条件也不可能产生浪费。正如英国学者所言，“在艰苦的年代，奢侈的宴会和大吃特吃的机会对于大部分中国人来说基本不存在，即使是那些条件较好的人也只有在过年或是结婚等重要场合才能奢侈一下，‘剩菜’的概念还未出现，更别说‘打包’了。”① 然而，几十年后，人们在吃饱、吃好的同时，食物浪费的现象也随之出现，并迅速蔓延。如今，食物浪费的现象不仅十分普遍，而且很惊人。中国农业大学专家课题组对大、中、小三类城市共2700桌不同规模的餐桌中剩余饭菜的蛋白质、脂肪等进行系统分析后认为，保守推算，我国2007年至2008年仅餐饮浪费的食物蛋白质就是800万吨，相当于2.6亿人一年所需；浪费脂肪300万吨，相当于1.3亿人一年所需。综合推算，我国消费者仅在规模以上餐馆的餐饮消费中，每年最少倒掉了约2亿人一年的口粮。如此严重的食物浪费现象，让人触目惊心！②

二是传统消费观念和消费心理。勤俭节约是中华民族的优良传统，但与此相伴的是，奢侈浪费、炫富比奢等传统似乎也一直绵延不绝。浪费性消费奉行的是“我消费，我乐意”的消费准则，即使有人在背后议论、指责浪费性消费行为，消费者往往也会理直气壮地说：“我消费，我乐意，你管得着吗?”从消费心理来看，之所以会这样，是因为在一些消费者看来，奢侈、浪费是有

---

① ［英］葛凯．中国消费的崛起［M］．曹槟，译．北京：中信出版社，2011：99－100.

② 孙瑞灼．立法遏制食物浪费很有必要［J］．资源与人居环境，2011（4）.

钱财、有权势的象征。有钱才可以奢侈，才可以浪费；有权才可以浪费国家的钱。事实上，现实生活中的大多数浪费行为也往往是有钱、有权一族造成的。据媒体报道，2008 年，全国"三公"（公款吃喝、公车消费、公费出国）开支高达 9000 亿元，相当于国家财政支出的三成，比财政部正式公布的 29 亿元多出 310 倍，平均每位国人需要负担近 700 元。① 这个数据并非来自官方，虽非可靠，但可以想象，在全国的"三公"消费中，浪费现象势必不少。

三是社会整体消费环境。中国社会从来就不缺乏浪费的土壤，因为中国人在"外人"面前一向爱面子。对于大多数消费者来说，为了面子，宁愿奢侈一把、浪费一回。因此，社会上婚丧大摆酒席，过年过节大吃大喝，各种宴请之风十分盛行，"吃一半，倒一半"的食物浪费现象也越来越多。中国人请客吃饭向来是好面子，总怕客人吃不饱、吃不好，担心菜点少了显得招待不周、过意不去，不剩点怕别人笑话自己穷酸小气。所以，点菜时总是要多点一些，好像一定要丰盛有余才显得热情好客；也不管吃得完吃不完，好像不剩就显得没有招待好。由于爱面子，吃不完时当着客人的面也不好意思打包，甚至有的消费者认为在客人面前打包丢人。

我国社会业已存在的奢侈浪费性消费之风，正在无声无息地腐蚀着我们这个民族和国家的物质和精神"大厦"。一方面，惊人的浪费导致了严重的能源资源消耗，对于人口众多、资源稀缺、环境脆弱的中国来说，这种浪费是雪上加霜。如果中国仍按目前的生产方式和消费方式发展下去，那么，整个世界的能源资源也难以支撑中国的发展。另一方面，日益盛行的奢侈浪费性消费之风，败坏了社会风气，玷污了我们的精神家园。它不仅扭曲了人们的人生观、价值观，助长了物质主义、个人主义、利己主义，而且加速了一些人的腐败、堕落。因此，必须采取有效措施，坚决遏制浪费性消费的不良之风。

---

① 杨永欣. 官员"三公"费一年 9000 亿 [N]. 联合早报，2008 - 12 - 09. 2011 年中央行政单位、事业单位和其他单位用当年财政拨款开支的"三公经费"支出合计 93.64 亿元；2010 年"三公经费"支出合计 94.7 亿元。2015 年 3 月 6 日，财政部部长楼继伟答记者问时说，"（三公经费）中央财政今年的预算是按照不多于去年安排的，数字是 70 多亿。在财政支出方面，全国财政支出是 15 万亿，是中央财政支出的 6 倍，如果中央机关的三公经费是 70 多亿的话，按 6 倍的比例，全国就是 400 多亿，有人说是 3000 亿，那是胡扯。"财政部部长楼继伟等谈财政工作和财税改革 [EB/OL]. [2015 - 03 - 06]. http://lianghui.people.cn/2015npc/GB/394035/394357/index.html.

党的十八大报告指出，"我们必须清醒认识到，我国仍处于并将长期处于社会主义初级阶段的基本国情没有变，人民日益增长的物质文化需要同落后的社会生产之间的这一主要矛盾没有变，我国是世界上最大的发展中国家的国际地位没有变。"这一精辟论述集中概括了我国所处的发展阶段、主要矛盾和国际地位，是制定各项方针、政策的重要依据，也是当前社会消费方式走向的现实背景。对于当下中国而言，过早、过分地讲究享受型消费是有悖常理的，必须坚决摈弃享乐主义、奢靡之风，大力弘扬勤俭节约、艰苦奋斗的优秀传统。每一位公民都应该努力抵制不合理欲望，自觉坚持量入为出、量力而行、戒奢从俭的价值取向，养成适度消费、合理消费的良好习惯。

第 4 章

消费异化的社会文化根源

消费的异化根源于当代社会生产方式、生活方式和价值观念的异化，因而消费异化的扬弃也就在很大程度上取决于生产方式、生活方式以及价值观念之异化的扬弃。

第一节　生产方式的异化

所谓生产方式，就是社会生活所必需的物质资料的获取方式，亦即生产力、生产关系以及二者相结合的方式，它同时反映了人与自然以及人与人之间的相互关系。生产力是指人类利用劳动工具对劳动对象进行加工的能力，集中反映了人与自然之间的关系。生产关系是指在生产劳动过程中形成的人与人之间的相互关系，其核心要素是生产资料所有制。

一、当代工业生产方式的本质特征

当代社会的生产方式是一种建立在生产资料私有制基础之上的社会化机器工业大生产，其生产力基础是机器大工业，其生产关系的核心要素是生产资料的资本主义私人占有。

1. 私有制与社会化大生产的结合。自原始社会解体以来，私有制一直是人类社会占主导的所有制方式。但现代资本主义的私有制，与奴隶社会和封建社会的传统私有制不同，后者是一种建立在农业、手工业基础之上的小私有制，与社会化程度不高的小生产相适应；而前者是建立在机器大工业基础之上的大资本私有制，与高度社会化了的大生产相适应。资本主义生产方式的本质特征，就在于它是私有制与社会化大生产的结合。

社会化大生产，不仅是指一种与传统小生产相对的组织化、规模化大生产，更为重要的是，通过这种组织化、规模化生产，整个社会日益被联结为一个相互影响的整体，从而每一个体的生产、生活和消费等各个方面日益受到他人和社会的重要影响。

在传统小生产条件下，个人或家庭是主要的生产单位，生产也不需要高度组织，生产规模、生产能力小，社会分工合作程度低；社会成员需要的满足一方面主要通过生产者自给自足，另一方面通过对劳动者劳动成果的直接剥夺与占有，而很少通过市场交换，产品流通的范围和规模极其有限，商业只是整个经济体系的有限补充。与此相应，社会成员的交往也十分有限，血缘和地缘是将人们联系起来的天然纽带，这些以血缘和地缘为天然纽带联结起来的高度同质而又相互孤立的人群，只是通过外在的政治强力、共同的风俗习惯和文化观念而在形式上组成为一个更大的整体，相互之间缺乏有机的联系。

而在现代社会化大生产条件下，占主导地位的不是以个人或家庭为单位的私人化小生产，而是将一群人集中在一起按照高度分工协作要求组织起来进行的规模化大生产。满足社会成员需要的主要方式不是自给自足，而是市场交换，商品在极大范围内大规模流通，商业（商品交换）不仅成为了经济体系的重要组成部分，而且成为社会再生产所不可或缺的基本环节。与此相应，人们之间的社会交往日益频繁，整个社会通过市场日益联结为一个相互需要的体系，在对物的依赖基础上，人们日益获得个体独立的同时也不断地提高了相互的社会依存度。

私有制的产生以及私有制与社会化大生产的结合，归根结底是生产力发展的产物。在生产力水平极其低下的原始社会，人们必须共同劳作、共同分享，才能维持整体的基本生存。只有当生产力发展到一定程度从而产品除维持基本生存还能有部分盈余时，才有条件产生私有制和社会分工。但受生产力发展不足的限制，尤其是受劳动工具落后的限制，将人们大规模集中起来劳作不仅不能提高反而降低了生产效率，而以个人或家庭为单位的私人化小生产则因为调动了人们的积极性而有助于提高生产效率。但是，随着生产力的进一步发展，尤其是随着现代科学技术在生产中的运用，以机械装置为动力的机器，逐渐替代了以人力、畜力或其他直接的自然力为动力的传统工具。机器大工业彻底改变了生产主体与生产资料的结合方式，它一方面借助于机器的强大动力而将生产资料大量集中起来并进行深度开发，另一方面则屈从于机器的机械性而将大量的劳动者作为环节性要素纳入机械性的生产系统当中，从而达到了前所未有的规模化生产。

2. 生产的目的是追求利润最大化。马克思曾热情地歌颂了资本主义的生产方式变革所带来的生产力的巨大发展："资产阶级在它的不到一百年的阶级统治中所创造的生产力，比过去一切世代创造的全部生产力还要多，还要大。自然力的征服，机器的采用，化学在工业和农业中的应用，轮船的行驶，铁路的通行，电报的使用，整个整个大陆的开垦，河川的通航，仿佛用法术从地下呼唤出来的大量人口——过去哪一个世纪料想到社会劳动里蕴藏有这样的生产力呢？"① 但是，驱使资产阶级奔走于全球各地并促使他们对生产工具、生产关系以及全部社会关系不断进行革命从而极大地促进生产发展的动力是什么呢？或者说，资产阶级极大的生产热忱来源于哪里呢？显然，这种动力来源不是别的，就是对资本利润的无止境追求。因此，资本主义生产的目的不是满足人的需要，而是追求利润的最大化。

当然，如果抽象地看，任何社会生产的最终目的都是为了满足人的需要，但不同的社会有不同的满足方式，而正是资本主义对人的需要的特定满足方式，使人的需要异化为无止境的占有欲望，并从而使生产的目的异化为对利润最大化的追求。

在传统的自给自足生产方式下，一方面是物质产品的相对匮乏，另一方面则是物质产品的交换范围、规模和手段的有限。因此，在满足需要的条件和手段都较为匮乏的情况下，除少数特权等级成员之外，绝大多数社会成员必须奉行一种节俭的消费方式，将其保持在满足基本生存需要这一有限水平。这样一来，尽管需要以及满足需要的条件与手段仍在缓慢地发生着历史变化，但人的需要总体上还是极为有限的。因此，这种有限的需要尽管是片面的，但毕竟还没有异化为一种反对人、奴役人的无止境欲望，从而生产毕竟还是以满足人的需要为直接目的的。

而在资本主义生产方式下，一方面是物质财富的大量增加，另一方面则是商品交换的普遍化——表现为交换范围、规模的不断扩大以及交换手段的不断

---

① 马克思恩格斯文集：第二卷［M］．北京：人民出版社，2009：36.

革新。物质财富的大量增加，一方面大大地刺激了人们的需要，从而引起了需要的急剧发展，另一方面也为急剧发展了的需要的满足提供了条件和手段。而商品交换的普遍化，一方面为生产的扩大和财富的积累创造了条件、提供了手段，另一方面则使人的需要的满足普遍地依赖于商品、他人和社会，即普遍地依赖于市场，以至于黑格尔直接将以私有制为前提、以交换为手段的资本主义市民社会称为"相互需要的体系"。在这种普遍商业化的社会生活中，人们生产的产品主要不是供自己消费，而是将其作为商品拿到市场上去交换其他商品生产者的商品，以满足自己的多方面需要。因此，就商品生产者而言，他关注的不是商品本身的使用价值，而是商品在市场上体现出来的交换价值。为了满足更多的需要，就要通过市场交换获得更多的商品，而要获得更多的商品，就必须占有更多的交换价值，亦即占有更多的货币，因为货币是市场交换的普遍媒介、交换价值的普遍形式以及一切商品的抽象代表。而在普遍商品化的资本主义市场经济中，货币不仅仅是财富，而且是带来更多财富的资本和利润。这样一来，资本主义生产的目的，就不再是人的需要的直接满足，而是资本的增殖和资本利润的最大化。

二、当代生产方式的异化及其对消费主义的影响

当代资本主义生产的目的不是为了人的需要的直接满足，而是为了资本利润的最大化，从而造成了人对物、商品、资本的普遍依赖。就此而言，当代资本主义生产方式是一种异化了的生产方式，它不是使人得到自由、全面的发展，反而使人陷入了奴役，导致了人的片面的和畸形的发展。而这种奴役、这种片面和畸形的发展，在很大程度上助长了消费主义的盛行与肆虐。

1. 对利润最大化的追求颠倒了目的与手段的关系。资本主义生产方式是私有制在生产力高度发达这一条件下的登峰造极的发展形式，从而也是私有制所必然导致的生产异化、消费异化以及生活异化的登峰造极的发展形式。

前资本主义的私有制社会诚然也由于生产资料、生活资料的排他性私人占有而导致人与人之间的竞争，这种竞争诚然也造成一定程度的社会关系异化。但由于这是一种普遍的小私有制，绝大多数社会成员毕竟还拥有一定的生产资料，毕竟还能够通过自己的劳动直接地获取一定的生活资料，尽管他们所占有的生产资料很少，并且由于生产力水平的低下，从而他们所能获取的生活资料

也很少，仅能维持基本的生存需要，甚至经常连基本的生存需要都难以满足，但生产的目的毕竟还主要地和直接地是为了人的需要的满足，从而社会关系的异化毕竟还是潜在的或程度不高的。

而在资本主义生产方式下，一方面是生产资料越来越集中于少数资本家，另一方面则是越来越多的人在丧失了直接生活资料的同时，又丧失了作为自主劳动之条件和对象的生产资料。对于丧失了生活资料和生产资料的无产者而言，由于丧失了直接的生活资料，他们的一切需要，哪怕是最为基本的和有限的需要，都只能普遍地和全面地依赖市场交换来满足；而由于丧失了生产资料，他们就丧失了通过劳动为自己生产商品并在市场上交换自己所需要的其他商品的可能，从而只能通过为资本家从事生产的方式，即出卖自己的劳动的方式，来换取一定量的工资，从而换取自身的生存和其他需要的满足。表面来看，无产者从事劳动的目的是为了自身生存需要的满足，但这种劳动方式本身已经是一种颠倒了目的与手段关系的异化劳动。

首先，这种劳动本身是一种在生存的压力下不得不做，因而是外在的、受剥削、受压迫的强制性劳动，是一种为他人的劳动，是一种屈从于不合理分工，因而是机械的、片面的劳动。人们在这种劳动中感受到的是牺牲和压抑，而不是本质力量的表现与确证。而传统农业和手工业的那种相对独立和完整的劳动，毕竟还能够在劳动对象和劳动成果中体验到一定程度的自我成就感和自我满足感。因为这个劳动对象和劳动成果毕竟还体现为劳动者自己的对象与成果，在这种对象和成果中毕竟还相对完整地体现了劳动者的意志、技能以及其他一些主观特性，即毕竟在一定程度上体现了劳动者的本质力量。人的需要不仅仅是肉体的生存，或者说，肉体应当是为了人的享受、为了人的本质力量的自由的确证与发展而存在的。相对于肉体生存的需要而言，人的享受和本质力量的确证与发展是更高阶的目的和需要。因此，不是将人的生存提升为人的享受和自由，而是将人的本质力量仅仅当作维持肉体生存的手段，这显然颠倒了目的与手段的关系。

其次，通过这种劳动所满足的只是片面的和粗陋的生存需要。一方面，这种生存需要之所以是片面的，是因为它掩盖和取代了人的其他方面的更为丰富和人性化的需要而成为了目的本身，如情感的需要、审美的需要以及确证和发展自身本质力量这样一种自由的需要等。正如马克思所指出的那样，在资本主义的异化劳动和异化生活中，"人（工人）只有在运用自己的动物机能——吃、喝、生殖，至多还有居住、修饰等等——的时候，才觉得自己在自由活动，而在运用人的机能时，觉得自己不过是动物"，"吃喝、生殖等等，固然也是真正的人的机能。但是，如果加以抽象，使这些机能脱离人的其他活动领域并成为最后的的唯一的终极目的，那它们就是动物的机能。"① 另一方面，这种生存需要之所以是粗陋的，是因为满足这种需要的方式本身是粗陋的、野蛮的和动物式的，而不是人性化的。马克思深刻指出，"对于一个忍饥挨饿的人来说并不存在人的食物形式，而只有作为食物的抽象存在；食物同样也可能具有最粗糙的形式，而且不能说，这种进食活动与动物的进食活动有什么不同。忧心忡忡的、贫穷的人对最美丽的景色都没有什么感觉。"② 也就是说，人们是在生存压力下进行这些活动，这些活动是为了生存而不得不进行的本能活动，而不是人的能动的、自由的享受活动。

当然，由于生产力的进一步发展以及资本主义框架内的一系列自我调整，工人或无产者的劳动条件和生活条件确实得到了一定程度的改善，从而他们的需要以及满足这些需要的方式和手段似乎也在一定程度上得以丰富和发展，但这仍然没有从根本上改变目的与手段之间的颠倒关系。因为一方面，尽管工人或无产者的劳动条件和生活条件确实得到了一定程度的改善，但只要资本主义的雇佣劳动制度没有改变，工人或无产者的包括基本的生存需要在内的一切需要的满足，就仍然从根本上全面地依赖于这种雇佣劳动和市场交换，从而生存就仍然会作为一种首要的和充满焦虑的需要而压倒和取代其他的人性需要，其他人性需要就仍然要作为手段屈从于生存需要这一目的，或异化为抽象的自我保存需要。另一方面，由于一切需要的满足都依赖于市场交换，依赖于作为市场交换之抽象媒介的货币，依赖于全面地控制了社会生活的资本，不仅资产阶级，而且包括工人或无产者在内的所有人，实际上都是潜在的资本家，都按照资本的逻辑行为、生活，亦即都按照利润最大化或利益最大化的原则行为、生活。

资本家尽管不像工人或无产者那样直接、紧迫地受到生存的压力，但在普

---

① 马克思恩格斯文集：第一卷 [M]．北京：人民出版社，2009：160.
② 马克思恩格斯文集：第一卷 [M]．北京：人民出版社，2009：192.

遍而激烈的竞争性社会关系生态中，资本家要保持自身作为资本家的社会地位，就必须按照资本的逻辑行为、活动和生活。马克思深刻指出，"资本家只有作为人格化的资本，他才有历史价值"①，或者说"资本家只有作为资本的人格化才是统治者"②。这就是说，追求利润最大化的贪欲，不是单个资本家的偶然个性，而是作为内在的本质规定渗透进了所有资本家即整个资产阶级的血液当中，成为了他们固有的心智模式。而要实现利润的最大化，就必须一方面将工人作为物、商品、"劳动力"来看待，亦即作为工具和手段来看待③，要求他们贡献最多而回报最少，以便最大限度地从他们身上榨取剩余价值。这是剩余价值的生产方面。另一方面，剩余价值在生产出来之后，还必须在流通领域实现出来。也就是说，商品必须在市场上卖出去。而商品要卖出去，就必须能够满足人的某种需要。因此，追求利润最大化的资本家必然要关注人的"需要"，热衷于想方设法地挖掘人的一切潜在的"需要"，甚至不断地制造出新的"需要"。但资本家并非真正关注人的真正的合乎人性的需要，而只是关心人的那些能够产生购买行为的"需要"。或者说，资本家只是把人的需要当作实现利润的手段，而不是当作应当加以尊重的目的。

可见，在资本主义社会，无论是资本家还是作为潜在资本家的一切人，都遵循利润最大化或利益最大化的原则，因而从根本上讲，都必然过着一种颠倒了目的和手段关系的异化生活。对物的占有原本只是生活的手段，只是为了人的享受以及为了人的自由、全面发展，但在资本主义条件下成为了生活的目的本身。尽管每一个人从事劳动或生产的直接目的并非为了满足一种异化了的需要，但在资本逻辑的控制下，每个人的需要都程度不同地扭曲为异化的需要。因此，"尽管私有制本身也把占有的这一切直接实现仅仅看作生活手段，而它

---

① 马克思恩格斯文集：第五卷［M］. 北京：人民出版社，2009：683.
② 马克思恩格斯文集：第八卷［M］. 北京：人民出版社，2009：536.
③ 当然，由于无产阶级的斗争，也由于资产阶级自身的竞争，同时还由于道德的历史进步，资本主义也变得越来越"文明"，越来越要求将人作为目的而不是单纯的手段，因而越来越强调"以人为本"或人性化的经营管理原则。这诚然是巨大的历史进步。但是，这种"以人为本"或人性化的价值原则始终与追求利润最大化的资本逻辑相矛盾，而最终仍然是资本逻辑占据主导地位。因此，只有当人性化价值原则作为一种隐蔽的手段有利于更长远地实现利润的最大化时，资本逻辑才允许这种价值原则发挥作用，而当这种价值原则与资本逻辑相冲突从而不利于利润最大化这一根本目标时，它就一定会被资本家抛弃。可见，这种原本应当作为目的的价值原则，从根本上讲仍然是资本逻辑的附庸，仍然是利润最大化的工具和手段。

们作为手段为之服务的那种生活，是私有制的生活——劳动和资本化。"①

那么，资本逻辑是怎样将人的需要扭曲为异化的需要呢？无论是直接的生产者，还是产品设计者、广告宣传者、产品推销员等其他从业者，实际上都是作为生产系统某一个环节而存在和发生作用，因而每一个人实际上都是按照资本逻辑即利润最大化原则来对待别人的需要。因此，"每个人都指望别人产生某种新的需要，以便迫使他做出新的牺牲，以便使他处于一种新依赖地位并且诱使他追求一种新的享受，从而陷入一种新的经济破产。每个人都力图创造出一种支配他人的、异己的本质力量，以便从这里面获得他自己的利己需要的满足。因此，随着对象的数量的增长，奴役人的异己存在物王国也在扩展，而每一种新产品都是产生相互欺骗和相互掠夺的新的潜在力量。人作为人更加贫穷，他为了夺取敌对的存在物，更加需要货币，而他的货币的力量恰恰同产品数量成反比，就是说，他的需求程度随着货币的力量的增加而日益增长。"②这样一来，在这种表现为客观的和盲目的资本力量面前，人的主观心理也产生了变化："产品和需要的范围的放大，要机敏地而且总是精打细算地屈从非人的、精致的、非自然的和幻想出来的欲望。"③人变成了"工业的宦官"，并且总是"迎合他人的最下流的念头，充当他和他的需要之间的牵线人，激起他的病态的欲望，默默地盯着他的每一个弱点，然后要求对这种殷勤服务付酬金"④。

总之，在资本主义社会中，追求资本利润的最大化是最终的目的，而人的需要及其满足则仅仅是实现利润最大化的手段。

2. 生产的不断扩大要求消费的不断扩大。生产的不断扩大是资本主义得以存在下去的根本的和本质的前提条件，"资产阶级除非对生产工具，从而对全部社会关系不断地进行革命，否则就不能生存下去。"⑤ 而生产的不断扩大客观上必然要求消费的不断扩大，从而客观上要求一种消费主义的生活方式和价值观念。

首先，对利润最大化的追求，一方面要求生产的不断扩大，另一方面则要

---

① 马克思恩格斯文集：第一卷 [M]．北京：人民出版社，2009：189.
② 马克思恩格斯文集：第一卷 [M]．北京：人民出版社，2009：223 - 224.
③ 马克思恩格斯文集：第一卷 [M]．北京：人民出版社，2009：224.
④ 马克思恩格斯文集：第一卷 [M]．北京：人民出版社，2009：224 - 225.
⑤ 马克思恩格斯文集：第二卷 [M]．北京：人民出版社，2009：34.

求消费的不断扩大。利润的最终来源或本质，就是由工人创造而由资本家无偿占有的超出劳动力价值的那部分价值，即剩余价值。剩余价值是工人劳动的物化形式，这种物化首先要在生产领域发生，即在生产领域将劳动者的劳动不断物化在商品当中（追求利润的最终目的是追求财富，而财富的来源则不仅仅是劳动，而是劳动与自然资料的结合。因此，资本主义社会财富的不断积累和扩大，一方面需要加大对劳动者的盘剥，另一方面则需要加紧对自然的掠夺性开发。而对自然的掠夺与对劳动者的盘剥一样，都是社会不公的体现，因为那原本是人所共有的自然，现在却变成了私人开发的对象）。但这还只是剩余价值的生产，而剩余价值的实现还有待于在流通领域实现交换，即被他人购买。而购买行为能否发生与持续发生，最终取决于商品能否被人消费。因此，要产生和实现利润，就不仅要不断扩大生产规模，而且要不断扩大消费规模。

其次，从社会再生产的角度来看，生产的扩大客观上要求消费的扩大。生产、交换、分配和消费依次进行，构成了社会再生产的完整过程。其中，生产与消费是社会再生产过程中必不可少的，因而也是最为实质性的两个环节，而交换与分配则是实现生产与消费循环的中介与手段。无论一个社会采取怎样的交换和分配方式，最终都要求生产与消费按一定比例衔接与循环。生产与消费的脱节，无论是生产不足还是消费不足，都同样会引发经济萧条、社会停滞等严重的社会经济后果。在前资本主义社会中，经济萧条、社会停滞主要是由生产不足引起的，而在生产力高度发达的资本主义社会中，经济危机则主要是由消费不足所引发的。在资本主义社会中，一方面是大量的资本投入生产领域从而制造出大量商品，一方面是广大劳动者由于受到资本家的沉重剥削而日益贫穷，从而其有购买能力的有效需求亦即有效消费能力严重不足。这样一来，制造出来的大量商品由于消费能力不足而在市场上积压，从而一方面使得以商品的形式积压着的大量资金不能及时回流到生产领域，另一方面则使得继续生产由于没有销路从而也就不能实现利润而失去动力和意义。这就是资本主义经济危机。一旦发生经济危机，整个社会瞬间崩溃，大量工厂破产、倒闭，大量人口失业并陷入贫困，从而引发严重的社会危机。

为了应对、避免或延缓资本主义经济危机及其必然引发的社会危机，资本主义必须使用一切方法激起人们的消费欲望，使社会整体的消费规模不断扩大，以适应不断扩大的生产规模，从而不断地实现更大的利润追求。可见，经济危机在很大程度上改变了资本主义社会的运行模式和剥削方式，它教会了资产阶级一个道理：以往那种不顾劳动者死活进行残酷压榨的剥削方式毕竟是不能持久的，而且必然会遭到劳动者的反抗，为了实现更长远的利润最大化，就必须与劳动者"合作"，必须同时考虑到劳动者的"利益"与"需要"，以便对劳动者采取更隐蔽、更"文明"因而也更少遭到反抗的剥削方式。这种更隐蔽、更"文明"因而也更少遭到反抗的剥削方式，就是让人们不仅作为"劳动力"存在，而且作为"消费力"存在，并让人们在无尽的消费中得到"享受"，从而遗忘他们作为"劳动力"时所遭受的折磨，或至少使这种折磨得到补偿。

资本主义生产的不断扩大客观上要求消费的不断扩大，它又是如何做到消费的不断扩大呢？要使消费不断扩大，就必须一方面使人们具备扩大消费的条件，另一方面提供不断消费的动力，即不断地激起人们的消费欲望。关于第一个方面，即消费条件的提供，资本主义社会主要是通过一系列的社会保障和社会福利制度来实现，即从不断扩大的社会总体财富中拿出一部分用于社会保障和社会福利，从而提升人们的购买能力和消费能力。关于第二个方面，即消费动力的提供，资本主义社会主要是通过强大的广告传媒，改变人们的消费观念并刺激人们的消费欲望。

在物质相对匮乏的传统社会，占主导地位的是一种节俭的消费观念和消费方式。而在生产相对过剩的现代资本主义工业社会，通过各种方式和途径得到广泛宣传并从而取得统治地位的是这样一种思维方式和价值观念：节俭是一种与物质匮乏年代相适应的落后的消费观念，它不仅不能促进反而阻碍了社会经济的发展，奢侈、挥霍并非一种不利于社会经济发展的不道德的浪费，而是促进社会经济进一步发展的必要条件和根本动力，消费得越多，对社会经济发展的贡献就越大。这样一种思维方式和价值观念的确立，为消费主义的盛行扫除了道德价值观念上的障碍，接下来的任务就是在更为具体的层面上激起人们的消费欲望。

人的单纯的生理需要极为有限，而人的社会化了的心理需要、情感需要和精神需要，却没有固定的尺度。而人的生理需要却总是与社会化了的心理需要、情感需要和精神需要结合在一起，从而也脱离了有限的动物本能，变成了社会化的，因而也是不断地变化、发展着的需要。人的社会化了因而不断变化、发展着的各种需要的满足，当然要以物质财富的不断丰富为前提条件，但只有一种异化了的需要才表现为对物的无止境的占有欲望。因此，要激起人们的无止境的消费欲望，就必须诉诸于人的社会化了的心理、情感和精神需要，并尽可能地使这些需要异化为欲望。

例如，人们有彰显个性、寻求认同与尊重的需要，这些需要的满足固然要以一定的物质条件为前提，但并不必然表现为对外物的无止境的占有。真正来讲，人的个性是人的心性结构、情感倾向、精神气质等内在属性的总和，而认同与尊重则是对一个人的人格、能力、精神境界等的认同与尊重。因此，个性的彰显、认同与尊重需要的满足，并不必然依赖于财富、权势、社会地位等外在的物质性因素。但在现代资本主义条件下，这些需要都不同程度地异化为一种单纯依赖于外物的欲望，异化为无止境的消费。

个性变成了被媒体引领的时尚，然而，时尚恰恰是无个性时代的虚假个性，是对个性丧失的安慰和补偿，是无自信的个体向着总体性的寻求避难。齐美尔在关于时尚的论述中谈到这一点，"对那些天性不够独立但又想使自己变得有点突出不凡、引人注目的个体而言，时尚是真正的运动场。通过使他们成为总体性的代表和共同精神的体现，时尚甚至可以提升不重要的个体。"[①] 因此，由时尚造就的个性不过是对某种总体性、共同精神或范例的模仿，它恰恰是远离真正的、不可替代的个性以及这种真实个性的丧失。但变动不居的时尚能够带来无止境的消费，因而成为了消费时代的内在需要。

对人的认同与尊重则变成了对人所占有的财富、权势和地位的认同与尊重，而一个人的财富、权势和地位又往往通过他的消费能力和消费方式来体现。因此，对人的认同与尊重进一步异化为对人们的消费能力和消费方式的认同。一个人消费得越多、越精细，越是奢侈、浪费，他就越是得到人们的关注、认同、羡慕与尊重，尽管得到认同的并不是这个人本身，而是他的财富、权势和地位。因此，为了激起和满足人们对这种外在的、虚假的认同与尊重的需要，由资本逻辑所操纵的广告传媒总是不遗余力地对符号意义进行操控，使人们在相互的参照与攀比中陷入"心理贫困"，从而激起无止境的消费欲望。

语言是一种符号系统，能指与所指组成的符号结构形成一种意义秩序，通

---

① 罗钢，王中忱. 消费文化读本 [M]. 北京：中国社会科学出版社，2003：250.

过对比替换，意义被无限制地生产出来，形成一种系列关系。与语言结构类似，消费也是一种符号系统，物品通过符号变成功能性物品，它们实质上割裂了符号与实体的关系。物品在其使用价值的客观功能性方面，与物本身的特征或属性内在相关，具有不可替代性。但在功能性的符号意义体系中，物品只具有符号价值，变成了可以被随意替换的东西。在此意义上，消费不再与物的使用价值相关，也不再体现传统消费的个体性和主观性。"人们一旦进行消费，那就绝不是孤立的行为了（这种'孤立'只是消费者的幻觉，而这一幻觉受到所有关于消费的意识形态话语的精心维护），人们就进入了一个全面的编码价值生产交换系统中，在那里，所有消费者都不由自主地相互牵连。"① 消费品形成系列关系，消费成为沟通和交换的系统，它以编制某种社会符码的形式发生作用，吸引人们规约于符码之中，完成消费的意识形态功能。

符号操控消费，其目的是在空洞地、大量地了解符号的基础上否定真相。在波德里亚看来，广告以及其他大众传媒的宣传作用就是对需要与消费进行操控。而广告之所以能够对需要和消费进行操控，是因为广告是一种劝诱与传导，是一种"自我实现的预言"。广告的艺术就在于创造非真非伪的劝导性陈述，而它的陈述之所以能够非真非伪，则在于：第一，广告是对真实事情的"工业流水线式的重新制作"，是对真实的戏仿，并在这种"仿真"过程中消除了一切关于真实的意义和证据；第二，广告是一套自我实现的预言性话语，"广告既不让人去理解，也不让人去学习，而是让人去希望，在此意义上，它是一种预言性话语。它所说的并不代表先天的真相（物品的使用价值的真相），由它表明的预言性符号所代表的现实推动人们在日后加以证实。"② 广告是对"理想性"真实的制作与再现，因而是一种以某些原型为基础不断加工而成的理想"范例"。它超越真伪，因为并不存在原本或真实的参照物。它传导着这些范例，而这些理想范例是"不证自明"的，这些"预言性符号所代表的现实"只是要求人们"在日后加以证实"。

马克思对资本主义商品拜物教意识形态的揭示与批判，主要是从商品的交

① ［法］让·波德里亚. 消费社会［M］. 刘成富，全志钢，译. 南京：南京大学出版社，2001：86.

② ［法］让·波德里亚. 消费社会［M］. 刘成富，全志钢，译. 南京：南京大学出版社，2001：138.

换价值入手，而认为商品的使用价值取决于自身的属性，失去了一般性和普遍性的可能，与资本主义生产矛盾以及商品拜物教没有必然的关系，因而没有什么神秘性。但在波德里亚看来，不仅商品的交换价值，而且商品的使用价值作为一种抽象的有用性，同样也是一种被物化了的社会关系。不管具体的商品具有怎样的具体功能，就其作为一种"有用性"本身而言，使用价值也是一种抽象。"它是需求体系的抽象，遮蔽在具体的目的与使用的虚假外表之下，是物品与商品的内在目的。"① 就像交换价值的基础是抽象劳动一样，使用价值体系的基础是需求。而在消费社会中，需求不再是对物的功能性的需求，而是对物所承载的意义的需求，本质上也就是对社会区别和差异的需求，亦即对人们的身份和社会地位的区别与差异的需求。使用价值被抽象为某种符号以后，以往所表征的人与物的关系转化为人与人的社会关系，在需求体系这一符号系统中，它本身同样可以产生使用价值拜物教。在波德里亚看来，正是交换价值的拜物教化和使用价值的拜物教化这两个物化过程的结合，共同组成了商品的拜物教。

　　商品使用价值的符号化，也就是使用价值的社会化过程。在这一过程中，人们从各种不同商品的具体功能中抽象出一般的"有用性"，以作为商品的基本的两个因素，即价值和使用价值。在这里，使用价值脱离了商品原本具有的属性，变成了一般的"有用性"。进而，人们在这个抽象的有用性基础上又赋予商品一些它本身所不具有的象征意义。商品所承载的这些象征意义与商品原本所具有的具体功能属性没有必然的联系，它是人们从外部强加给商品的。一辆豪华轿车，它或许在性能上更优越，但这种性能上的优越并非它的最重要的本质属性，从而也并非是人们购买和消费它的最主要的原因。豪华轿车所承载的社会意义，例如，它是富贵、权势、品位和社会地位的象征，才是人们看重它、购买它和消费它的最重要的原因。

　　总之，在生产相对过剩的现代资本主义工业社会，为了实现利润的最大化，客观上需要不断地扩大社会消费，而通过人们消费观念的转变，通过对符号意义的操控，它找到了将人们的需要转化为无止境的消费欲望的方式、方法和手段，从而实现了消费主义操控社会生活的功能。

---

① 　Baudrillard，J. Fora Critique of the Political Economy of the Sign. Tr Charles Levin. Telos Press：131.

第二节 生活方式的异化

人们以一定的方式建构他们的社会关系和他们的社会生活，而这种方式最终是由一定的生产方式决定的。"个人的一定的活动方式，是他们表现自己生活的一定的方式、他们的一定的生活方式。个人怎样表现自己的生活，他们自己就是怎样。因此，他们是什么样的，这同他们的生产是一致的——既和他们生产什么一致，又和他们怎样生产一致"。① 因此，在资本主义生产方式下，人们的社会关系和生活方式，就一定是由资本决定了的社会关系和生活方式，而这种社会关系和生活方式是抽象的。这种抽象的社会关系和生活方式，是消费主义得以盛行的社会文化条件，它既为消费主义的盛行提供了可能，也提供了必要性。

一、社会关系和生活方式的抽象化

一定的社会关系和生活方式，不仅是人们获得生存资料的方式和手段，同时也是人们获得自我理解、社会认同和意义安顿的方式和手段。因此，人们如何理解自我，如何进行社会认同以及如何安顿自身的生命意义，取决于他们所建构起来的一定的社会关系和生活。正是在这个意义上，马克思将人的本质的现实性归结为"社会关系的总和"②。而在资本主义条件下，由于生产方式本身是一种由资本逻辑所操控的抽象的社会化生产，因而资本主义社会中人们的社会关系和生活方式也是抽象的，从而他们的自我理解、认同方式以及意义安顿方式也是抽象的。由资本宰制的现代资本主义社会关系和社会生活的抽象化，一方面表现为社会关系和社会生活的普遍物化，一方面表现为社会关系和社会生活的孤立化、碎片化、动荡化。

---

① 马克思恩格斯文集：第一卷 ［M］．北京：人民出版社，2009：520．
② 马克思恩格斯文集：第一卷 ［M］．北京：人民出版社，2009：505．

1. 资本逻辑导致社会关系和社会生活的普遍物化。作为有肉体组织的自然生命存在，作为从事着对象性活动的对象性存在，人的生存和他的一切活动最终都离不开一定的物质基础，"物"因此而构成了社会关系和社会生活所必不可少的基础性条件。但这并不意味着人类的社会关系和社会生活必然是一种物化的关系和生活。在物质生活的基础上，真正给人以尊严和意义的，不是对物的单纯的占有与享受，而是人们的情感和精神通过伦理性的社会关系和社会生活而得到的表现、确证、理解与认同。情感和精神当然离不开物质利益，"'思想'一旦离开'利益'，就一定会使自己出丑"①，但情感和精神又是超越于物质利益的。并且正因为情感和精神是超越于物质利益的，才能对物质利益关系进行有效的规范，才能给人以尊严和意义的安顿。就此而言，物质利益只具有手段的价值，而旨在彰显人的个性、本质力量并从而寻求理解与认同的情感和精神生活，则是目的本身。

所谓"物化"，是指这样一种现象：人与人的价值关系"在人们面前采取了物与物的关系的虚幻形式"②，或者说，物与物的关系掩盖了人与人的关系。因此，当我们将一种社会关系和社会生活形态判定为"物化的"关系和生活时，是指在这种社会关系和社会生活中，作为生活手段的物质利益成为了目的，而作为生活价值目的的情感和精神则变成了谋求物质利益的手段，或至少被物质利益所压抑。而在资本主义社会，资本作为一种强大的、盲目的不可控力量，全面地宰割了人们的社会关系和社会生活，使得人们的一切关系和一切活动都必须遵照资本的逻辑，才能得以建构或取得效果。正如马克思在评论一切社会形式中占主导地位的生产和生产关系对其他生产和生产关系的决定性影响时所说的那样，"这是一种普照的光，它掩盖了其他一切色彩，改变着它们的特点，这是一种特殊的以太，它决定着它里面显露出来的一切存在的比重。"③ 资本正是这样一种普照的以太之光，它掩盖了资本主义社会中一切关系和一切活动，使它们按照资本的逻辑进行，并根据它们能够被资本化的程度来决定它们在社会关系和社会生活中的地位，即决定它们的"比重"。当然，

① 马克思恩格斯文集：第一卷 ［M］. 北京：人民出版社，2009：286.
② 马克思恩格斯文集：第一卷 ［M］. 北京：人民出版社，2009：48.
③ 马克思恩格斯文集：第八卷 ［M］. 北京：人民出版社，2009：31.

资本主义社会同样也把资本的占有"仅仅看作生活手段"，但资本"作为手段为之服务的那种生活"，本身"是私有制的生活"①，亦即资本化的生活和物化的生活。

资本逻辑所导致的资本主义生活的物化，表现在各个方面：

首先，资本主义社会的生产或劳动方式是抽象的和物化的。传统社会中农业生产或手工业劳动，尽管也包含着一定程度的社会化分工，但就其具体形态而言，占主导地位的仍然是一种个人的、具体的和相对完整的劳动。在这种生产或劳动中，劳动者对自身的劳动过程、劳作方式和劳动产品有较为个性化的选择和较为直观的感知，从而劳动本身还具有一定程度的自由和个性的色彩。尽管由于受到谋生需要以及生产力水平等因素的客观限制，这种劳动或生产还远远谈不上是以确证人的本质力量为目的的"自由自觉的活动"。而在现代资本主义社会中，劳动的性质发生了根本变化，它是社会的而非个人的，抽象的而非具体的，强制的而非自主的，片面的而非完整的。其一，劳动的目的是生产能够在市场上进行交换的商品，以便实现交换价值并从而实现利润；而商品要能在市场上交换，就必须满足他人的需要，但这个"他人"及"他的需要"不是特定的，而是被抽象化为"社会"和"社会的需要"。因此，为了交换和利润而进行的劳动生产，是抽象的和不自主的，生产什么、生产多少、用什么生产以及如何生产，等等，实际上根本不是由生产者、劳动者决定，而是由抽象的社会需要决定，亦即由抽象的市场决定。其二，在现代机器大工业的流水线作业中，劳动者只是作为机器的一个环节、一个部件，屈从于僵硬的机械分工和僵死的机械规律，这种完全按照物的机械要求而进行的物化劳动，简单、机械、片面、枯燥而毫无创造性和乐趣，是对人性的巨大摧残。其三，由于商品生产不是为特定的他人的需要或抽象的社会需要而进行的生产，劳动者就不能自由地面对他的产品，而只能按照僵死的资本逻辑来处理他的产品。其四，甚至一些自主的创造性活动，如科学研究和艺术创作，也在资本力量的裹挟下异化为以赢利为目的的商品生产活动。

其次，人与人之间的社会关系由于资本的宰制而成为了一种外在的物化关

---

① 马克思恩格斯文集：第一卷［M］．北京：人民出版社，2009：189.

系。在分工协作的社会关系中，人与人之间当然包含着物质利益分配关系，但在此基础上也包含着情感认同和精神交往等非利益关系。然而，在资本主义条件下，由于作为生存和发展必要条件的一切物质产品的提供都采取了商品化的市场交换方式，人们的生存和发展就普遍地依赖这种抽象的市场交换，从而使得人与人之间的一切关系都异化为单纯的利益关系，或者说，异化为单纯的交换关系和外在的相互利用关系。这并不是说资本主义条件下，人们没有情感和精神需要，而是说这些需要的满足都变成了对商品的消费。而情感认同和精神交往本质上不是一种互为手段的利用关系，而是一种互为目的的自由、平等关系。因此，当人们的情感和精神需要的满足采取商品消费的方式来予以满足时，这种满足是外在的、物化的和虚幻的，因为提供商品或服务的提供者，真正关注的并非商品或服务的购买者或消费者的情感或精神需要，而是购买者或消费者为满足这一需要所支付的代价，即资本或利润，从而商品或服务的购买者或消费者的情感和精神需要并未得到真正满足。在这种普遍物化的社会关系中，人们之间的交往是一种相互竞争又相互利用的利益交往，而不是一种内在的自由、平等交往。

最后，由于人们的一切需要的满足普遍地依赖于抽象的市场交换，而商品生产者或提供者所真正关注的并非人们的需要本身，而是这一需要的满足所带来的利益，因此，人们就受到这种抽象的资本力量和市场力量的宰制，从而一方面被不断地激起虚幻的需要，一方面需要被扭曲为对物的无止境的占有欲望，即扭曲为物化了的需要。市场交换是资本主义生产关系得以维系的必要条件，同时也是人们的生存和发展需要得以满足的主要手段。人们生产的商品在市场上交换得越多，他们获得的利润就越多，从而他们自身的需要得到满足的可能性就越大。而要使商品在市场上得到交换，就必须激起人们的需要，从而产生消费和购买欲望。因此，为了获取更多的利润，从而获得自身需要的越多满足，就必须不断地激起他人更多的需要和更大的消费欲望，而不管这些需要是不是他人的真正需要，也不管这些需要的满足对他人是否真正有利。另一方面，他人的需要对商品生产者或提供者而言，始终是外在的、抽象的和不可真切把握的，因而他们只能根据抽象的市场需求来安排自己的生产，或者根据自己的商品强行"制造"出市场需求。这样一来，商品生产者或提供者所诉求或"制造"出来的需求，与人们的实际需要之间就必然存在矛盾，从而必然将人们的需要导向扭曲和异化。

总之，无论是人们的生产劳动还是人际交往活动，抑或是人们的需要和需要的满足，都受到了资本力量的全面宰制，从而使得社会生活全面地物化了。社会生活的这种全面物化，在哈贝马斯看来，就是遵循目的理性原则的经济子系统对遵循价值理性原则的生活世界的"殖民化"。

2. 普遍的竞争导致社会关系和社会生活的孤立与动荡。一切私有制条件下的社会关系，本质都是竞争性的社会关系。但在传统社会中，一方面，由于采取的是小私有制条件下的自给自足生产方式，人们主要是通过自主劳动的方式，或者通过以社会特权为后盾的直接占有的方式，而不是通过市场交换的方式，来获取自身生存和享受的物质条件，因而人与人之间的竞争毕竟还是潜在的和间接的。另一方面，占主导的是一种依附性的宗法血缘关系，人们的生存和发展依附于家庭、家族或其他共同体，依附于身份、地位比自身优越的长者或其他社会特权人士；反过来，家庭、家族或其他共同体以及身份、地位相对优越的长者或其他社会特权人士，对其依附者也负有一定的照顾和保护责任，因而人与人之间潜在的竞争关系，仍然被这种直接现实的依附关系所压倒。而现代资本主义社会，一方面，大私有制对小私有制的取代使得大量人口丧失了生活资料和生产资料而成为了一无所有的无产阶级；另一方面，传统的依附性的宗法血缘关系被斩断，人们丧失了以往的社会关系所提供的庇护与照顾，成为了除了一无所有而又被要求自谋生路的"自由人"。这样一来，人们的劳动以致他们的生存与发展完全依赖于资产阶级，依赖于盲目而不可控的资本，以及依赖于抽象的市场交换。不仅那些丧失了生活资料和生产资料的无产阶级，而且那些拥有生活资料和生产资料的资产阶级，也同样依赖于资本和市场并从而必须在激烈的市场竞争中获胜，才能维持和巩固自身的资产和社会地位。因此，在资本主义社会，所有人都被无情地卷入普遍而激烈的市场竞争当中，通过竞争来决定自身的生存、发展和命运。这种普遍而激烈的竞争，不可避免地造成了社会关系和社会生活的孤立与动荡。

首先，资本主义所成就和所宣扬的"自由的个人"，实质上是一种由于普遍的竞争而脱离了社会关系的"孤立的个人"。在资本主义社会中，作为生存和发展资料的社会财富，不像传统社会那样以直接的个人财富的形式存在，而是以抽象的社会财富的形式存在，而每一个人都必须通过竞争性的市场交换，才能将抽象的社会财富转化为能够作为自身生存和发展条件的具体的个人的财富。因此，尽管资本主义采取了集中的和大规模的社会化生产方式，尽管表面看来，越来越多的人集中在一起生活并越来越多地相互合作、相互依赖，但实际上每一个人的利益都是分化的、竞争的和对抗的。面对表现为资本和市场的抽象社会力量，不仅人们的生存是孤立的，而且他们的情感和精神也同样是孤独的。出于交换的需要，每一个人在形式上都必须关注他人，关心他人的每一个现实的和潜在的需要，并热情地激发每一个人的欲望。但没有人真正发自内心地关注他人的生死与命运、情感与精神，每一个人都相互利用、互为手段。在这样的社会中，人们不再关心他人和普遍的事物，"每个人都以自身为目的，其他一切在他看来都是虚无"①。黑格尔因此而将资本主义市民社会判定为一个"中介的基地"，在这一基地上自由地活跃着的是一切有关出生和幸运的偶然性，以及汹涌澎湃的特殊性激情的巨浪。"受到普遍性限制的特殊性是衡量一切特殊性是否促进它的福利的唯一尺度。"② 马克思也同样认为，资本主义社会中的这种个人自由，不过是形式化的自由，自由作为一项资产阶级人权，是建立在人与人相分隔基础上的"狭隘的、局限于自身的个人权利"，因而"这种自由不是把他人看做自己自由的实现，而是看做自己自由的限制"③。

其次，普遍的竞争导致了现代资本主义工业社会不断的动荡与流变，并从而使人们成为了境遇化和碎片化的存在。竞争是资本主义社会的本质特征，是资本主义社会中人们的生存手段和存在方式。只有通过竞争并在竞争中获胜，人们才能生存，他们的社会地位才能维持并得到巩固和提升。资本主义竞争的实质是对资本的竞争，即实现利润最大化。在利润的驱使下，在竞争的压力下，资本主义社会形成了一种常规的、普遍的、抽象的、不以人的意志为转移的社会性力量，即抽象而盲目的资本力量。这种盲目的资本力量迫使资本主义

---

① ［德］黑格尔. 法哲学原理 ［M］. 范扬，张企泰，译. 北京：商务印书馆，1961：224.
② ［德］黑格尔. 法哲学原理 ［M］. 范扬，张企泰，译. 北京：商务印书馆，1961：225.
③ 马克思恩格斯文集：第一卷 ［M］. 北京：人民出版社，2009：41.

社会中的每一个人，都致力于生产、管理、销售，人际关系以及思想观念等社会生活的各个方面的不断变革，以使之更具竞争力，从而更有利于实现利润最大化。

在这样一种不停地动荡和流变着的现代资本主义工业社会中，人们既不能对他们的人生命运进行总体把握，也难以在人格、价值观方面有所坚守，从而成为了一种丧失了自我同一性的境遇化和碎片化存在。一方面，自我同一性是形成相对稳定的人格和价值观的必要基础，从而也是避免人生境遇化、碎片化的基础。但另一方面，自我同一性的形成与巩固不仅有赖于人格的锻造和价值观的认同，而且更是主体自我与外界环境相互作用的生活体验过程及其结果，能否形成巩固的自我同一性，从而形成相对稳定的人格和价值观，在很大程度上取决于外界环境，相对稳定的外界环境是自我同一性形成和巩固的一个重要条件，而过于动荡的外界环境则不仅不利于自我同一性的形成与巩固，甚至可能冲击和瓦解业已形成的人格同一性。而现代资本主义工业社会，作为外界环境，是抽象的、动荡的、流变的、偶然的和不可控的。在这样的环境中，人们对明天、对未来难有稳定的期待，对自己的人生命运难有总体把握，从而也就难以形成稳定的自我同一性。

二、社会关系和生活方式的抽象化对消费的影响

一方面，作为社会性存在物，人的需要绝不仅限于单纯的肉体生存，同时还有享受、交往、理解、尊重、认同、彰显个性、寻求自由、安顿意义等各方面的需要。但并非人的所有需要的满足，都必然要采取消费的方式。相反，很多需要恰恰不能通过消费的方式得到真正意义上的满足，只是当这些需要不能通过正当的途径加以满足时，人们才错误地选择了消费的满足方式。另一方面，消费始终是在一定观念指导下的消费，而人们的思想观念又主要是由他们的现实的社会关系和社会生活方式决定的。从这两个方面来看，现代资本主义社会关系和生活方式的抽象化，必然对人们的消费观念和消费行为产生重要影响。

1. 抽象的社会关系和社会生活对意义和价值的消解。当我们说到人的价值时，往往包括社会价值和自我价值两个方面。所谓社会价值，是指某一个体

的存在对他人（或作为他人之抽象集合的社会）的正面的、积极的作用与影响，亦即对他人或社会的"有用性"，但绝不能庸俗化为单纯物质利益层面的"有用性"。关于什么是自我价值，却往往很难清楚表达。如果参照关于社会价值的定义，我们也可将自我价值表述为"某一个体的存在对其自身的'有用性'"。但"个体的存在对其自身的'有用性'"又是什么意思呢？或许可以这样理解：在这句话中，"个体的存在"是指个体的具体的存在和行为，而"其自身"则指的是个体的人生整体。因此，这句话就可以换种方式表达为：一个人具体的存在方式和行为方式对其人生整体有什么样的作用与影响。其实，无论怎样表达，"自我价值"所要表达或追问的是这样的问题：人为什么活着？怎样的人生才是值得经历的？或者说，人的自我价值问题，本质上就是人生意义问题。①

人的价值与物的价值的根本区别在于，人有为他的价值，更有自为的价值，不仅作为手段存在，而且更作为目的而存在。因此，对于个体而言，自我价值比社会价值更基本、更重要，因为自我价值更加彰显了个体的独立性和自为性，更加体现了人们对自身的根本的、总体的和终极的理解。但是，人的自我价值和社会价值又是统一的，因为人的自我价值不能离开社会价值而得到实现。自我价值或人生意义问题，本质上涉及对"自我"的终极理解，因而本质上就是一个对"自我"的确证问题。但"自我"的确证并不是孤独个体在纯粹主观范围内的自我确认，因为个体及其主观意志是有限的，而有限的事物不能对自身进行终极性的确证，所以这种纯粹主观的自我确认是无效的和虚幻的。一个人的人格、意志或自我，只有得到自身之外的其他独立的、平等的和自由的人格、意志的承认，才能得到真正有效的确证，因为其他人格、意志超越了个体人格和个体意志的有限性。因此，人生价值的实现，人生意义的安

①　就其都解释为"作用"这一点而言，"意义"和"价值"是含义大致相同而又有细微差别的两个概念。当我们使用"价值"这一概念来表达"作用"这一含义时，更多的是指某一事物对另一事物的作用。而当我们使用"意义"这一概念来表达"作用"这一含义时，更多的是指某一事物对其自身的作用。因此，当我们表达个人对社会的作用时，往往说"个人的社会价值"，而一般不说"个人的社会意义"，而当我们表达个人对其自己的人生的作用与影响时，既可说"人生价值"，也可说"人生意义"。当然，这种区分并非绝对的，更多的只是一种使用习惯上的差异，在大多数情况下还是可以通用的。

顿，或个体的自我确证，实际上是相互自由、相互平等的不同个体人格、意志之间相互的理解、承认与认同，并通过这种相互的理解、承认与认同而扬弃了个体的有限性。而一个人只有通过社会性的交往活动，为他人提供服务或创造价值，才能体现自身的价值，才能得到他人的理解、承认与认同，才能扬弃自身的有限性从而安顿自身的意义。

由此可见，人的意义和价值及其实现，本质上依赖于人与人之间真正自由、平等的社会交往，以及在这种交往中达成的相互理解、相互认同。这种理解和认同，既可能在两个或多个个体之间发生，也可采取这样的形式，即个体对某种公认的社会价值的认同，而这种公认的社会价值必须体现人与人之间的自由与平等。但是，现代资本主义社会根本没有提供让人们在其中自由、平等交往的环境和条件。一方面，在现代资本主义条件下，人与人之间的关系是外在的、抽象的、分化的和对抗的，在这种关系中，人们根本不可能进行真正自由和平等的社会交往，而只能是一种相互外在的竞争和对抗，从而不可能在个体间发生真正意义上的相互理解与认同。另一方面，资本主义社会占主导地位的价值观念，是一种屈从资本逻辑的物化价值观念。这种物化价值观念将每一个个体看作是相互孤立的原子，同时使这相互孤立的原子式个体屈从于对物的无止境的占有欲望，并且根据人们占有的财富或资本的多寡而制造出社会身份地位的等级差别，因而个体也不能通过对这种物化价值观的认同而扬弃自身的有限性，亦即不能通过对这种物化价值观的认同达到自我价值的实现或人生意义的安顿。因此，现代资本主义条件下的社会关系和社会生活，无论从个体间的相互认同角度来看，还是从个体对社会价值观的认同角度来看，都不能提供真正意义上的价值认同和意义安顿，从而从根本上消解着人们生活的意义和价值。

2. 抽象的社会关系和社会生活导致普遍的焦虑与不安。作为一种有意识的社会性存在，人不仅要求得肉体的生存，而且要求得情感的归属、价值的实现和精神的安顿。如果人们的情感和精神找不到归属或得不到安顿，就必然产生焦虑和不安。而在抽象的现代资本主义社会关系和社会生活条件下，不仅人们的生存面临着普遍而激烈的竞争，而且人们的情感和精神也同样得不到安顿。因此，生活在现代资本主义工业社会中的人们，必然处于普遍的焦虑与不安情绪当中。

　　现代资本主义工业社会尽管创造了前所未有的物质财富，尽管人们在这个"丰盛"的物质社会中事实上也占有大量的物质财富，但由于人们对社会财富的占有是通过普遍的竞争性市场交换实现的，因此，人们在这"丰盛"的表象下，体验到的却是无限的贫乏，以及由此造成的普遍的焦虑与不安。普遍的竞争本身就表明资源的匮乏，并不断地强化这种匮乏。这种匮乏是无限的，因为它并不是物质资源本身的匮乏，而是物质资源相对于无止境的欲望而产生的"心理贫困"。而这种无止境的欲望或"心理贫困"，正是通过在不对等的社会关系中的相互参照、相互攀比而产生的。不对等的社会关系本身是社会竞争的产物，但又反过来加剧了社会竞争。人们根据占有的财富或资本的多寡而在不对等的社会关系中占据一定的社会身份地位，但这个社会身份地位是不稳固的，因为人们拥有的财富或资本本身是通过竞争获得的，因而从根本上依赖于各种不可控的偶然因素和必然因素。在这个流动着的社会财富体系以及由此决定的动荡的社会关系中，每一个个体都必须在普遍而激烈的社会竞争中占据更有利的位置，以免自身的生存和社会身份地位受到威胁。因此，人们对物的占有欲望以及对社会地位的追求，就必然是无限度的，无论拥有多少财富，也无论占据多高的社会地位，既不是稳固的，也不是最多或最高的。此外，无论社会总体财富如何增长，都无法消除人们对物质匮乏的担忧与焦虑，因为在竞争性的社会关系中，财富的分配不仅不是对等的，而且恰恰体现了一种富者越富、穷者越穷的"马太效应"。

　　但人们的焦虑与不安，不仅仅产生于生存竞争的压力，而且更多地产生于情感和精神上的无归属状态。

　　情感需要是一种相互交流、相互认同以及相互依赖的需要。尽管情感交流往往要借助于物这样一种外在的媒介，但不能将外在物的价值或使用价值作为衡量主体间情感的标准，更不能将情感需要等同于物质需要，将情感交流等同于物质交换。情感需要根源于人在自然寿命、实践能力、认识能力等各方面的有限性，根源于其在现实生活中所遭遇的各种偶然的和必然的苦难与不幸。一方面，对生老病死及未知世界的担忧与恐惧，对现实生活及未来生活的不满与焦虑，这些都是单个个体所难以承受的，因而需要有他人的共同分担，才能获得一种相对的心理安全。另一方面，人们在现实生活中由于避开或战胜了苦难与不幸，以及由于取得了某种生活成就——无论什么成就，也无论成就大小——所产生的满足、快乐和喜悦，也需要有人分享，以便在他人的分享中确证自身是真的避免或战胜了苦难与不幸，以及确证自身所取得的成就。因此，情感需要就是需要有人分担我们的担忧、恐惧、不满、焦虑，等等，也需要有人分享我们的满足、快乐和喜悦，等等。而情感交流就是对担忧、恐惧、不满、焦虑等不良情绪的共同的或相互的分担，以及对满足、快乐和喜悦等正面情绪的共同的或相互的分享。

情感交流是情感需要得到满足的最根本方式，而情感交流是相互的。但是，在现代资本主义抽象的社会关系和社会生活中，人们只是用一种商品交换、商品消费的方式，亦即只是用一种主客对待的方式，来处理情感问题。只是单方面地要求自己的情感得到他人的分担和分享，却忽略了情感的相互交流。当人们将情感看作是一种能够用购买或交换的方式来加以占有的物或商品时，在这种对情感的占有方式中，情感购买者单方面地要求自己的情感得到情感出卖者的承认与认可，但没有相应的情感交流和情感付出，作为对情感出卖者的回报，情感购买者向情感出卖者支付货币以作为交换。但实际上，不仅情感出卖者的情感受到了压抑，而且情感购买者所获得的情感认同也完全是虚假的。一旦情感商品化了，它就是不真实的。人们可以购买到各种"甜蜜的微笑"、"热情周到的服务"以及"无微不至的关怀"，但这些东西不是发自内心的，这些东西的提供者所要达到的真正目的也并非情感购买者的情感愉悦，而是为了以此换取货币。

情感交流可以有很多方式，语言、眼神以及各种肢体动作，都可以传达人们的情感。当然，人们也可以借助物这一中介，甚至有时必须借助物的中介，来表达自己的情感。但如果人们只会以物的方式来表达感情，那恰恰说明人们要么不懂真正的感情，要么根本就没有真正的感情，再要么就是真正的感情被压抑了，被对物的占有欲或对利益的考量所扭曲了。情感交流应当是一种不掺杂利益考量在内的最内在、最真实的内心交流，感情的真假、深浅不能仅仅用物的价值或使用价值的大小来加以衡量。但在抽象的、物化的社会关系和社会生活中，人们或许希望在情感上得到他人的承认与认同，但同时又误认为情感可以用物的方式，甚至只能用物的方式来表达和交换，物的交换因此而代替了真正的情感交流。并且正因为人们误以为情感需要能够通过购买和交换而得以满足，而购买和交换又需要物质基础，所以他们就拼命地抓住物质利益不放，并且为了物质利益而放弃了情感的相互交流。而当人们感到有情感需要时，他们就以购买或交换的方式来予以满足，但这种购买或交换来的虚假情感毕竟不能满足真正的情感需要，这种不满足状态又迫使他们更多地去购买或交换。但无论人们"消费"多少这种购买或交换得来的情感商品，他们的真实的情感需要始终不能得到真正的满足。人们可能会有许多利益相关的所谓"朋友"，但当他们真正需要有人分担或分享时，却找不到一个真正可以倾诉或分享的朋友，从而经常感到内心的孤独。表面的热闹背后隐藏着深沉的内心孤独。这是资本主义社会中人们普遍陷入焦虑与不安的一个十分重要的深层根源。

作为有意识的精神存在物，人与人之间还存在着精神交往联系。当然，人的意识或精神原本就是在人们的社会交往中产生、形成和发展起来的，并且反过来说也一样，人们的社会交往原本也就是一种包含着人的意识在内的关系，这种关系不同于动物之间的关系。马克思在谈到意识的起源时指出，"但是这种意识并非一开始就是纯粹的'意识'。'精神'一开始就很倒霉，受到物质的'纠缠'，物质在这里表现为振动的空气层、声音，简言之，即语言。语言和意识具有同样长久的历史；语言是一种实践的、既为别人存在因而也为我自身存在的、现实的意识。语言也和意识一样，只是由于需要，由于和他人交往的迫切需要才产生的。凡是有这种关系存在的地方，这种关系都是为我而存在的；动物不对什么东西发生'关系'，而且根本没有'关系'；对于动物来说，它对他物的关系不是作为关系存在的。因而，意识一开始就是社会的产物，而且只要人们存在着，它就仍然是这种产物。"①

精神本质上是一种普遍性，它一方面超越纯粹的感性杂多而获致一种自我决定的普遍自由状态，另一方面超越了纯粹的个体私人性而建立起人与人之间普遍的自由、平等关系。或者说，只有当个体将他人和自身的各种感性的特殊性扬弃了并从而把握一种普遍的本质时，个体与他人才能据此而建立起普遍的

① 马克思恩格斯文集：第一卷 [M]. 北京：人民出版社，2009：41.

精神联系，亦即将他人看作是与我相平等的自由的主体。只在这种普遍的精神联系基础之上，人才能获得更高层次的精神自由和精神生命，才能扬弃个体的有限性而实现意义和价值的安顿。现代资本主义的抽象社会生活中所缺乏的，正是这种理论思维的普遍性高度，它所忽略的也恰恰就是建立在这种普遍性基础之上的主体间的精神联系，以及在这种普遍的精神联系基础之上的个体的精神自由和精神生活，从而它所不能实现的也恰恰就是有限个体的意义和价值安顿。对物的占有与消耗，诚然也是对物的一种征服。但这种征服还不是真正的主体自由，因为在这种占有与消耗中，主体的意志还局限于它的对象之中，因而仍然是受约束的。"把自己完全局限于一定事物的意志是固执者的意志，他不具有这种意志时，就感到不自由了。但是自由是不受某种局限的东西的约束的，它必然要越此前进，因为意志的本性不是这种片面性或约束性；至于自由是希求某种被规定的东西，但却在这样一种规定性中：既守在自己身边又返回到普遍。"①

在资本主义社会中生活的人们，诚然也希冀与他人建立某种社会关系，希冀在社会关系中建构起自己的某种身份并得到他人和社会的认同。但一方面，在抽象的和物化的社会关系中生活的人们，要建构起的那个身份或者说所持的自我理解，不具有确定的精神性内容，它过分地依赖于物和资本，依赖于偶然的和经验性的外在境遇，因而只能随着这些外在事物的偶然变动而随机地游移不定。另一方面，在抽象的和物化的资本主义社会生活中的人们，对自身身份的建构方式也是一种自我中心的和主客对立式的。主体的身份必须得到其他主体的承认或认同才是现实的。但主体间身份的相互承认或相互认同，不能仅仅依赖外在的符号标记，也不能是单方面的。在资本主义社会关系和社会生活中，人们不是通过彼此的精神交往来达到身份的相互确认，而是通过一种对外在的标记的共同承认，即对个体所占有的物以及这一占有物所承载的符号意义的共同承认，来实现身份的建构与认同。但是，物和物所承载的符号意义系统本身是一种相互参照的无内容的纯粹形式，这种纯粹形式所遵循的相互参照原则所造成的"心理贫困"，使得以这种方式得以建构起来的身份变成了一种始

---

① ［德］黑格尔．法哲学原理［M］．范扬，张企泰，译．北京：商务印书馆，1961：19.

终处于游移不定状态的虚幻的东西。因为这种身份始终不是这个或那个具体的个人的身份，而是一个相互参照的符号意义系统中不可确定的函数关系。可见，精神上的"无家可归状态"是导致资本主义社会中人们普遍焦虑与不安的另一重要根源。

3. 消费异化是对抽象社会关系和社会生活的安慰与补偿。人们在现代资本主义抽象的社会关系和社会生活中所遭受的压抑和苦难，所体验到的虚无与焦虑，都需要通过某种方式得以转移、缓解、安慰与补偿。而消费正是一种试图转移、缓解、安慰和补偿人们所遭受的压抑、苦难、虚无和焦虑的总体方式。但正因为消费也只是对苦难的转移、缓解、安慰和一种虚假的补偿，它不但不能解除，反而掩盖了人们所遭受的苦难，所以它是消费的异化，是资本主义的意识形态。

首先，消费是对人们在劳动生产过程中所遭受的压抑和苦难的安慰与补偿。根据马克思的观点，劳动应当是人的本质力量的体现与确证，因而作为一种"自由自觉的活动"应当同时是人的享受。但在资本主义雇佣劳动中，人们的劳动"不是肯定自己，而是否定自己，不是感到幸福，而是感到不幸，不是自由地发挥自己的体力和智力，而是使自己的肉体受到折磨，精神遭摧残"，这种"强制劳动"不是"满足一种需要，而是满足劳动以外的那些需要的一种手段"，因此，"只要肉体的强制或其他的强制一停止，人们就会像逃避瘟疫一样逃避劳动"。① 但是，为了追求利润的最大化，资本主义必须不断扩大生产，因而人们不仅不能逃避劳动，而且必须更多地劳动。人们在劳动生产中遭受的强制、压抑、苦难、折磨、牺牲，就只能通过消费得以补偿：劳动是强制的，而消费则是"自由的"；劳动是紧张的和压抑的，而消费则是轻松的和舒适的；劳动是折磨，而消费则是"享受"；劳动是牺牲，而消费则是回报；劳动是不幸，而消费则是"幸福"；劳动是"为他的"，而消费则是"为己的"。人们既是"劳动者"，又是"消费者"；既是"劳动力"，又是"消费力"；并且，人们越是"劳动者"，他们就越要求同时是"消费者"，以补偿作为"劳动者"所遭受的苦难与折磨；而人们越是作为"消费者"存在，他们

---

① 马克思恩格斯文集：第一卷 ［M］. 北京：人民出版社，2009：159.

就越是被要求作为"劳动力"而存在。这样一来，人们就扮演了双重角色，发挥了双重功能，使得资本主义生产关系和社会关系得以不断地再生产出来，并且是扩大再生产出来。

其次，消费同时也是对人们在社会关系中所遭受的不平等待遇的释放与补偿。在资本主义兴起之时，它将"平等"作为对抗封建主义的意识形态力量之一，因此，平等成为衡量资本主义制度合法性的标准之一，并成为资本主义社会为使阶级矛盾处于潜在状态而不至于爆发出来所使用的工具之一。但是，资本主义不可能有真正的平等，它只能提供形式上或表面的平等，只能让平等充当它的意识形态。资本主义社会中人的地位仍然是由他在生产关系中的地位决定的，为了补偿人们在生产中的受压迫、受剥削地位，资本主义采取了福利制度，并宣称在资本主义社会里的人们因此是同等幸福的。这样一来，人实质上的地位不平等被获得幸福方面的平等所取代、所遮蔽。而平等意识一旦侵入幸福领域，幸福就必须是可测量的，因此，幸福被进一步等同于福利，而福利被等同于对物的占有和消费。"自工业革命和 19 世纪革命以来，所有的政治的社会的毒性移转到幸福上。幸福首先有了这种意识意义和意识功能，于是在内容上引起了严重后果：幸福要成为平等的神话媒介，那它就得是可测之物，必须是物、符号、'舒适'能够测得出来的福利。……这种独立于众人眼里表现它的符号之外的幸福，这种不需要证据的幸福，作为完全的或内心享受的幸福，一下子被排除到了消费的理想之外。"①

消费不仅制造了"幸福平等"的神话，同时也制造出关于自由和尊严的神话。在劳动生产过程中，劳动者是不自由的和没有尊严的，因为他要听命于他人、听命于抽象的社会需要、听命于资本和市场，还要作为一个环节性要素屈从于抽象的分工和机械流水线。而在消费时，人是"自由"和有"尊严"的，可以作为"主人""任意"地选择、处置他所购买的消费品，同时还可以作为"顾客—上帝"而得到"关注、赞赏和尊重"。人们甚至还可以通过消费"消除"或掩盖事实上存在着的社会地位的不平等，因为他们有"权利"拥有

---

① ［法］让·波德里亚. 消费社会［M］. 刘成富，全志钢，译. 南京：南京大学出版社，2001：34.

那些社会地位高的人们同样的方式消费同样的东西，尽管这可能只是"权利"而已。

再次，消费可以"塑造"人的"个性"，从而为那些事实上没有什么个性的人提供安慰与弥补。在资本主义抽象的社会关系和社会生活中，人们事实上处于一种被压抑的无名状态，因而是没有个性的抽象存在。资本主义的建设力量以它的破坏力量为前提，"资产阶级在它已经取得了统治的地方把一切封建的、宗法和田园诗般的关系都破坏了。……它使人和人之间除了赤裸裸的利害关系，除了冷酷无情的'现金交易'，就再也没有任何别的联系了。……它把人的尊严变成了交换价值……"① 个体以一种极其卑微的身份被纳入资本主义的滚滚洪流当中。在强大的资本主义体系面前，在强大的资本和物的力量面前，人们有一种深切的渺小感和生命无力感，并在对资本逻辑的屈从中丧失了一切真实的个性，成为了抽象人群中标准化个体。为了摆脱这种抽象的无名状态，彰显自己的独特个性，人们必须"制造"出某种个性，并让别人"看见"这种"个性"。就这种"个性"的"塑造"而言，"消费"无疑是很好的方式。在消费这片"自由的天地"里，人们可以随心所欲地得到他所喜爱的物品，从别墅、汽车到最小的发卡、个性小饰品等，并且可以根据自己的兴趣、爱好和品位对各种物品进行创造性的、个性化的搭配与组合，从而能够随心所欲地"塑造"自己的"个性"。但这种"个性"并非真正的、不可替代的真实个性，而只是对通过"时尚"表现或制造出来的某种总体性、共同精神或"范例"的模仿。因此，这种"个性的塑造"就依赖于变动不居的"时尚"，从而也就成为了无止境的消费游戏。

最后，消费之所以成为一种意义安顿方式，恰恰是对资本主义社会生活的无意义状态的安慰与补偿。人们认识到，"自我"必须得到某种方式的体现和承认，才是有意义的。但在现代资本主义条件下，人们既没有真实的独特个性可供彼此认同，也没有可供他们自由、平等交往的社会环境与条件，从而也就错失了在血肉相连的生活世界安顿生活意义的可能性。但这并没有完全根除意义的安顿问题，却使人们错误地理解了自我和自我的价值，从而也选择了错误

---

① 马克思恩格斯文集：第一卷 ［M］．北京：人民出版社，2009：274 - 275.

的意义安顿方式。在创造性活动中展现人的本质力量，这是"自我"得以体现的根本方式，而在自由、平等的社会交往中达致相互理解与认可，则是"自我"得到承认的根本方式。但在现代资本主义社会中，人们的生产性活动即劳动是外在的、物化的、抽象的、强制的、机械的、枯燥的和畸形的，而不是自主的和创造性的。因此，在资本主义的生产性活动中，人们不是感觉到本质力量的展现，而是感觉到本质力量的消逝；不是感觉到自我，而是感觉到自我的牺牲；不是感觉到意志的自由，而是感觉到意志被物所奴役。相反，在消费活动中，人们却通过对物的占有而感觉到自我的存在，感觉到意志的自由及对物的自主性。并且，人们通过消费得以建构一种外在的自我形象和社会身份，并通过吸引人们的注意而得到一种外在的承认。可见，在消费活动中，人们不仅表现了"自我"及其意志，并且使"自我"得到了承认，尽管这种承认并非对真实"自我"的承认，而只是对"自我"的某些外部附属物的承认，但毕竟也是一种承认。因此，无止境的消费冲动，既是资本主义生活意义匮乏的表征，又是对这种意义匮乏的安慰与补偿。

总之，只要资本主义生产关系的雇佣劳动本质没有得到根本性改变，这种破碎化的、被动的和外在的劳动对于无产阶级来说，就仍然是单调、乏味、无聊和缺乏自由与创造力的过程。因此，无产阶级便从生产领域转向消费领域，试图在消费领域寻求创造性和自由。在当今资本主义社会中，只有消费，而不是劳动才能体现无产阶级的主体性；只有在消费中，而不是在劳动中，无产阶级才能体会到幸福，无论消费是否需要，消费都成为了无产阶级的避难所。

第三节 价值观念的异化

人们的思想价值观念是他们的现实社会生活的主观反映形态。现代资本主义的社会生活是异化的，在这样的社会生活中产生出来的价值观念也必然要发生异化。资本主义社会生活的异化表现为物化和抽象化，表现为人与人之间的分化与对抗，表现为生活目的与生活手段的颠倒。相应地，人们的价值观念的异化，也就集中体现为抽象的主体观念。

一、现代抽象主体观念及其内在矛盾

近现代以来的主体意识和主体观念，是生产力发展和社会关系变革的产物。生产力的发展一方面增强了人类对自然的认识和改造能力，从而增强了人类的自信和能动性；另一方面则促进了生产关系的变革，从而将个体从传统的宗法关系中解脱出来成为独立、自由的个体。而生产关系的变革，在将个体从传统社会关系的束缚中解放出来并为其提供独立自由的物质基础的同时，也将其置于一种孤立、分化和对抗的关系中。这样一来，现代主体观念的基本特征就是其抽象性，而这种抽象性也正是它陷入一系列矛盾的内在根源。

1. 抽象主体观念的基本特征。在古希腊哲学中，"主体"并不就是人，它"只意味着构成存在者的基础的东西"，它"在偶然的附带的东西的一切变化中坚持到底，并把事物实际上作为事物来构成"。① 在这里，"主体"是指"变动不居的事物的后面的永恒在场，现象后面的不变的实体"，是客观的理性、逻各斯等"真实的在场者"。② 这种相对于变化而言的主体，是无客体的

---

① ［德］绍伊博尔德. 海德格尔分析新时代的技术 ［M］. 宋祖良，译. 北京：中国社会科学出版社，1993：44.

② 王南湜，谢永康. 后主体性哲学的视域——马克思唯物主义的当代阐释 ［M］. 北京：中国人民大学出版社，2004：9.

主体，因而应当在"本体"的意义上来理解。①

另外，可以从主客体相互关系的角度来界定"主体"。无限的物质世界是由无数发生相互作用的有限存在物构成的系统整体，在这些有限存在物的相互作用关系中，可以将作用的发出者、主动者称为"作用主体"，而将作用的接受者、被动者称为相应的"作用客体"。这一意义上的主客体，其区别只具有相对的性质，必须相对于特定的作用或关系而言，才能确定何者为主体，何者为客体。②

以上两种"主体"概念，都没有与"人"这一特殊的存在物直接相关联。但近现代以来的"主体"概念，往往用来特指"人"或"自我"。这种用来特指"人"或"自我"的"主体"概念，一方面保留了上述两种"主体"概念的基本内涵，即作为使其他存在者得以存在的"基础"或"根据"，以及作为"主动者"；另一方面却又排除了其他一切存在物，而单单认为只有"人"这一特殊的存在物才符合作为"主体"的根本特性。"主体"概念的这一变化表征着思维方式的根本性变化，即传统实体性思维向近现代主体性思维的转变，它实际上是古希腊的主体概念与人、自我联为一体的过程。③

现代主体论的先河是由笛卡儿开创的。笛卡儿并没有正式提出"主体"概念，但他在知识论意义上将"我思"作为一种基质或载体，构成确定性知识的支撑者和承担者，而这样一种被理解为理论认识活动的"我思"中蕴涵着现代主体概念的萌芽。④ 笛卡儿意义上的那个作为主体的"我"，按照笛卡儿的说法就是"一个在思维的东西"，亦即"一个在领会、在肯定、在否定、在愿意、在不愿意，也在想象，在感觉的东西"⑤。按照梅洛－庞蒂的看法，笛卡儿的"我思"有三种含义：一是指当下的、作为心理事实记录的"我思"；二是把个人存在和所思之物都作为事实肯定下来的、依赖于所思之物的"我思"；三是激进地怀疑一切在经验中出现的东西，却唯独不怀疑自身的

---

① 郭湛. 主体性哲学——人的存在及其意义 [M]. 北京：中国人民大学出版社，2010：8.
② 郭湛. 主体性哲学——人的存在及其意义 [M]. 北京：中国人民大学出版社，2010：8.
③ 王南湜，谢永康. 后主体性哲学的视域——马克思唯物主义的当代阐释 [M]. 北京：中国人民大学出版社，2004：10.
④ 刘森林. 追寻主体 [M]. 北京：社会科学文献出版社，2008：2.
⑤ [法] 笛卡尔. 谈谈方法 [M]. 王太庆，译. 北京：商务印书馆，2000：27.

"我思"。① 但无论是在哪种意义上，这种由感觉、想象和意愿等这些东西依托起来的"我"，往往难以避免片段、瞬间、偶然、任意、非确定性的纠缠，无法以一种确定性的稳固、统一的形象存在下来，并充作知识和实践行为的确然性根基。② 就此而言，笛卡儿的"我思"还只是现代主体概念的萌芽，还只是一种"内向性"的不具有客观确定性的主观思维的"主观确定性"，它在存在论上的确定性和有效性最终还是依赖于上帝。

笛卡儿意义上的这种作为知识确定性之承担者的主体，还不能完全等同于那种自为存在的有着独立的、绝对的实在性和价值的纯粹抽象的"人"。但笛卡儿开创了现代主体论的先河，并且其"我思主体"中始终包含着主客体之间的对立，始终是笛卡儿之后的主体论建构所围绕的核心问题。总之，在不断朝向"现代"的社会运动和思想运动中，经过康德、费希特、黑格尔及之后的众多现代性思想家的理论建设，现代主体日益被主要地理解为和等同于独立的个体人。尽管黑格尔、马克思及其他一些思想家对这一主体的抽象性做了深刻的反思和批判，但个体人被看作具有独立价值的自由主体，这一点被作为现代社会的基本思想价值成果得到了普遍的认可，从而成为了这一时代的基本的精神倾向和价值原则。

现代主体是与现代社会相伴而生的，而现代社会又是与资本主义生产方式和生活方式关联在一起的。从大的方面讲，由于生产力水平低下，传统农业文明严重地依赖于直接给定的自然条件，人类匍匐于自然的无限威力面前，从而必然将某些超人类的事物或力量，而不是将人类本身，看作一切事物、秩序和价值的最终权威和依据。因此，当人们试图寻求某种"构成存在者的基础的东西"，寻求某种"变动不居的事物的后面的永恒在场"时，实际上是在"本体"的意义上理解"主体"，亦即将"主体"同时理解为"实体"。随着现代科学技术和生产力的不断发展，人类认识和改造自然的能力大大提升，自然不再是对人拥有无限威力的神秘存在，而是由因果必然性严格决定了的机械存在，是供人类认识、改造和利用的"有用物"的集合。因此，作为基础，起

---

① ［法］梅洛－庞蒂. 知觉的首要地位及其哲学结论 ［M］. 王东亮，译. 上海：三联书店，2002：24－25.

② 刘森林. 追寻主体 ［M］. 北京：社会科学文献出版社，2008：2.

决定作用的，不再是人类之外的神秘事物或力量，而是人本身，是人的理性、目的和意志；不再是包括人在内的某种具有总体性的"实体"，而是人本身这样一种具有主观性、能动性的"主体"。这样一来，自主、能动、流变的"主体"取代了总体、永恒而恬静的"实体"，而自主、能动、流变的"主体"则被等同于"人"。至于总体、永恒而恬静的"实体"，则被宣布为形而上学的虚构而不复存在，或者被等同于"物"的机械总体及其僵死的因果必然。

科学技术和生产力的发展以及随之而来的人类认识和改造自然能力的提升，催生了还具有整体性和抽象性的"人类"主体。而现代资本主义社会的生产关系变革，则进一步将一个个的个体转生并凸显为具有绝对独立性、自主性和实在性的"主体"。在前资本主义的传统社会中，人们直接地生活在家庭、家族、民族等各种宗法、血缘和地缘共同体当中并依赖于这些共同体，因而就在这些共同体关系网络中，而不是脱离这些关系网络来理解和定位自己，来确认自身的价值和安顿自身的意义。而现代资本主义生产方式则一方面要求劳动力资源和各种物质资料的大规模集中和自由流通，因而要求将个体从传统的各种共同体当中解脱出来，以便作为自由的劳动力纳入大规模的社会化生产当中；另一方面又借助于强大的生产力创造了巨大的物质财富，为个体从传统共同体中解脱出来并作为单个的个体而生存提供了物质基础，从而将直接生活于各种共同体当中的传统依附性个体，转生为以"物的依赖"为基础的现代自由个体。但这样一种依赖于"物"的现代自由个体，从根本上误解了自身，既看不到或有意否认自身对"物"的依赖，也看不到或有意否认"物"所表征着的人与人之间的社会关系，从而也就看不到或有意否认自身作为生物性存在和社会性存在的双重依赖性，固执地将自身理解为独立不依的"主体"。

总之，现代主体观念实际上是脱离人的自然生存基础和社会生存背景来理解人，从而抽象地将人理解为独立不依的、绝对自主的原子式个体。而对人的这样一种抽象理解，正是现代主体观念的基本特征，同时也是使之陷入一系列矛盾的内在根源。

2. 抽象主体观念的内在矛盾中。脱离人的自然生存基础和社会生存背景而将人理解为独立不依的、绝对自主的原子式个体，现代主体观念对人的这样一种抽象理解，必然使其陷入一系列内在矛盾中。主客对立是现代主体观念最为根本的总体性矛盾，这一总体性矛盾又可分为相互关联的两个基本方面：第一，这种被包裹在意识之内的主体与不能被包裹在意识之内（包括自然和人类社会）的外部世界之间的矛盾，这在笛卡儿那里又表现为心物之间的二元对立；第二，经验式的个体自我主体与不依赖于个体经验的对所有人都普遍有效的普遍主体之间的矛盾，亦即个别与普遍的矛盾。而这两个相互关联的方面，实际上又包含着一系列相互联系的子矛盾，如人与自然、精神与物质、理性与感性、灵与肉、个体与类、独立与依赖、同一与杂多、有限与无限等之间的矛盾对立。

所谓"实体"，就是独立自存的事物，亦即不依赖其他事物并为其他事物提供依据的事物。因此，就其本质而言，"实体"必须是终极的、永恒的和唯一的，否则它就不是真正独立自存的。现代主体观念所理解的"主体"具有绝对的独立性和实在性，因而同时也是"实体"，具有"实体"所具有的终极性、永恒性和唯一性。但这样一来，现代主体观念就必然陷入矛盾中。

实际上，在现代主体观念中，个体人不是被证明为独立不依的绝对主体，而是通过先验意识被先验地设定为这样一种绝对主体，这从现代主体的开创者笛卡儿那里就可以看得很清楚。"我思故我在"是笛卡儿为现代主体奠基的著名命题，但这一看似论证式的命题，实际上是设定式命题。"我思故我在"实际上是同义反复：那"思"着的"我"，就是那个"在"着的"我"，而这个"思"着、"在"着的"我"，不是别的，就是那"思"本身。笛卡儿是通过一种怀疑式的反思，直观地设定和确证了这样一个"思我"的存在：有一个东西在思维，所以思维必须被看作或设定为是存在的。

可见，现代主体观念是传统意识哲学的产物。传统意识哲学从先验的自我意识出发，除先验的自我意识之外，它没有其他可供选择的视角。因此，当它将自我主体看作一个先验实体的同时，必须将外部世界也看作一个先验的实体。这是一个与自我主体不同的、对立着的另一个先验实体，即客体。这样一来，作为传统意识哲学产物的现代主体观念，就必然陷入主客之间的对立中。

主客对立不仅仅是作为主体的人与作为客体的自然的对立，而且也是作为主体的个体，与作为客体的除这一个体主体之外的包括自然、他人和社会在内的整个外部世界之间的对立。当人们把人类看作主体时，主客对立就主要表现为人与自然的矛盾，表现为人类中心主义。当人们把个体人看作主体时，主客对立就主要表现为心与物、灵与肉、精神与物质、个体与类以及个体之间的矛盾对立，表现为唯心主义、唯我论和极端个人主义。

现代主体观念同时还陷入了理性（亦即思维）与感性、同一与杂多之间的对立中。现代主体将自身看作是独立于外部世界的某种内向性的思维实在性，一方面，这种抛弃了外部现实世界的具体内容的思维，无非是一种抽象的普遍性形式或抽象的自我同一性，它的无内容性表明它是肤浅的和贫乏的。另一方面，既然这种主体被认定为是某种实在性的东西，那么它就因这种实在性的不可捉摸而被看作是某种高深莫测的东西，它因此而获得了一种无法估量的深度。一方面，主体的这种抽象的自我同一性是以否定外部世界的杂多性内容为代价才得以保持的。也就是说，无论经历了怎样杂多的体验，也无论这些体验如何在时空流转变化，主体始终将自我看作是那个在流转变化中保持不变的"我"，即那个抽象的、无内容的自我同一性形式。另一方面，由于那个始终保持不变的"自我"仅仅是一种形式，当人们想要抓住那个不变的"自我"时，除了那抽象的形式之外，什么也得不到，而当人们想要抓住"自我"的具体内容时，得到的仅仅是一堆杂多的、消逝着的、以记忆的形式存在着的一系列体验或经历。在杂多的、消逝着的系列体验或经历面前，这种形式的自我同一性经受着严峻的考验。这种严峻的考验迫使人们在无内容的、作为抽象形式的自我同一性与杂多的、消逝着的系列体验之间做出选择：要么坚持抽象的自我同一性形式而抛弃活生生的生活体验，要么放弃自我的同一性而任由自我在杂多的、消逝着的体验中变成一种境遇化的碎片或片段。

现代主体将自身理解为独立不依的绝对存在，也是永恒的和无限的存在，而事实上，无论我们如何理解主体，它都不过是有条件的存在，不过是短暂的和有限的存在。如果将主体看作单纯的思维、意识——既可指普遍的思维，即所谓的人类理性，也可指个体的特殊思维——，那么，思维、意识并非像传统的意识哲学所理解的那样是先验的和独立的，而是经验的和依赖的。一方面，肉体组织是思维、意识作为一种机能得以发挥作用的物质载体和基础，离开人脑这一肉体组织，就不存在思维和意识，更不用说思维和意识功能。而肉体生存又依赖于外部自然，依赖于与自然的物质、能量交换。因此，思维、意识不能离开人的身体以及作为人的"无机的身体"的自然界而存在并发挥作用，因而不是独立的，而是依赖的。另一方面，人脑组织还只是把思维、意识作为一种机能提供出来，这种机能还只是一种潜能，并且这种潜能也不是先天的或先验的，而是长期历史演化的产物。思维、意识更进一步的现实能力是在后天的社会生活中借助于直接的经验和间接的经验学习而培养的，而思维、意识的更具体的内容则来源于杂多的经验素材。如果将主体理解为包括精神和肉体、理性和欲望在内的完整个体，那么这样的主体显然更不可能是独立的和先验的，而是有条件的、依赖的，从而是有限的和短暂的。现代主体观念一方面试图将自身理解为独立的、绝对的和永恒的主体，另一方面却又不得不在现实中体验到自身的依赖性、有限性和短暂性，从而陷入独立与依赖、绝对（或无限）与有限、永恒与短暂的矛盾对立中。

二、抽象主体观念对消费的影响

人们在一定观念引导下，不仅通过消费求得肉体的生存，而且还通过消费来理解和表现自己的个性、意志、愿望，理解和表现整个的自己。作为在现代资本主义社会占主导地位的基本精神倾向和价值原则，抽象的主体观念必然对人们的消费观念和消费行为产生重大影响。

1. 抽象主体观念的占有欲助长了消费异化。抽象主体观念所包含的一系列内在矛盾，必然使现代主体成为占有性的欲望主体，这种占有欲必然极大地助长消费的异化。

根据现代抽象主体观念，人被看作是一种不同于物的主体，是一种能动的、对外在物起决定作用从而优越于物的东西。简单地说，主体就是一种不同于自然物质的精神、思维、意识或意志。主体想要保持和凸显自己的独立性，就必须远离物或超越于物。但离开了物，主体就是一种难以对象化、现实化和客观化的不真实的东西，甚至是难以存在的东西。主体的生存对物的依赖，就体现为作为主体的人是一种有肉体的生物性存在。因此，对于抽象的主体而言，肉体不是"主体"存在的物质基础，而是对"主体"的一种拖累和威胁——肉体让主体降格为依赖性存在物，因而是对主体的拖累；肉体的聚散或生死，直接地也就是主体的生死存亡，因而也是对主体的威胁。主体对自身依赖于物的不甘心，以及对倒退到纯粹无定形的自然状态的恐惧亦即对死亡的恐惧，就会转变为对物以及对作为内在自然的肉体的憎恨，转变为抽象的自我保存，并试图通过对物和自身肉体的无止境的占有、控制、征服与吞噬来予以消除。而对物和自身肉体的无止境的占有、控制、征服与吞噬，正是异化了的消费，或消费的异化形式。

笼统地讲，现代社会无止境的消费是为了满足人的无止境的欲望。表面看来，这种无止境的欲望似乎是一种生物性欲望，但实际上，它恰恰是一种以生物性欲望的形式表现出来的主体的精神性欲望。黑格尔右派人物里德（Joachim Ritter）认为，由于现代社会将人类还原为劳动与享乐的自然主体，因而现代性的本质就是一种失去了历史意义的自然关系。① 里德的这一观点只有一半是正确的。现代社会确实因传统文化资源的整体失效而失去了历史意义，但现代人类不是一种劳动与享乐的自然主体，因而这些人之间结成的关系也不是一种自然关系。在现代社会表面的自然关系中，深藏着精神主体的野心与躁动，即试图通过对自然物的征服来维持精神主体的抽象的自我持存。对物的征服是对物的生理性消耗，更多的是对物的精神性占有和破坏，人们试图在这种占有与破坏中彰显自身的主体地位。或者说，人们对物的消费更多的不是满足其生理欲望，而是满足一种主体要求对物进行任意处置的心理欲望。在现代社会中，大量生产出来的物或商品，并非是被人们吃了、穿和用掉了，有很大一部分物或商品是被人们所占有、闲置或抛弃了。

主体作为纯粹的"主体"即抽象的自我同一性时，它是无内容的，因而是贫乏的。为了使这贫乏的抽象主体得以充实、饱满，并从而得以更真切地体验自身以及更真实地展现自身，主体必须不断地占有感性之物，不断地将感性的生活内容吸纳进来，因为感性之物和感性的生活内容具有直接的"存在感"。或者说，人们相信自己是一个"主体"，相信存在一个独特的"自我"，这个"主体"是先验地、客观地存在着的，但附着于这个"主体"之上的独特的"自我"则是通过自由的筹划建构出来的。并且，只有通过这一建构出来的独特"自我"，那个先验地、客观地存在着的"主体"才能凸显出来，并得以具体化和现实化。在这里，"主体"作为一种"质"，是有深度的和内在的，但同时又是抽象的和不可名状的；"自我"作为"质"的一个表现，是表层的和外在的，又是具体的、现实的、可建构和可把握的。因此，人们试图通过消费不断地占有感性之物，不断地获得生活的感性体验并将这种感性体验吸

---

① ［德］哈贝马斯．现代性的哲学话语［M］．曹卫东，等，译．南京：译林出版社，2004：85.

纳进自身来建构起一个有内容的自我。但是，"主体－自我"作为精神性存在，不可能通过对物的单纯占有来填满，只能通过丰富的精神生活来予以证明和充实。而精神生活本质上是一种超越性生活，它超出了狭隘的私人利益而指向他人，并以他人为目的，而不是手段。因此，当人们试图以无止境的占有性消费来充实自己的精神性的"主体－自我"时，人们既误解了自身，也使得消费成为一种不合理的异化消费。

2. 消费异化是抽象主体之虚无性的表征与补偿。将自身理解或设定为"主体"，原本是人寻求和彰显自身意义和价值的一种努力和尝试。但是，这种努力和尝试一开始就做了错误的方向定位和错误的路径选择，从而使之陷入矛盾与虚无中。主体的虚无既在异化消费中得到表征，也在这种异化消费中得到某种补偿。

随着现代社会变革将个体从传统的依附关系中解放并凸显出来，人们不再满足于传统的自我理解和意义安顿方式，而要求将自我理解和意义安顿置于个体自由的基础之上。所谓个体自由，是指个体必须是独立的、自我决定的，同时必须被他人当作目的而不是手段来对待，即被当作价值主体而不是价值客体来看待。现代主体观念体现的也正是这样一种彰显个体自由的合理要求，但错误地将"个体"及其"自由"绝对化为一种先验的实体，即绝对化为一种无所依傍却又要求绝对和唯一之权利的"主体"。显然，这种抽象的主体根本不存在，更不能与现实中的具体的人有所对应和等同。也就是说，现代抽象主体之所以陷入虚无中，是因为它欲求绝对之物，亦即不可能之物。因此，人的主体地位的实现，或人的主体地位的现实性，不是欲求那绝对的、无限的抽象的东西，而是在现实中通过自由、平等、真诚的交往，实现有限主体之间的相互理解与认同，从而通过对自身有限性的扬弃与安顿，达致一种辩证的无限。

当然，抽象主体观念并非直接地就是现实生活中每一个个体的实际观念，事实上，现实生活中几乎没有人完全地、绝对地按照这种抽象主体观念来指导自己的生活。但是，生活在现代社会中的每一个个体都程度不同地被这种主体观念所沾染，因而都程度不同地具有这样一种绝对化倾向。因此，倾向于将自己和他人都理解为相互外在、相互绝缘、相互孤立的原子式个体，倾向于将自身作为目的而将他人作为手段，倾向于在纯粹自我的主观范围内，而不是在人际社会交往中来发现、理解和确证自我。这样一来，作为相互孤立的原子式个体，人们就不仅是相互外在的，而且陷入互为手段的相互强制中，从而就不能在相互联系、相互交往中达到彼此的理解与认同，也就不能通过对自身有限性的扬弃与安顿来达致辩证的无限。因此，当我们说到现代主体的虚无时，一方面固然是指抽象主体观念自身的虚无性，另一方面也是指现实主体在自由、平等的交往中通过相互的理解与认同，达致有限性的扬弃与安顿这样一种更具现实性的主体实现方式及其所需要的环境和手段的缺失性，并且主要指的是这后一方面。但无论主体的虚无意指哪一方面，现代主体事实上程度不同地陷入了虚无。现代主体的虚无，既是现代资本主义社会生活本身抽象化的结果与表征，同时又加剧了社会生活本身的抽象化。

不仅现代抽象主体的占有欲助长了消费的异化，而且现代抽象主体的虚无化也同样助长了消费的异化。既然对物具有自由独立性的主体是虚无，那么不如在对物的占有与拥抱中获得实在感和存在感；既然永恒的主体是虚无，那么不如抓住与物交融的每一个短暂瞬间；既然无限的主体是虚无，那么不如在有限的物欲享受中放逐自我；既然对主体的坚守是孤独的和痛苦的，那么不如在舒适的消费中享受一时的欢愉与幸福。总之，既然主体不过是虚无，那么放逐也是一种解脱。可见，一方面，无止境的消费表征着人们的主体地位的丧失，表征着主体价值的失落与虚无；另一方面，人们又在无止境的消费中强化了这种虚无体验。而无止境的消费也为此进行了补偿，即无限欲望在每一个瞬间的当下满足。

第5章

消费的回归：消费方式生态化

就消费是社会生产的最后一个环节这一点而言，以及就消费是人们生活中最为基本和最为普遍的活动这一点而言，消费领域的异化表明了社会生活全面异化的完成。或者说，现代资本主义生活异化的全面完成，通过消费的异化得以表现出来。而消费异化所造成的严峻的生态环境危机，是当今人类所共同面临的最为直接、最为紧迫的危机。因此，对生态环境危机的反思，必然同时是对包括消费异化在内的社会生活的全面异化的反思。同时，消费方式生态化既是消费回归的必然方向，也是应对生态环境危机的必然选择，并且也是扬弃社会生活全面异化的历史契机。当然，从消费异化的角度来反思和考察生态环境问题，同时也就意味着，我们把生态环境问题不仅仅看作是人与自然关系处理中的单纯技术问题，并且同时也看作是生产方式、生活方式和价值观念问题。因此，生态文明建设就不仅仅是面对生态环境问题时的一些应急措施和技术方案，而且是一种包括生产方式、生活方式、思维方式、价值观念在内的新的文明形态的创生。

第一节 消费异化与生态的背离

消费异化或异化了的消费，是指消费不是为了满足人的生存、自由、发展等属人的需要，或主要不是为了满足这种属人的需要，而是为了满足占有、控制以及抽象的自我保存等在社会压抑中产生的无止境的不合理欲望。或者说，消费的异化正是通过无止境的欲望，亦即通过对物的无止境的占有得到表征或表现。正因为异化消费必然表现为对物的无止境占有，因而必然导致自然生态的破坏，亦即"人"这一原本就在自然界中并依赖自然界而生存的自然存在物，与自然生态的背离。人与自然生态的背离，同时也是人与人之间矛盾的表征与结果，亦即同时也是人与人之间社会生态的破坏与崩解。

一、消费的物质基础

包括人在内的任何现实存在物都是对象性的自然存在物，不仅人的生命存在，而且人的一切活动，都必须以自然界为物质基础。

首先，人必须与自然界进行持续不断的物质交换，才能维持自身的肉体生存。"自然界是人为了不致死亡而必须与之处于持续不断的交互作用过程的、人的身体。"①人的吃穿住行，无论哪一种维持人的基本生存所需要的活动，都必须以实实在在的物质资料为对象，为基础和条件。

其次，人的一切身体活动、一切创造性活动，也同样是对象性活动，因而也同样要以物质资料为对象，为基础和条件。人把"整个自然界——首先作为人的直接的生活资料，其次作为人的生命活动的对象（材料）和工具——变成人的无机的身体"②。写作要笔和纸张，电脑输入也要有电脑这一物质基础，打印输出也需要打印机、硒粉等；音乐演奏要有乐器，而不依赖于乐器的音乐如吹口哨，则需要人、声带、空气（的振动）等。

纯粹的思维、纯粹的意念、纯粹的精神，总之，一切囿于主观意识范围内的活动，似乎与物质无关，因而不依赖于物质，但是，这只是一种庸俗的直观所产生的错觉。因为：第一，思想、意识或精神也是人的对象性活动的产物，也是自然界的产物。"不仅五官感觉，而且连所谓的精神感觉、实践感觉（意志、爱等等），一句话，人的感觉、感觉的人性，都是由于它的对象的存在，由于人化的自然界，才产生出来。"③ 第二，思想、意识或精神等，也必须以物质性事物为对象才能存在，"'精神'一开始就很倒霉，受到物质的'纠缠'，物质在这里表现为振动着的空气层、声音，简言之，即语言。"④ 第三，思想、意识或精神活动的内容同样也是物质的和现实的，"意识在任何时候都

---

① 马克思恩格斯文集：第一卷［M］．北京：人民出版社，2009：161．
② 马克思恩格斯文集：第一卷［M］．北京：人民出版社，2009：161．
③ 马克思恩格斯文集：第一卷［M］．北京：人民出版社，2009：191．
④ 马克思恩格斯文集：第一卷［M］．北京：人民出版社，2009：533．

只能是意识到了的存在，而人们的存在就是他们的现实生活过程。"① 而"现
实生活过程"本身无非是物质性活动的总体，因而作为对这种物质性活动的
能动意识，其内容本身也是物质性的。

消费，无论是物质消费还是精神消费，作为一种现实的活动，都必须以物
质资料为对象，为基础和条件，因而都是物质性的。而一切物质最终都来源于
自然界，因此，无论人类社会如何发展，无论人类的生存方式、活动方式如何
变化，人类始终离不开自然界，离不开与自然关系的处理。

二、异化消费对自然生态的背离

自然作为一个系统整体，有其自身固有的运行规律，亦即有其各部分协调
平衡的生态。人类的活动，即与自然界的物质交换，必须遵循自然所固有的规
律，尊重自然所固有的生态，才不至于受到自然规律的惩罚，从而才能长远地
有利于人的生存和发展。异化的消费恰恰是不顾及自然规律与生态的掠夺，从
而必然背离自然本身应有的生态和谐。

1. 消费异化对自然资源的不必要的消耗是无止境的。异化消费对自然资
源的消耗既是不必要的，也是无止境的。作为对象性存在物，人必须与自然界
进行物质交换，而物质交换必然在一定程度上要消耗自然资源。但是，人与自
然界的物质交换，人对自然资源的消耗，目的是为了满足人的生存、享受和发
展需要，而不是为了满足人的异化的从而是无止境的欲望，不是为了证明人是
某种不同于自然并对自然拥有无限统治权的非自然存在物。一切不是为了人的
生存和健康发展而对自然资源的消耗，亦即一切不是为了满足属人的需要而对
自然资源的消耗，一切为了满足非人的、异化的欲望而对自然资源的消耗，都
是不必要的，都是不合理的。而异化了的消费所要满足的，恰恰是一种非人
的、异化了的欲望，因而是不必要的和不合理的。

异化消费既不是为了满足人的生存需要，也不是为了满足人的确证自己本
质力量的创造性活动的需要，而是为了满足一系列从社会压抑中产生出来的异
化了的需要，即欲望。而欲望是无止境的，因而为满足欲望而对自然资源的消
耗也是无止境的。

---

① 马克思恩格斯文集：第一卷 ［M］. 北京：人民出版社，2009：525.

异化消费诚然是为了证明人的主体地位，即证明人的自由，但它对人的主体地位、人的自由采取了错误的理解、证明和实现方式。作为有意识的从而是能动的存在物，人确实不是僵死之物，人确实有超越于物之上的精神性追求。但人同时又确实是自然存在物。因此，人对相对于物的能动性，不能通过对物的占有、操纵这样的错误的方式来证明，而应当通过对物、对自然的尊重、爱护和负责任的方式，来体现和证明人的不同于物的独特理性与尊严。对物的占有与操纵诚然也在一定程度上彰显了人的"自由"，但这种占有式的"自由"还只是"任性"，这种任性恰似表明人仍然依赖和屈从物。

对主体的真正证明，不能采取主客之间不对等的操纵模式，而应当采取平等主体间的相互理解与承认模式。主体对客体的操纵同时也就表明主体仍然受到对立着的客体的限制，平等主体间的相互理解与相互承认则是一种和解，是强制的解除，因而也是真正的自由。因此，真正的自由就体现在人对待自身、对待物、对待自然以及对待自身与自然关系的态度与方式上。认识到人自身就是自然存在物，认识到自然界就是人的"无机的身体"，认识到物和自然同时也是人与人关系的中介，认识到对待自然物的态度本质上也就是对待人自身的态度，从而认识到尊重自然也就是尊重自身，认识到人能够从特定的自然界限中超越出来，人们才能不是以本能的方式，而是以伦理的方式和美的方式，来对待自然，处理人与自然的关系。这才是真正的自由。"只有当对象对人来说成为人的对象或者说成为对象性的人的时候，人才不致在对象中丧失自身。只有当对象对人来说成为社会的对象，人本身对自己来说成为社会的存在物，而社会在这个对象中对人来说成为本质的时候，这种情况才是可能的。"① "不致在对象中丧失自身"，就是人的自由。而人只有成为"社会的存在物"，人才是自由的。因为自由就是普遍，而人的普遍性是在伦理性的社会生活中，才得以产生和发展起来的。所谓"人的本质"，就是人的伦理意识、普遍意识和自由意识。

真正承认人是自然物，就意味着必须意识到，人不过是自然整体新陈代谢和物质循环中的一个有限的部分和环节；必须领悟到，人不可能通过对物的憎恨、排斥、占有、操纵、吞噬来达致人之主体存在的绝对性、无限性和唯一

---

① 马克思恩格斯文集：第一卷［M］．北京：人民出版社，2009：190.

性，亦即不能达致主体抽象的自我持存；必须领悟到，"仇必和解"，和解而非强制才是矛盾的解决，而"成己成物"才是真正的和解之道，才能"成物成己"。个体是有限的，而物、自然、世界是无限的。有限事物不可能通过占有、操控无限事物的方式来证明和保持自身，而只能通过融入无限事物的方式来扬弃自身，从而使自身以某种方式"保持"于无限事物之中。"成己"之道在于"成物"，而"成物"的自然而然的成果就是"成己"。通过成就、创造事物，人才彰显自己是"有"，而且这种有限的个体之"小有"，通过他所成就和创造的事物而融入了宇宙万物的整全之"大有"。而通过消耗、毁灭事物，人只能证明自己终究是"无"，当他的消耗和毁灭行为一停止，他就随着由他毁灭了的事物一并归入虚无。

由此可见，被抽象和错误理解的主体，不过是吞噬一切的纯粹的否定和绝对的虚无；而被抽象和错误理解的自由，不过是执着于抽象主体而陷入的一系列的强制。因此，一旦人们误解了自身的主体地位、误解了自由，并从而采取异化消费这样一种错误的方式来证明那已被误解了的主体地位和自由，他对外物的占有从而对自然资源的消耗，就必然是无止境的。

2. 消费异化破坏了自然生态的平衡与和谐。"生态"的英文是 ecology，它来自拉丁文"oeco"和"logia"，这两个单词又源自古希腊文"oigos"和"oikos"，前者意指住所和栖息地，后者意指知识、学问。因此，"生态"的本意是指研究生物栖息环境的知识和学问。而在一般意义上，"生态"是指一定系统内的生物生存状态、生物之间以及生物与环境之间的相互关系整体。

这实际上是关于生态的一个描述性定义，并不涉及对生态好坏的价值评价。但当我们说到"生态"或思考生态问题时，又往往已经包含了对生态的一定的评价与期待。这种对生态的包含了一定评价和期待的理解，可视为生态的规范性定义，即最有利于一切生物生存和发展的平衡与和谐状态以及保持这一状态所需要的关系样态。也就是说，生态内在地包含着平衡与和谐的价值规定。之所以产生这样一种关于生态的规范性理解，一方面是因为人类的理性期待，另一方面是因为人们直观地认为，如果没有人为的干预，自然界原本就是平衡的、和谐的。可见，生态的规范性定义潜在地包含着对人类行为的生态后果的反思与批判，而这种反思与批判又根源于人类行为事实上已造成负面的生态后果。

　　人是自然界的一部分，人类活动及其对周围生态环境的影响也应当是自然生态整体中一个要素和环节。因此，抽象地讲，不应当对人类活动及其生态影响提出不同于一般生物的特殊价值评断，亦即不应当对人提出特殊的生态责任。但是，我们必须认识到：一方面，人类是自然界唯一有理性的存在物，因而是唯一能够对生态环境有所反思和评价的存在物，这就命定了人类守护生态平衡与和谐的使命与责任；另一方面，正因为人是自然界中唯一有意识的存在物，因而从某种意义上讲，人是唯一能够按照自身的意志和目的对自然进行能动改造的"反自然"存在物，从而也就是唯一应当对生态后果负有责任的存在物。也就是说，唯有具备自我意识的人类，才是对他物发生关系的关系性存在物，而动物只是一种没有关系意识的本能存在物。正如马克思所言："凡是有某种关系存在的地方，这种关系都是为我而存在的；动物不对什么东西发生'关系'，而且根本没有'关系'：对于动物来说，它的他物的关系不是作为关系存在的。"①

　　可见，人毕竟不是纯粹的生物性存在，同时也是一种有意识的精神性存在。意识的能动性必然使人过一种不同于动物的独特生活，即一种通过生产与自然界进行物质交换的"生产"生活。人类的这种有目的的"生产"生活不像动物那样，只是直接地顺应给定的自然，而是要通过自身的实践活动能动地改造自然，这就为人类偏离自然规律、破坏自然生态环境埋下了伏笔。只不过自然作为一个自组织系统，具有一定的自我修复能力，也就是说，自然生态的平衡有一定的阈值范围，如果没有超出这一阈值范围，自然仍然能够借助于自我修复能力而保持自身的基本平衡。而在相对低下的生产力水平条件下，人们对自然所能造成的影响恰恰没有超出自然自我修复的能力界限，因而仍然保持着人与自然的局部性和谐。②

　　而当生产力的累积性进步终于使人类跨入现代工业文明历史阶段时，人们对自然的改造已大大地突破了自然自我修复的能力界限，从而使得生态环境危机作为现代工业文明的必然后果历史性地呈现了出来。但是，生产力的发展以及在此基础上人对自然改造能力的提升，并不必然破坏自然生态的平衡与和

---

① 马克思恩格斯文集：第一卷 [M]. 北京：人民出版社，2009：533.
② 曾建平. 生态文明的三种阐释 [J]. 鄱阳湖学刊，2009（1）.

谐。相反，它完全有可能使人类由于能够更系统、深刻地认识自然规律以及更有效地利用资源，而能够更好地守护和促进自然生态的平衡与和谐。然而，遗憾的是，人类并没有将其得到提升的认识和改造能力用于守护和促进自然生态，而是更多地用于掠夺自然资源和破坏自然生态。资本主义生产方式是导致人类做出这一错误选择的根源，而在资本主义生产方式和生活方式中产生的抽象主体观念，以及由抽象主体观念引导的异化消费，则是这一错误选择的具体表征。

在抽象主体观念引导下的异化消费，试图通过对物的无止境的占有与消耗，来释放自身在生产领域和社会生活领域所遭受的压抑，彰显和"塑造"自身被压抑、被夷平的个性，填满自身无尽的虚无，安慰和补偿自身所遭受的矛盾与苦难，证明自己的主体地位和自由，安顿自身飘零无归的灵魂与精神。但是，异化消费并不能实现抽象主体试图通过异化消费所要实现的这一系列目标，在盲目地追逐中不可避免地打破了自然生态的平衡与和谐，造成了严峻的生态环境危机。

三、异化消费对社会生态的背离

人类社会是自然生态整体的一部分，同时又是一个自成体系的独特系统。作为自然生态系统整体中的一个子系统，人类社会生态和自然生态整体一样，以平衡、和谐为原则。但是，人类社会同时又是一个独特的子系统，它实现生态平衡与和谐的方式不同于纯粹的自然系统。如果自然生态系统的平衡与和谐主要表现为一种本然的事实性规律样态，那么，人类社会生态系统的平衡与和谐，则有待于人的有意识的实践活动来推动，它本质上是一种有待实现的自觉价值追求。而这种社会生态的平衡与和谐更为具体的社会表征，就是一种公平、正义的社会秩序，因为公平、正义最有利于一切人的生存和发展，并且作为秩序，它本身就是一种和谐。如果说人类社会以及人类理性是一个不断发展的历史过程，那么我们就有理由期待我们的社会更公平、更正义，因而也更生态、更和谐。然而，我们似乎只是具有走向更公平、正义、生态、和谐的社会的条件与能力，却并没有展现出更公平、正义、生态、和谐的社会现实。相反，现代社会的不公正、不和谐似乎加剧了，社会生态似乎更不平衡与和谐了。异化消费当然不是导致这一结果的主要原因，但是这一问题的表征，并且也是加剧这种不公正、不和谐的因素之一。因此，反思和批判异化消费对社会生态的背离仍然是必要的，并且，通过这一反思和批判，我们能够进入这一问题的更深层次，从而深化对这一问题的反思与批判。

1. 消费异化本质上是反社会的极端个人主义。消费异化与现代抽象主体观念有着内在关联，或者说，异化消费正是抽象主体的消费方式。抽象主体通过异化消费所要证明和实现的，是自身抽象的主体地位和抽象的自由。而这种抽象的主体观念本质上是反社会的极端个人主义，因为它欲求的主体，本身就是一种试图将自身理解为绝对、无限、唯一之存在的抽象主体。

这种抽象主体的反社会性体现在两个方面：

首先，抽象主体将自身理解为一个先验地存在着的孤立的个体实体。由于"主体"一开始是由抽象理性建构起来的，因此，一开始它固然还将自身理解为纯粹思维这样一种普遍主体，但由于这个抽象的纯粹思维的现实和具体载体或形态总是一个个的个体，并且由于在现代资本主义社会中，人们事实上处于一种相互分化和对抗的孤立状态，那种作为普遍主体的纯粹思维实际上不过是一种无内容的抽象形式，而当这种普遍主体试图寻求自身的具体内容时，它寻求到的不过是一个个个体的各个不同的杂多的感性生活体验。因此，抽象主体就在普遍主体与个体主体的矛盾对立中逐渐滑向了个体主体。这样一种抽象的个体主体，既倾向于否定自身存在的社会基础和社会条件，亦即否定自身与他人血肉相连的共同基础，也倾向于拒绝不同个体间内在的自由、平等交往，从而也就拒绝在这种自由、平等交往中达致相互理解与承认，拒绝通过相互理解与承认来扬弃自身的有限性。因为作为先验存在着的孤立实体，它必然要求将自身理解为绝对的、无限的和唯一的，因而既无必要也无能力与他人真心实意地共存共在。

其次，抽象主体对他人和外部世界采取一种主客对立的态度与方式。由于抽象主体按其本质就必然要将自身理解为绝对的、无限的和唯一的主体，因而它必然不会承认他人或其他事物的平等主体地位，但他人和其他的存在是不可否定的事实，因此，抽象主体在事实上不能否认他人和他物存在的情况下，只能将他人和他物仅仅当作一种不对等的客体来对待。一旦采取这样一种主客对立的思维方式和价值立场，作为客体的他人和他物就只能是供主体占有和操纵的对象以及供主体利用的工具和手段。这样一来，抽象主体事实上承认的仍然只是孤立的主体自身，而作为客体的他人和他物仍然没有得到承认，至少没有得到对等的承认。

抽象主体的上述两个方面的反社会性，在由抽象主体观念引导的异化消费中都得到了充分的体现。在异化消费中，一方面，人们误以为自身的一切需要都只需通过对物的占有与消耗这样一种孤立的方式就能得到满足，从而对待自身的本质上必须通过人与人之间的自由、平等而真诚的交往才能予以满足的情感和精神需要，也采取了购买、占有和消费的方式，这也就放弃了与他人的自由、平等和真诚的交往。另一方面，正因为人们将他人和外部世界都同等地看作只是供自身占有、利用和操控的对象，所以人们也只是将他人当作手段来加以利用，当作"物"来加以消费，人们真正关注的只是自身的需要，而对他人及他人的需要的关注，只不过是获得利润从而获得自身需要的满足的手段。

由此可见，人们在异化消费中表现出来的，是一种唯我独尊的、以自我为中心的因而根本无视他人和社会的极端个人主义或"唯我论"。

2. 消费异化破坏了社会的公平、正义与和谐。消费作为人的活动，本质上体现的是人与人之间的社会关系。因此，一个社会的消费方式必然体现着这个社会的公平、正义与和谐程度，而一个人的消费观念和消费方式则体现着他对公平、正义与和谐的态度和理解方式。而异化消费恰恰体现了人们对社会公平、正义、和谐的无视与践踏。

首先，就人们共同生存于这个世界上这一点而言，所有的资源本质上应当为一切人所共有。[1] 因此，尽管当前人类事实上采取的是一种私有的、竞争性的资源占有和分配方式——私有制并非自然的、必然的和永恒的资源占有与分配方式，但人们仍有责任在自己占有资源的同时考量他人对资源的占有状况。也就是说，在私有制条件下，人们仍有责任关注和促进资源占有与分配方式的公平、正义。然而，在异化消费中，人们完全以一种私有者的思维方式，将消费看作是无关乎人际关系从而也无关乎社会公平、正义的纯粹私人事务，完全不顾及自身对资源的不必要的和无止境的消耗对他人所造成的负面影响，完全

---

[1] 为了便于论述，当我们论述人与人之间在指向自然时的关系时，我们暂且以一种人类中心主义的视角，将自然界看作一种"资源"。关于人类有无权利以及在何种意义和多大程度上有权利将自然看作供人类使用的"资源"这一问题，暂且不予讨论。

不顾及这种行为对社会公平、正义的践踏与破坏。事实上，我们到处都看到了这样的不公正社会后果：一部分人对资源的过度消耗导致另一部分人生活水平下降，甚至陷入难以维持基本生存的极度贫困。

其次，这个世界、这个自然生态环境系统是所有人都不可能逃离因而都必须依赖的唯一生活基础，因此，一部分人的异化消费所付出的生态环境代价、所造成的生态环境后果必须由所有人共同承担，甚至主要由那些因贫困而严重消费不足同时又因贫困而无法逃离生态环境破坏区的人群来承担。也就是说，那些最多地消费从而最多地占有和消耗资源并最多地造成生态环境后果的人，却承担最少的生态环境代价和最少的生态环境后果，而那些最少地消费从而最少地占有和消耗资源并最少地造成生态环境后果的人，却承担最多的生态环境代价和最多的生态环境后果。这显然有悖于最基本的公平、正义原则。

最后，人们要更多地进行异化消费从而更多地满足自身的异化需要，就必须更多地将他人强行纳入消费社会的异化逻辑当中，即必须更多地将他人同时作为"劳动力"和"消费力"强行纳入资本主义的生产逻辑当中。这就违背了他人的自由，而自由同时也是社会公平、正义的题中应有之义。因此，践踏了他人的自由，同时也就践踏了社会的公平、正义原则。

最后，由于异化消费严重地践踏了社会的公平、正义原则，造成了严重的社会对抗和不满情绪，从而也就必然破坏了社会的整体和谐。

第二节　消费方式生态化的基本要求

生态文明要取代工业文明，就要从根本上变革工业文明时代的生产方式和消费方式。生态文明建设对消费方式的要求，概而言之就是要推进消费方式的生态化，通过消费方式的生态化形成生态化的消费方式。所谓生态化的消费方式，指对自然生态结构、功能无害（或较少有害）的消费方式，它是在满足人的合理需要基础上，以维护自然生态系统的平衡为前提的一种可持续的消费方式。它以资源节约和环境友好为价值导向和实践取向。生态化消费方式建立在对地球资源蕴藏、环境容量、生态承载力有限性的科学认识之上，它不是对前工业文明时代"原生态型"和"生态维护型"消费方式的简单认同与回归，而是对工业文明时代生态破坏或反生态型消费方式的扬弃与超越。为此，要批判和抵制工业文明时代消费主义的消费主张，批判和抵制一切不利于资源节约、环境友好的消费"陋习"，使消费方式"合度"、"合宜"、"合道"，大力倡导适量消费、绿色消费和优雅消费。

一、合度：适量消费

从消费量的角度来看，特别是从物质消费量的角度来看，消费方式生态化的一种基本要求是合度——适量消费。

消费量的多少对消费者、社会、环境有着重要的影响。与适量消费相对立的是过度消费和短缺消费，"过"和"不及"都走向了消费数量的极端。正如法国经济学家萨伊所说："把消费限定在一个过于狭窄的范围，就会使人得不到他的资产所允许的满足；相反，过多的豪爽的消费则会侵蚀不应该滥用的财富。"① 因此，把握好消费的数量或"度"至关重要。

1. 过度消费及其根据。工业文明时代，人类在基本生存需要得到满足的基础上，提出了享受和发展的需要，并将享受和发展的要求局限在物质层面，物欲的满足成为人们实现自我价值的重要标准，最终形成了消费主义所崇尚的一种过度消费的生活方式。经过 30 多年的改革开放，我国经济发展有了大幅度提高，物质生活得到空前改善，与此同时，物质消费出现了膨胀的现象。所谓过度消费是指脱离现实经济条件与合理需要的消费，即不顾自身经济能力与实际需求，过分追求感官满足，超出了人的基本生活需要的消费。如前所述，它主要表现为挥霍型消费、奢侈型消费、超前型消费和炫耀型消费。过度消费传着虚假的需求信息，误导生产，浪费资源，破坏环境，妨碍经济的可持续发展；过度消费培养了不健全的人格，损害公平，败坏社会风气，影响稳定，造成人与人之间的不信任；过度消费以牺牲长远利益来满足眼前的物质需求，实际上是以牺牲人的全面发展为代价换取一时的欢乐，个人的自我价值并没有因消费的增加而有所提高，社会的进步也没有因为消费的增加而有所提升，只会

---

① 萨伊. 政治经济学概论 [M]. 陈福生，陈振骅，译. 北京：商务印书馆，1997：567.

造成资源的巨大浪费。

支持过度消费的理由来自于三个层面：

首先，从经济学的角度看，为了解决生产的相对过剩，促进经济的增长，过度消费被看作是唯一的有效形式。在过度消费的视野中，传统社会所提倡的体现节俭、克制、谨慎等美德的消费观被认为不利于刺激市场的生产发展，被看作是过时的德性。消费，确切地说，过度消费被当成是个人履行义务、促进经济发展、增加就业的一种自觉的经济参与。1953 年，艾森豪威尔总统的经济顾问委员会主席曾经宣告，美国经济的"首要目标是生产更多的消费品"。以后几代人忠实地追求这个目标，平均算来，今天美国人民比他们的父母在1950 年，多拥有两倍的汽车、多行驶两倍半的里程、多使用 21 倍的塑料盒、多乘坐 25 倍距离的飞机。在美国，过度消费得到当政者的鼓励和支持，是促进经济繁荣的根本手段。过度消费成为经济扩张的助推器，因而也就获得了经济上的价值合理性。

其次，从心理学的角度看，过度消费是"纵欲"心理的必然表达。德国著名哲学家叔本华认为：需求、欲望、追求即是人的生命，人的欲望源于人的需求，需求就是缺乏，就是不能满足的痛苦，由于一个满足了的欲望立刻会让位于又一个新的欲望，使人感受到新的缺乏，由此欲求不断，需要无穷，因而人生痛苦不止。① 为了减轻或逃避这种痛苦，过度消费反对对人的欲望加以任何限制，"欲望—占有—欲望的更大发动—更大规模的占有"成为消费活动对现代社会的具体把握。这样的消费方式，便构成了"大量生产—大量消费—大量废弃"的生活方式。消费在这里已经失去了它的本意，人们不再根据生活的实际需要来确定消费品种、数量，而是超前、超量地消费，使人的欲求心理在消费的刺激下得到畸形的满足。

最后，从伦理学的角度看，过度消费被认为是幸福的象征。消费者通常认为，消费与幸福之间是正比例关系，消费得越多，幸福就越多。过度消费当然就意味着更多的幸福。"正如英国经济学家保罗·伊金说道，一种文化倾向性认为'拥有和使用数量和种类不断增长的物品和服务'是主要的文化志向和

---

① 万俊人. 现代西方伦理学史 [M]. 北京：北京大学出版社，1990：69 - 70.

可看到的最确切的通向个人幸福、社会地位和国家成功的道路"①。作为人的基本生活方式之一的消费被赋予了过多的社会性意义。过度消费成为幸福的代名词。由于把过度消费等同于幸福，因而它便成为一种被鼓励和提倡的道德性行为，获得了道德的正当性。"幸福就是消费更新和更好的商品，饮食、音乐、电影、娱乐、性欲、酒和香烟"，消费成为人的尊卑、贵贱、荣辱的衡量尺度，花钱和享受、炫耀和时尚变成人生价值实现和成就的标志。② 消费主义对节约、勤俭等传统的伦理价值观念造成了严重挑战和破坏，以致过度消费成为一种新的道德信仰，这就为过度消费的盛行提供了伦理支持。

2. 短缺消费及其影响。过度消费是消费的极端形式，与之对应的另一极端是短缺消费或消费不足。过度消费是建立在一部分人或少数国家消耗了数倍于他人或其他国家资源的基础之上的，也就是说，在一部分人或国家过度消费的同时，另一部分人或国家却存在着消费不足。在工业文明时代，一边是西方发达国家普遍的过度消费，一边是发展中国家普遍的消费不足；一边是各个国家少数人的过度消费，一边是这些国家多数人的短缺消费。过度消费满足的是人类不断膨胀的物质需求和消费欲望，与其相伴随的是日益严重的环境污染和资源短缺，正如艾伦·杜宁所说，"描述消费者社会的增长轨迹的上扬消费线，是环境危害高涨的指示剂"③。同在一个资源有限的地球上，发达国家对资源的过度消费必然导致发展中国家可供利用的资源减少，一部分人对资源的过度占有必然造成其他人利用资源的紧张，普遍的过度消费总是与普遍的消费不足紧密相连的。过度消费不仅造成了资源的大量浪费与环境的污染，而且还造成了消费的不公正。无论从保护地球生态环境，还是从满足发展中国家以及广大人民群众基本生存需要的角度来说，过度消费都应该遭到谴责和抑制。

所谓短缺消费或消费不足，是指消费不能满足人的基本生存需要的状况，它由贫困所造成。据统计，目前全世界有 10 多亿人过着绝对贫困的生活，作

---

① ［美］艾伦·杜宁. 多少算够：消费社会与地球的未来［M］. 毕聿，译. 长春：吉林人民出版社，1997：12.

② ［美］埃里克·弗洛姆. 健全的社会［M］. 欧阳谦，译. 北京：中国文联出版公司，1988：330.

③ ［美］艾伦·杜宁. 多少算够：消费社会与地球的未来［M］. 毕聿，译. 长春：吉林人民出版社，1997：6.

为第一个扶贫日，2014 年 10 月 17 日统计表明我国的贫困人口总数达 2.5 亿，处于被迫性消费不足中。当然，消费不足也有"禁欲主义"等主观上的原因。禁欲主义在消费上主张遏制人的欲望，使消费保持在低下的维持水平，无法满足正常的生活需要，不利于生产的发展和社会的进步。英国经济学家马尔萨斯曾经这样阐述这个问题："若储蓄过度，亦足摧毁生产动力。假使每个人都吃最简单的食物，穿最朴素的衣服，住最简陋的房屋，则不会再有别种食物、衣服及房屋之存在。"① 尽管消费短缺或消费不足有着"禁欲主义"的主观原因，但它不是主要原因，主要原因是贫困。

消费短缺或消费不足首先会造成对个人身心的伤害。我们知道，消费是人的生命存在的基本前提，没有消费就没有人的生存。而衣食住方面的基本需要就是人生存于世的底线需要，短缺消费无法使人满足这种底线要求，便会把人推到生存的边缘。消费短缺不仅在物质、身体、社会关系、安全感、选择和行动自由等方面对人之为人的基本需求做了极大的限制和破坏，而且在体验人的尊严方面，其心灵也受到极度的贬抑。

消费短缺或消费不足也会造成社会的混乱。因为它会造成发展不足，而发展权是使人与社会沟通在一起的纽带和动力，作为人权的拓展和延伸，它首先是一种关于物质形态需求的权利，即为人类社会提供维持生存和发展所需的生活资料，它是不可为其他人权所取代的基本人权。发展权的削弱或丧失，必然会引发人们对社会的不满、愤恨。

消费短缺或消费不足还会影响生态环境。如前所述，消费短缺或消费不足的主要原因是贫困。首先，贫困会使公众缺乏环境保护的动力与热情。1997年，加拿大国际环境检测公司策划组织了加拿大、澳大利亚等 25 个国家的调查机构对占全球人口 6% 以上的这些国家进行环境意识的抽样调查，样本总数达 24822 人，结果显示，对于"哪怕冒降低经济增长的风险也应该保护环境"的主张的支持率超过 70% 的都是发达国家，而对这一主张支持率低的国家几乎都是发展中国家，最低的国家是乌克兰，仅为 23%，其次是尼日利亚，仅为 27%。这种情况不是巧合，它反映了经济增长所带来的生活水平的提高与公众认同环境保护的内在联系。公众的环境保护意识不是从天上掉下来的，也

---

① ［美］马尔萨斯. 经济学原理［M］. 北京：三联书店，1994：101.

不是头脑中固有的，而是后天形成的。它的形成，生活水平提高是不可缺少的
条件之一。我们可以将生活水平随经济发展的提高过程划分为四个阶段：脱
贫、温饱、小康和富裕。从第二阶段开始，人们才会更多地追求全面服务，关
心公共物品的可得性和家庭之外的娱乐。从公众对环境质量的态度考虑，环境
从某种意义上可以被看成消费品，环境消费也是有档次的。例如，改变空气浑
浊、臭水横流、拥挤不堪的要求，在公众达到温饱之后就会产生；但对清新的
空气、洁净的河流和湖泊以及城市中大片绿地的企盼，只有达到小康以后才会
出现。

　　事实使我们看到，较高的经济发展水平以及由此带来的较高的公众的生活
水平是公众支持环境保护、参与环境治理的前提。对于处在贫困中的社会来
说，污染的危害同饥饿与疾病相比将退居其次。为了从贫困中挣脱，穷人可以
对环境污染无动于衷。即使山清水秀的地方的穷人可能也向往城市中的贫民
窟。正如世界自然保护同盟前主席施里达斯·达尔夫所说："贫困威胁着最穷
的人的生存。如果我们不把拯救地球同他们的生存联系起来，呼吁他们参加拯
救地球工作是毫无意义的。仅仅告诉那些处于生存边缘的人，不要砍伐森林，
不要多生孩子，不仅是对他们的疾苦麻木不仁，而且是彻头彻尾的挑衅。因为
他们认为这两者对自己的生存是不可缺少的。为了地球上所有的人都能持久地
生活，穷人也需要分担人类对变革做出的承诺。但是，为了这种承诺切实可
靠，世界上其余的人不但要解决自己的出路，而且也要解决贫困的问题。"①

　　其次，贫困还会迫使公众去破坏环境。早在 1972 年斯德哥尔摩第一次世
界环境大会上，时任印度总理英迪拉·甘地就提出了"贫穷的污染"的概念，
并写进会议文件——《人类环境宣言》。《人类环境宣言》指出，在发展中国
家，环境问题大半是由发展不足造成的，我们可以看到许多关系全球的环境问
题不能得到解决，不是存在技术上的原因，也不是专业人员责任心不强，也不
是法律法规的空缺，而是当地的贫困所形成的阻力。有时候政府的努力可能会
因为求生存的人们的破坏而化为泡影。因此，在这个问题上，就不仅仅是一个
环境的问题，而是关系到发展的平衡问题，是贫富分化问题，甚至是关系到国

---

① ［美］施里达斯·拉尔夫. 我们的家园：地球——为生存而结成伙伴关系［M］. 北京：中国
环境科学出版社，1993：135 – 136.

际经济公正秩序的问题。

从全局、全球的意义上看，环境问题具有很大的开放性、世界性，正因为如此，穷国所面临的问题同时也是发达国家的问题。最著名的一个例子就是亚马孙热带雨林，发达国家老是强调这片森林对人类至关重要，是全世界的财富，但巴西政府总是反对。"其实，真正的问题是，对于水深火热的当地贫困人民来说，他们连'现在'都难以保证，还谈什么全人类的未来，只要全世界不能有效地帮助他们走出贫困，这个世界又有什么资格强调这片森林的世界性？"① 世界环境与发展委员会说得更加明确："贫困本身污染环境，以不同方式制造出环境压力。"② 无论是发达地区还是贫困地区，当今世界的环境问题普遍存在，与发达地区环境问题出现的原因不同，贫困地区的环境污染主要是贫困所导致的。正如达斯古帕塔所说的："贫困造成了营养不良，削弱了穷人的工作能力，妨碍了他们获得工资就业的机会。因而穷人被迫更多地依赖于砍伐边际土地上的脆弱的、产权没有确定的自然资源。"③ 这正是贫困地区环境危机的基本原因。对此，印度科学和环境中心报告指出，在印度的喜马拉雅山中部的阿拉克南达河流域调查发现，农村总人口中的30%从事种植，20%从事采集，25%的人同时从事采集、养殖和放牧。土地资源、水资源、森林资源、草场资源等支配着他们生活资料的绝大部分。为了生存，他们不得不以不同的方式破坏附近的环境，给环境制造出种种压力：他们砍伐森林，他们在草原上过度放牧，他们过度使用贫瘠的土地，越来越多的人涌入已很拥挤的城市。这些变化的累积性影响是如此深远，以致贫困成为一个全球性的重大灾难。④

工业文明时代虽然极大地丰富了物质生活资料，但未能消除贫富的两极分化，反而使贫富分化加剧。在工业文明时代，尽管过度消费和消费短缺或消费

① 戴星翼. 环境与发展经济学［M］. 北京：立信会计出版社，1995：108.
② 世界环境与发展委员会. 我们共同的未来［M］. 王之佳，等，译. 长春：吉林人民出版社，1997：32.
③ ［日］速水佑次郎. 发展经济学——从贫困到富裕［M］. 李周，译. 北京：社会科学文献出版社，2003：218.
④ 世界环境与发展委员会. 我们共同的未来［M］. 王之佳，等，译. 长春：吉林人民出版社，1997：33.

不足的情形并存，可是过度消费是矛盾的主要方面，正是由于存在着少数发达国家和富裕人群的过度消费，方才存在多数发展中国家和贫困人群的消费短缺或消费不足，只有解决了少数发达国家和富裕人群过度消费问题，才有可能解决多数发展中国家和贫困人群的消费短缺或消费不足问题。而解决的方案，主要不在于如何去生产得更多、制造得更多，而应在如何改变不合理的国际政治经济秩序、改变不公正的社会制度中去寻找。

正是因为如此，合度消费的提出，主要是针对过度消费，即消费主义主张的高消费而言的。

3. 合度消费的要求。不管是消费过度还是短缺消费或消费不足，都是消费的极端形式，那么，到底消费多少才是"合度"的呢？

中国古代主张"过犹不及"、"执两用中"的观点，古希腊也有亚里士多德的中道思想。德国著名伦理学家包生尔在《伦理学体系》中指出，伦理道德问题，说到底是一个适度问题、一个中道问题。符合中道而适度的行为是道德的行为。消费行为也是一个涉及伦理道德的问题，因而也要讲合度。所谓合度消费，就是适当的消费，意思是指消费的数量与质量都符合客观的规定性，既不超越经济条件所允许的水平，又不滞后于生产力的发展水平。① 它既反对"纵欲"，也反对"禁欲"，而是主张"节欲"，主张对欲望进行合理的表达。因此，合度消费是一种介于过度消费与短缺消费或消费不足之间的一种合理性选择。它不仅抑制了人类不断膨胀的物质需求和无尽的消费欲望，克服了过量消费的不正当性，而且保证了人类的基本生存和发展需求，消解了短缺消费或消费不足的不人道性。

合度消费的合理性来源于三个层面：

首先，在经济层面，适量消费是与社会生产力水平和经济发展水平相适应的消费，有利于社会生产力和经济的发展。

其次，在环境层面，适量消费充分考虑了人与自然的关系，严格按照环境的承载能力和容量来进行消费，有利于生态环境的保护。

最后，在道德层面，适量消费既充分吸收了传统的伦理智慧，又为环境问

① 曲格平. 我们需要一场变革 [M]. 长春：吉林人民出版社，1997：21.

题的解决提供伦理支持。适量消费是伦理道德应对环境问题的一种表现，并在实践中得到了证明。

适量消费符合经济、环境、伦理三个维度的检验，必然成为消费的一种理性选择。从过度消费、短缺消费或消费不足到适量消费，是消费生态化的体现。适量消费体现为以下几种类型：

（1）健康型适量消费。消费什么，如何消费，消费多少，当以促进消费者的健康——身心健康为目标。终身为生计而疲于奔命，且不能养家糊口做到温饱者，其身心不可能健康。同样，追名逐利，一天到晚梦想着"金山银山"，虽锦衣美食仍不满足者，其身心也不可能健康。为了健康，衣为什么非要名贵华丽；为了健康，食为什么非要山珍海味；为了健康，行为什么非要以车代步；为了健康，住为什么非要是别墅大宅。其实，活得简单点、朴实点、轻松点，或许会更加健康些。

（2）深度型适量消费。消费的对象各自具有自己满足消费者需要的特定功能，这就是消费品的使用价值。消费的目的是消耗消费品的使用价值。过度消费已经偏离了这一点，本来关注物品使用价值的消费演变为专注物品的符号价值和象征意义的消费。人们追求过度消费，是另有所图，是追求这种消费品的附加性价值，这使得物不能尽其用，财不能尽其所。适量消费就是要还原消费对象的为人利用的实际价值和功能，最大限度地提高产品的利用率，深度地实现产品的使用价值，最大限度地提高资源的利用率。

（3）均衡型适量消费。从纵向看，适量消费是一个动态概念，即在不同的生产力水平、资源状态下，它在量上是不等同的，这既要根据消费者自身的物质需求，也要根据社会供应状况进行合理的调节。从横向看，它是一个均衡概念，既不是一味地节约、吝惜财富，也不是毫无节制地消耗和滥用财富；既能较好地满足生活需要，又不至于奢侈、浪费。为此需要考虑到六个方面的均衡：一是实物消费与服务消费的均衡，二是事务性消费与闲暇消费的均衡，三是一次性消费与循环消费的均衡，四是物质消费与精神文化消费的均衡，五是现期消费与长远消费的均衡，六是不同地区、不同阶层人群消费的均衡。

（4）阈值型适量消费。选择环境资源等方面的因素为阈值系统，科学合理地确定一个或多个数值作为对某类商品进行消费的依据，将其消费控制在经济社会发展水平的承载能力和在地球环境和资源的承载能力双重约束范围之内，这就是所谓的阈值型适量消费。

如前所述，消费过度与消费短缺或消费不足是客观存在的两种极端形式，但从目前整个世界状况来看，过度消费即纵欲是主要倾向，因而我们倡导适量消费主要是针对过度消费而言。发达国家的过度消费导致了发展中国家广大人民群众的消费短缺或消费不足，并为发展中国家部分人的消费过度提供了榜样与示范。当今人类不是生产不足，不是向自然的索取不够，而是分配的不公导致了两个世界，以及两类人群消费过度与消费短缺或消费不足并存的二元对立，且日益鲜明、日益尖锐。人类创造的财富如果能够公平分配，全球完全可以使每个人都过上富足且体面的生活。

美国人是世界过度消费的典型。有数据表明，美国占世界不足 6% 的人口，却消耗世界资源的 35%。如今在这个地球上，17.28 亿人生活在"消费的社会"中，占全球总人口的 28%。其中，美国有 2.42 亿人，占该国人口的84%；西欧有 3.49 亿人，占该地区总人口的 89%；日本有 1.2 亿人，占该国人口的 95%；中国有 2.4 亿，约占全国人口的 19%；印度 1.22 亿，占该国人口的 12%；俄罗斯 6100 万，占该国人口的 43%；巴西 5800 万，占该国人口的 33%；而非洲撒哈拉以南地区只有 3400 万人，仅占地区总人口的 5%。从国家经济发展程度来分，全球发达国家中共有 8.16 亿高层次消费者，占这些国家总人口的 80%。① 根据世界自然基金会（WWF）的"人类碳足迹（Carbon Footprint）"测算显示，倘使世界按照美国的生活方式，养活人类需要 6 个地球，养活欧盟各国需要 4 个地球。② 圣雄甘地感慨地说：地球可以满足人类的需求，却满足不了人类的贪婪。如果人类不改变目前的过度消费，有朝一日，地球将被贪婪所吞噬。

---

① 美国人占世界人口 6% 消耗了 35% 的世界资源 ［EB/OL］. ［2005 - 08 - 05］. http://finance.sina.com.cn（金时网·金融时报）.
② 齐亚超. 低碳经济之路——新的绿色长征 ［EB/OL］. ［2009 - 07 - 15］. http://news.xinhuanet.com/energy/2009 - 07/15/content_11712396_1.htm.

二、合宜：绿色消费

1. 绿色消费之涵指。绿色消费有广义与狭义之分。广义的绿色消费泛指一切有利于资源节约、环境友好的消费，即等同于消费方式的生态化。狭义的绿色消费则是消费方式生态化的一种基本要求。这里我们取其狭义。只有绿色消费才是合宜的。

如果说在原始文明和农业文明时代，消费的负面效应还并不像现在这么明显，那么，进入到工业文明时代，随着消费数量的不断增长，消费的负面效应日益显现。人类的不合理消费不仅造成了地球资源的耗竭，而且破坏了自然生态系统的平衡，恶化了人们的生存环境，威胁到了人类自身的生存和发展。

20 世纪 70 年代，随着环境保护运动的蓬勃发展，西方国家相继爆发了以"绿色"消费主导的"绿色革命"，一种新的消费观念——"绿色消费"应运而生。1987 年，英国人 John Elkington 和 Julia Hailes 出版了著名的《绿色消费者指南》一书，一个月内该书便成为英国最畅销书。书中第一次提出了绿色消费的观点，将绿色消费定义为避免使用下列商品的消费：（1）危及消费者或他人健康的产品；（2）生产、使用或废弃期间消耗大量资源的产品；（3）带有过分包装特征或由于使用寿命过短而引起不必要浪费的产品；（4）使用濒临灭绝的物种或者环境资源制成的产品；（5）包含了虐待动物，不必要滥捕行为的产品；（6）对别国，特别是发展中国家造成不利影响的产品。[①]

《绿色消费者指南》的上述文字只是从"避免使用"的角度回答了什么是绿色消费，其实绿色消费的含义远不止于此。它不仅指出了我们作为消费者不应当做什么，而且还指出了我们作为消费者应当做什么及其如何去做。早在20 世纪 90 年代，国内学者就曾撰著指出绿色消费首先是指对绿色产品的消费。[②] 决定消费行为是否是绿色消费的最为重要的因素就是人们所消费的对象——消费品是否是绿色产品。所以，绿色产品的问世标志着绿色消费浪潮的兴起。

---

① 何小青. 消费伦理研究 [M]. 北京：三联书店，2007：145.
② 刘湘溶. 生态文明论 [M]. 长沙：湖南教育出版社，1999.

何谓绿色产品？从环境标准上，我们可以把产品划分为三大类型：对环境有害且无法减轻其害的产品；对环境有害但能在一定程度上减轻其害的产品；对环境无害的产品。所谓"绿色产品"，是对无害或较少有害环境的产品的统称。它有三层含义：一是指这些产品的生产工艺、生产过程不会破坏和污染环境（或对环境的破坏、污染较轻）；二是指这些产品在使用中或使用后不会破坏、污染环境（或对环境的破坏、污染较轻）；三是指这些产品是没有被污染（或污染较轻）的产品。

绿色产品是从 20 世纪 70 年代开始出现的。原西德是世界上最先推出绿色产品标志（亦称为环境标志产品）的国家。1977 年，原西德政府制定了环境标志计划，1979 年，带有环境标志的产品开始出现在市场上。原西德推出环境标志产品的主旨是，引导企业生产出在生产过程、流通过程、储存过程和消费使用过程中没有或很少对环境造成不利影响的产品，同时也引导消费者广泛地使用或消费绿色产品。在原西德，带有"环境标志"的产品售价比不带"环境标志"的同类产品略高，但很受消费者的青睐。到 1984 年，原西德环境标志产品达到 33 个类别、500 种。20 世纪 80 年代末发展则更为迅速，产品数量增加了约 6 倍；到 1992 年底，已有 800 多家企业生产的 71 个类别、3000 多种环境标志产品上市。原西德推出绿色产品后，世界上许多国家纷纷效仿。1988 年，加拿大、日本、美国等国家开始推出绿色产品标志。1991 年，澳大利亚、芬兰、法国、挪威、瑞士等国家也开始推行绿色产品标志。至此，西方国家已经逐渐形成了绿色产品标志制度。国际标准化组织（ISO）环境战略咨询组于 1991 年成立了绿色标志产品分组，其目的是为了统一绿色标志产品方面的有关定义、标准及其测试方法，以避免国际贸易上的障碍，促进社会经济和环境的协调发展。

绿色产品标志最开始是在两个方面展开的：一是在商品的包装物上，凡有这种标志的产品包装，表明均便于回收利用，或易被自然分解，不致成为损害环境的废物。二是在食品上，凡有绿色产品标志的食品被称为绿色食品，绿色食品是指安全、营养、无公害类食品。绿色食品向人们提出一个新的食品质量概念，它的开发着重要求原材料产地必须具有良好的生态环境，加工和原料生长过程必须遵守无公害的操作规程。在对包装物和食品实行绿色产品标志后，许多国家又继而开始在工业产品上实行绿色产品标志。无氟冰箱、燃氢汽车、静音洗衣机……令人目不暇接。由于广泛的宣传，加之国家的必要干预，各种绿色产品纷纷问世，投放市场。

我国绿色产品的开发是从 20 世纪 90 年代初开始的，最先起步的是对绿色食品的开发。1992 年 7 月成立了"中国绿色食品发展中心"。1993 年，中国绿色食品发展中心加入了世界有机农业运动联盟。同年，原中国国家环保局颁布了绿色产品标志图案，开始实施绿色产品标志制度。标志图形中间为青山、绿水、太阳，外圈由 10 个圆环组成。图形中心结构表示人类赖以生存的环境，外圈的 10 个圆环紧密结合，环环相扣，表示全民参与。这个图案所表达的意义即"全民联合起来，共同保护人类赖以生存的环境"。

总之，绿色产品的问世表征着人类生态意识的觉醒和生态良知的形成，也表明环境保护已经成为生活化的而非纯粹理论化的实践运动。

照理说，有了绿色产品就会有绿色市场，但是仔细一想，这两者之间并不是一种必然性的逻辑关系，也就是说，有了绿色产品并不一定自然而然就会形成绿色市场，而如果绿色市场无法形成，那么就不能保证绿色产品能够顺利地到达消费者手中，绿色消费也就谈不上了，所以，当企业开发出绿色产品后，还必须努力来培育绿色市场。

除了商品之外，市场的另外两大构成要素就是买卖双方了，也就是说，市场实际上是以商品为媒介而形成的卖者与买者之间的联系与交往。其一是卖者能够把绿色产品带到或推向市场，其二是买者要能够热衷于选择绿色产品。这样的供求关系形成之后，绿色市场也就生机勃勃了，绿色消费的各个环节也就畅通了。

但是，我们通过什么来保证绿色产品能够顺利地被推向市场，绿色产品又怎么能成为消费者热衷选择的商品呢？

从理论上看，这并不是一个十分复杂的问题。市场的形成虽然意味着买卖双方之间所达成的契合，但是在这其中起主导作用的是消费者，也就是说，消费者起着引领市场的重要作用。因此，绿色市场的形成关键是要培养消费者的绿色消费意识，从而形成现实的绿色产品购买力。

另外，要为绿色产品顺利地投放市场积极创造条件，而要做到这一点，主要需要政府和相关管理部门做出努力，其中尤为重要的是应实行"两个制度"：一是要实行绿色产品市场准入制度。从目前的条件来看，绿色产品的生产虽然在技术上已经没有多大的阻碍，但是生产成本高和产量较低的问题还没有从根本上得到解决，这在一定程度上降低了绿色产品的市场竞争力，所以政府和有关管理部门应当为此采取相应的措施。二是应积极推行绿色产品标志制度。绿色产品标志制度是环境政策的一种重要体现，它主要是基于信息引导和市场自由竞争机制来实现的，其实质是将非经济的手段转化为经济刺激手段，利用具有高度环境意识的消费者引导市场，用市场来刺激有利于环境的产品的开发与利用。实施绿色产品标志制度有两个前提：其一是广大消费者高度的环境意识；其二是高水平的环境技术。从我国的现实国情来看，在这两个方面都有很大的潜力，所以开拓绿色市场任重而道远。

在绿色市场的培育上，有一点十分重要，那就是要学会正确应对绿色壁垒。绿色壁垒又叫作环境壁垒或环境贸易壁垒，是随着环境保护运动的深入和绿色消费的兴起而产生的一个新的概念。它是一种以保护自然资源、生态环境和人类健康为目的，通过制定严格的环境保护制度和标准，对国外的产品及服务加以限制的贸易保护手段。

学会正确应对绿色壁垒的前提是正确认识绿色壁垒。今天，在关于绿色壁垒的形成缘由及其作用机制方面，人们众说纷纭、莫衷一是。如：有人认为绿色壁垒的产生主要是发达国家扼制发展中国家的一种手段，是经济全球化时代不公平的贸易机制的体现，是对国际贸易自由化的伤害，因而在绿色壁垒背后潜藏着复杂的政治背景。应当说，这些分析并非毫无根据，绿色壁垒的产生和发挥作用的过程的确存在与公正和正义相悖的现象。如：西方发达国家不顾不同国家和地区由于自然因素和历史传统等所造成的巨大发展差异，总是企图以国际标准或高于国际标准的要求来为发展中国家制定环保产品的达标线，这样做显然是为发展中国家参与国际贸易制造了更大的障碍。另外，许多发达国家明显地对国内和国外产品实行双重环保标准。但是，尽管绿色壁垒的产生及其在发挥作用的过程中产生了许多消极后果，我们都不能因噎废食，完全否定它的积极作用，其积极作用至少有两点：一是它对于整合和调动世界各国共同参与到环境保护活动中具有约束力；二是它对于提高人们的环境意识，改变原有的经济增长模式具有推动力。总之，对于每一个国家来说，正确地认识绿色壁垒，科学地利用绿色壁垒，不仅有助于本国经济发展，而且也是有利于人类和生活在这个地球上的其他物种的一种善举。不从自己做起，只靠埋怨和抗议于事无补。

当然，对绿色产品的消费只是绿色消费至关重要的方面，但不是唯一的方面。概而言之，国际公认的绿色消费有三层含义：一是倡导消费绿色产品；二是在消费过程中注重垃圾处置，不造成环境污染；三是引导消费者转变消费观念，崇尚自然、追求健康，在追求生活舒适的同时，注重环保，节约资源和能源，实现可持续消费。它以培养和造就素质高、有涵养、能力强的理性消费公民为目标，注重的是生态消费精神的积淀，使不同阶层消费者的消费观念和消费行为趋于生态化、科学化和人性化。这三层含义表明了一种新的消费时尚，它体现在人们衣、食、住、行、游、乐、玩、葬等各个消费领域，例如"返璞归真"服饰主题的经久不衰，吃"粗"吃"素"餐饮文化的兴起，自行车族在西方的不断壮大，"住到郊外去"逐渐风行，不一而足。

绿色消费正在风靡世界，影响一代人的消费观念，但是，与此同时，也有许多人错把绿色当时髦，对它有所误解、混淆，甚至打着绿色的旗号大行非生态的消费方式。有人以为，"绿色"即是"天然"，"绿色消费"就是"消费绿色"，他们以为"食绿"（吃天然食品）、"穿绿"（穿天然原料的服装）、"住绿"（住用天然材料装饰的房间）、"游绿"（到原始森林旅游）就是"绿色消费"。

中国环境标志产品认证委员会秘书长、中国环境科学研究院副院长夏青反对这种观点，他认为，"绿色"绝不是天然的代名词。"绿色"是给群众身体健康提供更多、更好的保护，对环境影响有更多的改善，这就是世界上对产品绿色标准的评判基础。另外，"绿色"还包括生命周期评价概念，即产品的设计、生产、使用、废弃四个阶段的环境行为都必须得到考察，符合改善环境友好的要求，才能被称为"绿色企业"或者是"绿色产品"。

北京地球村环境文化中心主任、世界环保苏菲奖获得者廖晓义也认为，"消费绿色"的误区确实存在。许多人打着生态旅游的旗号去旅游，结果破坏了生态环境。"绿色消费"绝不是"消费绿色"，而是保护绿色，即消费行为和生产行为要考虑到对环境的负面影响并且尽量减少这种负面影响。她强调，如果沿着"天然"就是"绿色"的路走下去的话，是非常可怕的。所以消费必须是以保护绿色为出发点。在消费行为中，所谓环境意识不只是环境知识，而是一种环境良知。有环境知识的人不一定有环境良知，就像有些从事环境保护的人只是一种职业而非出于一种良知，并不保证其消费行为是绿色的。她希望"绿色消费"能真正朝着保护绿色的方向走，不要走入岔道。

当前，低碳消费登上了历史舞台。低碳消费属于绿色消费的范畴，并赋予绿色消费新的时代内涵。低碳（low carbon）消费指的是一种低能耗、低物耗、低污染的绿色消费，其实质是减少碳排量，它既是"两型社会"建设的重要载体，其发展水平又是判断"两型社会"建设水平高低的重要标准，二者统一于建设社会主义生态文明的历史进程中。

在日常生活中，每个人、每个单位都在进行碳排放，都有自己的碳足迹即"碳耗用量"，碳耗用得多，导致全球变暖的元凶二氧化碳也制造得多。当前，我国的能源消费处于"高碳消耗"状态，属于典型的"高碳经济"。根据有关专家计算，假定我国的 GDP 未来 10 年仍保持 7.5% 增速，2020 年，我国的碳排放数量经过减排 40% 后将达到 28.64 亿吨，届时将占到全球排放量的 36%，远远超过其他国家。在此情况下，中国的发展面临巨大的国际压力。为此，在我国推行低碳消费，发展低碳经济必须提到国家战略层面加以思考。

国家发改委原副主任解振华表示，"发展低碳经济是我们的必然选择，只有发展低碳经济才能从根本上提高我们国家能源安全的保障能力。更重要的是，降低二氧化碳排放强度一旦成为强制性目标，将给中国的经济增长模式带来革命性的转变，低碳经济也将真正走进中国人的社会生活。"[①] 低碳消费是低碳经济的重要环节。在低碳消费中，消费者需要关注"5A"：一是 Awareness（认知性），即对低碳消费的了解和认知；二是 Availability（可行性），即低碳消费的实用性和对减少温室气体排放的有效性；三是 Accessibility（可操作性），即低碳消费的可操作性；四是 Affordability（可承受性），即人们实行低碳消费的经济成本可以承受；五是 Acceptance（可接受性），就是在道德价

---

① 解振华. 发展低碳经济是时代要求［N］. 中国企业报，2010 - 01 - 12.

值和安全可靠等方面的社会接受程度。中国环境科学学会秘书长任官平认为，人们在衣、食、住、用、行等方面都可以做到低碳消费。例如：

低碳穿着：少买不必要的衣服。一件普通的衣服从原料到成衣再到最终被遗弃，都在排放二氧化碳。少买一件不必要的衣服就可以减少 2.5 千克二氧化碳的排放。另外，棉质衣服比化纤衣服排碳量少。

低碳饮食：多吃素。生产 1 千克牛肉排放 36.5 千克二氧化碳，而果蔬所排放的二氧化碳量仅为该数值的 1/9，而且本地的果蔬和淡水也比外地运输来的排放的二氧化碳量小。此外，低碳饮食还包括喝酒要适量，如果 1 个人 1 年少喝 0.5 千克酒，可减排二氧化碳 1 千克。

低碳居住：选择小户型，不过度装修。减少 1 千克装修用钢材，可减排二氧化碳 1.9 千克；少用 0.1 立方米装修用木材，可减排二氧化碳 64.3 千克。

低碳消耗：节电、节水。以 11 瓦节能灯代替 60 瓦白炽灯、每天照明 4 小时计算，1 只节能灯 1 年可减排二氧化碳 68.6 千克；随手关灯减排二氧化碳 4.7 千克；如果每台空调在 26℃ 基础上调高 1℃，每年可减排二氧化碳 21 千克；少用 1 个塑料袋可以减少二氧化碳排放 0.1 克；少用 10% 的一次性筷子，每年就能减碳 10.3 万吨。另外，我们还可以从少用电梯，合理使用电视、冰箱、电脑等电器，单面纸重复利用等方面入手，减少二氧化碳的排放。一只节能灯、一台太阳能热水器能为节能减排做的贡献的确很小，但 13 亿人中只要有 1/10 的人用它们来取代传统产品，那节约的能源、减少的碳排量都将会是天文数字！仅以节能灯为例，曾有专家测算，全国 2.7 万亿度用电量中照明用电量将超过 3000 亿度，如果全国有 1/3 的白炽灯换成 LED 节能灯，每年能省下一个三峡工程的年发电量。

低碳出行：少开车，选小排量车。每月少开一天车，每车每年可减排二氧化碳 98 千克，如果出行选择公共交通工具或自行车，二氧化碳排放量将会更少。此外，排气量为 1.3 升的车每年减排二氧化碳 647 千克。通过及时更换空气滤清器、保持合适胎压、及时熄火等措施，每辆车每年减排二氧化碳 400 千克。

每年的 6 月 5 日是"世界环境日"。2015 年，我国世界环境日的主题是"践行绿色生活"。而在深圳这座富有创意的城市，人们创新地以"公约"的形式，将生活中力所能及的点滴小事，写进了深圳市民的"低碳日程"。《深圳市民低碳生活公约》一共十条："（1）从我做起，重复使用塑料袋或使用环保布袋，少用一次性用品；（2）出行选择清洁能源汽车和小排量汽车，上下班多乘坐公共交通工具；（3）合理饮食，减少粮食浪费，多吃素食减少碳排放；（4）选购节能电器，随时断开电器电源，避免待机能耗；（5）家庭垃圾分类收集，学会废物利用，把废弃物转化为资源；（6）尽量少乘坐电梯，楼层不高时走楼梯；（7）节约用水，做到一水多用；（8）减少空调使用时间，夏天使用空调将温度在 26 ℃基础上调高 1℃；（9）不选用过度包装产品；（10）积极宣传低碳生活理念，共同营造低碳生活氛围。"

由此可见，低碳生活是简单易行的，低碳消费就在百姓生活之中，它不是一种时尚，而是一种高尚，它体现的是一种境界、一种态度、一种价值，代表着人与自然、社会经济与生态环境的和谐共生。

只有绿色消费才是合宜的，绿色消费之所以"合宜"，就是因为它有利于人的健康，有利于环境保护，有利于经济社会的可持续发展，因而合乎自然的生态维度，合乎人的目的性维度。

2. 中国当前绿色消费的状况。这里提供两份调查报告。一份是由中华环保联合会与搜狐绿色联合开展的"绿色消费意识有奖问卷调查"[①]。调查问卷共设置问题 14 个，内容包括人们对绿色消费概念的理解、最关注的绿色消费领域、绿色消费的目的、未参与绿色消费的原因、对环保产品性能的期望、提高绿色消费意识的方法等。

调查显示，公众在消费时最关注产品的质量，其次是价格、服务，而产品是否环保的关注度仅排名第四，产品是否方便的关注度排名最后。在消费者中，9.3% 的男性消费者和 15% 的女性消费者在购买产品时最关心产品的环保性能，说明女性消费者比男性消费者更有可能进行绿色消费。

调查显示，公众对"绿色消费"概念的理解还不够全面。比较了解的只占被调查的 13.9%。公众最关心的绿色消费领域是"绿色食品"和"绿色建

① 不了解绿色产品成阻碍绿色消费主因——《绿色消费意识问卷调查》结果分析 ［J］. WTO 经济导刊，2009（8）.

材"，这说明政府、市场部门、民间组织、媒体在这两个领域的绿色消费宣传力度较大，且效果显著。41.2%的消费者因为健康进行绿色消费，35.4%的消费者因为时尚而进行绿色消费，而因为环保进行绿色消费的人数仅占23%，无意识进行绿色消费的人数仅有0.4%。半数以上女性消费者主要是因为健康而进行绿色消费，接近半数的男性消费者主要是因为推崇时尚而进行绿色消费。这说明，女性绿色消费者更加注重绿色产品的内涵和品质，而男性绿色消费者容易受到消费潮流的影响。

调查显示，人们对绿色产品的了解和认知程度有待提高。在"没有特意选择绿色产品的最主要原因"的调查中，59.8%的消费者认为对绿色产品不太了解，31.2%的消费者认为价格高，1.9%的消费者认为没有必要选择绿色产品，7.1%的消费者认为绿色产品不可靠。这说明，人们对绿色产品的了解和认知程度低是导致人们没有特意进行绿色消费的最主要原因。老年群体由于生活收入不高限制了他们进行绿色消费的意愿。因此，政府、民间组织、企业要有计划、有步骤、有针对性地不断加大对绿色产品环保功能的宣传，真正实现消费者购买商品时的知情权，提升消费者的绿色消费欲望，并以公益的方式使老年人享用到绿色产品。

调查显示，消费者对绿色标识的认知程度较高。消费者最常使用的绿色产品标识是"中国能效标识"、"绿色食品"和"中国环境标志（II型）"，经常使用的绿色产品标识是"可循环再生"、"中国环境标志（I型）"和"安全饮品"，较少使用的绿色产品标识是"中国环保产品认证"、"中国节能认证"和"森林认证"，很难被使用的绿色产品标识是"绿色选择"和"中国环境标志（III型）"。以"中国能效标识"作为绿色产品选购依据的消费者最多，说明政府大力推进节能减排的各项政策初见成效，节能减排意识深入人心。半数以上的消费者以"绿色食品"标识作为依据选购食品，说明人们生活水平提高以后，对健康十分关注。但绿色标识认知程度和使用率不高仍然是不争的事实，今后应该加大对绿色标识的宣传力度，普及相关知识，引导消费者正确、安全、健康地消费。

调查显示，公众对"限塑令"表现出很大的支持。国务院办公厅下发的《关于限制生产销售使用塑料购物袋的通知》规定从2008年6月1日起，在全国范围内禁止生产、销售、使用厚度小于 0.025 毫米的塑料购物袋，并实行塑料购物袋有偿使用制度。通过此次调查，公众对这项促进绿色消费的政策还是表现出相当大的支持。例如，认为塑料袋几毛钱，还是使用塑料袋方便的占 35.2%；自己带塑料袋，将以前的循环使用的占 21.7%；使用环保购物袋的占 41.6%。

调查显示，高收入群体应成为"绿色出行"的重点宣传对象。被调查者中，46.8% 的人主要出行方式是步行，28.9% 的人主要出行方式是乘坐公共交通工具，20.4% 的人主要出行方式是骑自行车，4.0% 的人主要出行方式是驾驶私家车。大部分人选择了绿色出行方式。但是，在月收入 4000～6000 元的人群中，11.9% 的人使用私家车出行，远远高于其他收入群体使用私家车出行的比例。因此，高收入群体应成为"绿色出行"的重点宣传对象。

调查显示，全社会的绿色消费意识需要进一步提升。根据问卷，公众认为提高绿色消费意识的最有效方法是"媒体加大宣传力度"，其次是"加强绿色消费知识的教育"。因此，社会各界必须大力宣传绿色消费观念，使之深入人心。政府、学校、媒体、民间组织应自觉承担起对全民进行绿色教育的责任，针对不同对象，采取不同方式进行教育、培训，以提高全民的环境知识水平，增强全社会的绿色意识。

美国著名经济学家马歇尔曾指出："一切需求的最终调解者是消费者的需求。"调查显示，根据公众对环保产品的期望，企业应该将企业利益、消费者利益、社会利益和生态环境利益四者统一起来，积极作为，生产绿色产品，实施绿色营销战略，培育绿色企业精神，树立企业绿色形象。

另一份是由北京网络媒体协会联合第三方万瑞数据公司共同推出的《网民低碳生活调查报告》①，调查发现，在低碳生活方面存在三大偏差：

（1）偏差一：态度和准确认知不匹配。网民"低碳"的态度积极，但对"低碳"概念准确认知度低。

97.8% 的网民认为，低碳与我们的生活息息相关，并且 94.2% 的网民认为，应该倡导低碳经济而不是低碳生活；仅有 10.5% 的网民能够准确认知低

---

① 陈媛媛. 低碳生活为何知易行难 [N]. 中国环境报，2010 – 06 – 02.

碳概念，即降低二氧化碳的排放量。绝大多数网民存在低碳理解误区，62.8%的网民误认为是减少"以二氧化碳为代表的有害物质的使用量和排放量"。

调查者在对比不同群体对低碳准确认知率的差异时发现：男性的准确认知度高于女性，自由职业者、白领人士的准确认知度偏高，准确认知状况与学历关系不大，随着群体年龄的增长，准确认知度不断升高。

（2）偏差二：认知和实践不一致。一些低碳生活方式认知度不高，但已成为生活习惯，一些生活方式则明知低碳却难实行。

在低碳饮食方式上，公众对各种低碳饮食方式的认知度基本在70%左右，认知水平较高；在实践层面，避免油炸、多吃蔬菜少吃肉等养生类饮食方式的实践率均在75%左右，实践率较高。尽量喝淡汤、吃肉时多选择鱼禽类的实践效果较差，实践率仅为56%，实践率远低于认知度，差距在10个百分点以上。

在家居生活方面，公众对低碳生活方式的认知度偏低，大部分集中在60%～70%。大部分家居生活方面低碳方式的实践率在70%以上，手洗衣物、煮饭前提前淘米等方式的实践率相对偏低，尤其是使用手帕的实践率最低，仅为43%。其中，公众对使用手帕的知行偏差最大，认知度高于实践率34个百分点。此外，随手关灯、经常开窗通风、自备环保购物袋等方式的实践率高于认知度。统计数据表明，这类低碳生活方式在广大网民中已经形成习惯，网民应该继续保持。

在交通出行方面，公众的低碳生活方式认知水平较高，平均认知度在82%，其中尽量选择步行、骑自行车出行的认知度高达88%。但各种低碳出行方式在实践中存在较大差异，尽量少开车、选择公共交通工具的实践率高达86.9%，而出差时尽量选择火车、少选择飞机的实践率不足60%，与其他方式的差距较大。从认知与实践的匹配程度来看，出差时尽量选择火车、少选择飞机的偏差较大，实践率低于认知度16.3个百分点。

针对此类低碳方式，一方面需要广大网民降低便捷、舒适等方面的要求，将这些低碳方式付诸实践，另一方面需要政府加大宣传，提升公众低碳意识，并采取相应的配套措施。

在工作办公方面，公众对低碳生活方式的认知度在80%左右，认知水平较高；在实践层面，除办公室内种植净化空气的植物的实践率不足 70% 以外，其他方式的实践率均在 80% 以上，实践状况较好；办公室内种植净化空气的植物的实践率低于认知度 8 个百分点，知行偏差较大。

（3）偏差三：实践主体差异大。老年群体是低碳生活的积极实践者，而作为社会中流砥柱的中青年实践明显不足。

在低碳饮食方式上，女性的实践率明显高于男性；从年龄差异上来看，除少购买大棚蔬菜这一低碳方式外，其他方式均为老年群体实践率最高，实践率随群体年龄增长而增长趋势显著。

在家居生活方面，实践者的性别差异显著。在使用手帕、手洗衣物、饮水机不用时断电、经常开窗通风等方面，男性的实践率明显高于女性；电视屏幕调暗的性别差异不大；其他方式女性实践率高于男性，其中自备购物袋的女性高于男性近 10 个百分点。

在家居生活方面，实践率随年龄增长而逐渐升高的趋势明显。年轻群体手洗衣物的实践率最高，中年人洗脸、洗衣水用来冲马桶的低碳方式实践状况最佳，老年人在其他低碳生活方式上的实践率均最高。

在交通出行方面，实践者的性别差异、年龄差异不大，在职业方面存在较大差异。各职业群体在选择步行或骑自行车出行、尽量选择公共交通工具出行这两方面的实践率差别不大，均在 80% 以上；自由职业者在尽量选择火车、少选飞机出差方面的实践率最高，其他职业的实践率水平相当。

在工作方面，由于各职业所属特点的不同，低碳方式实践的职业差异较大。白领人士在重复利用纸张、使用双面纸方面的实践效果较为突出，自由职业者在多用即时通信工具方面的实践率最高，私营业主、个体商户在办公室种植净化空气的植物方面实践率远高于其他职业群体。

三、合道：文明消费

从消费性质来看，消费方式生态化要求"合道"——文明消费。

广义地说，文明消费包括适量消费、绿色消费，这里所提出的文明消费是就消费的价值取向、道德倾向而言的合乎社会主义道德价值的消费，针对的是奢靡消费、低俗消费等不文明消费而言的。

当前奢靡消费的形成是由内外因共同作用的结果。从内因看，奢靡消费是扭曲和异化了的价值观、道德观和欲望的物质表达。进入消费社会后，传统的价值观念体系受到空前的挑战和破坏，而与消费社会相适应的新的消费伦理道德尚未建立起来，由此必然形成扭曲和异化的价值观、道德观与欲望。它片面强调外在的物质消费，忽视了内在的精神满足，仅仅满足于感性的欲望刺激，缺少理性的伦理审视。所有的消费都只是为了满足不断膨胀的欲望和虚假的需要，并非为了生活、自我实现以及人的全面发展，形成了沉迷于物欲、毫无精神追求的"单向度"的人。从外因看，奢靡消费是人的不合理需求受到外界的刺激与煽动。政府的政策措施、电视、广播、新闻、广告都是一些符号和信息。这些信息把消费者的需求与市场上的物品连接到了一起。不合理的需求反映到市场上去，就必然形成奢靡消费。奢靡消费、奢侈品虽然可以改善一部分生活，在某种意义上，奢靡消费、奢侈品虽然可以促进消费，促进 GDP 增长，但更重要的是，它忽视了对他人、社会和自然的负面影响。正如德尼·古莱所说："奢侈品可以改善某些人的生活质量；但是把奢侈品等同于或优先于总体满足生存与加强的需求，那是没有道德上、政治上或者心理上的合理性的。"①不管是从道德、政治，还是从心理上讲，奢靡消费都难以获得其价值合理性。

而低俗消费是无知盲目的、非理性反道德的消费。当前，消费者的消费观念正在逐渐改变，但是，在现实生活中，落后、无知、愚昧的消费习惯大量存在，如修陵墓、造庙宇、看风水、算命占卜、吸毒、赌博、酗酒以及婚丧嫁娶大操大办等。例如，在吃的方面，餐桌比阔斗富、铺张浪费比比皆是，滥食野生动物不良风气普遍存在，把吃珍、吃奇作为一种时尚和享受，由此导致资源的大量消耗，许多物种受到威胁。以满足虚荣、盲目攀比、追求享乐等为导向和目的的低俗消费，既容易造成不必要的铺张、浪费，耗费有限的社会资源，又容易助长享乐主义、拜金主义、及时行乐等思想，败坏社会风气。

文明消费反对没有消费知识的不科学消费。科学消费是建立在理性知识基础上的消费方式，是知道商品或服务本真价值的消费。

---

① ［美］德尼·古莱. 残酷的选择：发展理念与伦理价值［M］. 高铦，高戈，译. 北京：社会科学文献出版社，2008：234 - 235.

　　文明消费的科学基础是安全。安全需要是人类生活的基本需要，即便在消费中，安全仍是最基础性的需要。但是，在市场经济中，由于人们从事经济活动直接目的和最终目的的分离，利益的驱使使消费安全受到越来越严重的挑战。没有安全的产品、服务，就没有文明的消费。

　　文明消费的科学要求是健康。健康需要是随着人类进化，消费主体在对人自身和消费对象认知水平不断提高的过程中逐步提出来的。在消费过程中，消费者永不停顿地认识自己、永不停顿地认识客观消费对象，其基本动力和基本目标就是人的健康。

　　文明消费的科学标志是效益。所谓消费效益，是指一定量的资源财富消耗要求对促进生产发展和提高生活质量所起的积极作用。消费效益的高低，既取决于消耗资源财富的多少，又取决于对生活所起作用的性质及其大小。衡量消费效益，应该进行综合考察、全面衡量，既考虑由此产生的积极效果，又考虑可能带来的负面影响；既考虑对自身需要的满足，又考虑对社会、对他人可能产生的影响；既考虑对满足眼前需要的作用，又考虑可能带来的长远效应，力求在总体上趋利避害。一句话，就是努力以最小的消耗换取最大的效益。

　　文明消费反对不道德的消费。消费不仅是一种经济行为，也是一种文化现象，需要人文关怀。奢靡消费、低俗消费使得道德沦丧、人性堕落。作为奢靡消费的极端形式，现代社会开始出现"女体宴"、"人乳宴"、"胎盘宴"等以人为载体的离奇饮食，不仅亵渎了神圣的人性、良知，也摧毁了人类建构的文明大厦。其中所隐含着的猥亵的心态、阴暗的心理、辛酸的血泪、麻木的心灵不但不能表征人的进化，反而使人蜕化到野蛮的状态。因此，人的消费行为本质上是一种道德行为，应当是建立在科学理性思维基础上的自觉行为，而不应当是非理性的盲目行为、野蛮行为、低俗行为。因为人们都是在特定的社会关系中进行生产消费和生活消费的，人们的生产和生活都是相互影响、制约的。任何消费都不是孤立的个人行为，都会对社会、对他人产生一定的影响。古今中外从来没有与道德无关的消费行为。反过来，一个人的道德水准，对其消费方式具有重要影响作用。道德品质高尚、社会责任感强的人，在消费过程中会自觉严格要求，厉行节约。所以，文明消费要求人们具有很强的消费道德意识，时刻想着自己的消费行为可能对社会和他人造成影响，自觉按照社会主义道德准则来规范各种消费行为。

文明消费使人明确了消费的真谛，确定了"以人为本"的价值理念，为人的文明素质提高指明了方向和具体途径：既要以丰裕的物质产品维持生命、健全体魄、升华感觉、充实生活，又要以高雅的精神产品完善人格、净化心灵、陶冶性情，摆脱动物机能式的消耗之举，使消费成为确证人的本质力量的活动，使人在逐渐完善自我的同时亦能体验到幸福的感受，并在幸福感的激励下追求进一步的发展。与之相应，人的文明素质的提高，会使人不再专注于对象的消费性特征，不再以自己的物欲为中心而使他人或外物单纯地为满足自己的欲望服务；它使人们明确"消费多少是合度的？消费什么是合宜的？如何消费是合道的？"三个有关联的问题，从而从发展的要求出发，考虑自我完善性与外在消费条件的约束性等因素，自觉地超越自己的感性需要，实现全面、自由的发展。

第 **6** 章

推进消费生态化的对策建议

生态文明建设对消费方式提出了生态化的要求，为了形成资源节约和环境友好的消费方式，使之"生态化"，需要实事求是地对当前我国消费状况做出基本考量，分析其原因，并提出对策。对策有三，即"扩需求"、"调结构"、"正取向"。

第一节 | 扩需求、调结构和正取向

扩需求即消费总量的增长，调结构即消费结构的平衡，正取向即消费方向的引导。

一、扩需求

之所以要扩需求，是因为我们的消费需求总量不足。

新中国成立 60 多年来，我国社会消费品零售总额不断攀新，由 1953 年的 348.0 亿元增加到 2014 年的 262394 亿元，增长 754 倍，是全世界增长最快的国家。但是，从国民经济分配的比例来看，居民消费占 GDP 的比例仍然很低，扣除政府消费外，居民最终消费占比仅为百分之三十几。政府消费在我国 GDP 中以 15% 左右的水平保持稳定状态；居民消费却在总体平稳的态势中呈现出明显的下降趋势，由改革开放初期 50% 左右的比重下降至近期的 35% 以下，消费对我国经济发展的拉动作用逐步趋弱。

无论是与城乡居民收入相比，还是与发达国家的消费总量相比，我国的消费规模仍显不足。从国内来看，据调查，2014 年，全国城镇居民人均可支配收入为 28844 元，是 1978 年 343 元的 84 倍；2014 年，全国农村居民人均可支

配收入 10489 元，是 1978 年 134 元的 78 倍。从收入与消费的结构看，收入的增长并没有完全转化为消费的增长，其中的一个重要原因是中国百姓信赖于储蓄而不是消费改变生活。如，2014 年年末，居民储蓄存款余额达 49.9 万亿元。在这庞大的储蓄余额中，只要其中的 10% 用于消费，就将会对中国和世界经济产生相当大的影响。

从国内来看，我国政府在 1998 年首次提出"扩大内需"的发展战略，但实际上这个战略十多年来的实施更倾向于增加政府投资。2012 年 1 月 17 日，国家统计局局长马建堂在 2011 年，国民经济运行情况新闻发布会上公布，2011 年投资对中国经济增长的贡献率是 54.2%，消费贡献率是 51.6%，净出口贡献率为 −5.8%。这说明，目前国内居民消费依然不足。即使是在我国 GDP 进入 10 万亿美元的 2014 年，消费对经济增长的贡献率仅为 51.2%。此前，我国经济增长是"投资—出口"外循环，尚未在"投资—消费"之间形成内循环。因此，刺激消费需求政策的低效促使政府开始关注如何构建扩大居民消费需求的长效机制。例如，2012 年政府工作报告明确表示，扩大内需特别是消费需求是我国经济长期平稳较快发展的根本立足点，是该年工作的重点。2015 年政府工作报告对加快培育消费增长点提出了许多设想，如，鼓励大众消费，控制"三公"消费；促进养老家政健康消费，壮大信息消费，提升旅游休闲消费，推动绿色消费，稳定住房消费，扩大教育文化体育消费；全面推进"三网"融合，加快建设光纤网络，大幅提升宽带网络速率，发展物流快递，把以互联网为载体、线上线下互动的新兴消费搞得红红火火；建立健全消费品质量安全监管、追溯、召回制度，严肃查处制售假冒伪劣行为，保护消费者合法权益。总之，扩大消费要汇小溪成大河，让亿万群众的消费潜力成为拉动经济增长的强劲动力。金融危机以来，国家启动了一系列扩大内需、鼓励消费的政策，以稳定经济的增长。

从国际来看，中国的人均收入约为美国的 1/10，2010 年，中国居民消费支出约为 2 万亿美元，而同期美国消费支出约为 14.9 万亿美元。与此同时，中国的个人储蓄率高达 30%，而美国不到 5%。美国《侨报》2008 年 1 月 15 日发表题为《中国消费水平与大国地位有差距》的文章称，与很多国家相比，中国的家庭消费水平相对落后仍较明显。自 20 世纪 90 年代以来，家庭消费占国内总产值的比率不升反降，从 1990 年的 50% 降到 2003 年的 40%，这一比率的世界平均水平为 62%，发展中国家为 58%。中国人口占世界总人口 1/4，但消费总量只占世界的 4%。可见，中国的家庭消费水平与其世界经济大国的地位是不相称的。国家统计局核算司郑学工 2007 年撰文《改革开放以来我国三大需求走势分析》① 认为，与其他国家相比，我国消费水平明显偏低。从消费率来看，1978—2005 年，全球的年均消费率为 77.6%，且消费率呈现上升趋势，从 1978 年的 75.6% 上升为 2005 年的 78.8%。发达国家中的美国、日本、德国和英国的年均消费率分别为 83.9%、71%、78.5% 和 84.1%，发展中国家的巴西、印度、印度尼西亚和埃及的年均消费率分别为 78.2%、78.7%、70.9% 和 84.1%，亚洲国家的年均消费率为 70.3%，我国的年均消费率为 58.5%，低于世界平均水平。2008 年，我国居民消费率仅为 35.3%，而同期美国为 70.1%，印度为 54.7%。因此，扩大内需，特别是扩大居民消费、破除经济增长中的消费短板不仅是彻底走出金融危机、增强经济增长内生动力的应急之策，而且是转变经济发展方式的长远之计。

居民消费不足与我国城乡结构、产业结构、分配结构、阶层结构失衡，消费模式落后等密切相关。当前存在诸多制约消费加快发展的因素。首先，农村居民收入低、消费增长缓慢，是长期制约居民消费大规模扩张的主要因素。其次，教育、医疗及社会保障机制不健全，促使居民消费支出谨慎。此外，信贷消费不发达，关系民生的服务业供给不足，消费环境有待改善等因素，也影响居民消费信心和购买力的顺利实现。因此，中央明确指出，要把"扩大消费"作为当前和今后一个时期经济工作的一个重要着力点。当然，长期以来，有效需求不能被激发出来，也与供给侧有关。为此，在刺激需求侧的同时，必须从供给侧找到突破口。

无疑，我们主张扩内需、促消费，但反对过度消费、奢靡消费、低俗消费、非绿色消费等不当消费。因为这些不当消费虽然在某个时期也能刺激 GDP 增长，但从长远来看，由此所带来的资源浪费、环境破坏、人际恶化、道德沦丧将成为可持续发展的毒瘤。因此，我们在"更加自觉、更加主动地坚持扩大国内需求特别是消费需求的方针"的同时，要着力促使人们形成新的消费习惯，培育新型消费文化，使科学消费成为消费新常态。

---

① 郑学工. 改革开放以来我国三大需求走势分析 [J]. 统计研究，2007（9）.

二、调结构

之所以要调结构，是因为我们的消费结构失衡。当前，我国消费中所存在的总量不足问题，一方面是绝对性的，另一方面又是相对的，即由消费结构失衡所导致。这种失衡不但使得消费总量难以提升，而且本身也会对经济、社会、环境带来种种负面影响。因此，促进消费生态化转向，必须调结构，这是因为消费结构和产业结构升级蕴藏着巨大的需求潜力。当前，我国消费结构的失衡主要有以下几个方面：

1. 城乡之间的消费结构失衡。中国社科院农村发展研究所和国家统计局农村社会经济调查司联合于 2009 年 4 月 15 日发布农村经济绿皮书《中国农村经济形势分析与预测（2008—2009）》①。统计数据显示，改革开放以来，城乡消费差距不仅没有得到有效的缩小，反而一直处于扩大状态。这表现在：一是城乡消费水平差距拉大。绿皮书指出，城乡居民生活消费支出比从 1978 年的 2.68:1 扩大到 2008 年的 3.07:1，也就是说，城镇居民一个人的消费相当于 3 个农村居民的消费。2011 年，城乡居民消费水平差距虽然有所缩小，但该年农村居民 5221 元的消费水平仍低于 1995 年城镇居民 5620 元的消费水平，所以，我国农村居民人均消费水平落后于城镇居民 16 年。② 二是人均消费支出差距扩大。国家统计局住户调查办公室调查显示，2010 年，城镇居民人均生活消费支出为 16561 元，农村居民为 4382 元，前者是后者的 3.78 倍。三是农村的消费结构较之于城市更不合理。改革开放 30 多年来，我国城乡居民的恩格尔系数呈现出非常明显的下降趋势，但农村居民食品支出比重一直高于城市，与城镇居民相比，基本上有 10 年的差距。如，2011 年，农村居民家庭恩格尔系数为 40.4%，比城镇居民 36.3% 高 4 个百分点有余。四是当前农村主要耐用品消费量偏低。2010 年，城镇居民每百户电脑拥有量为 71.2 部，而农村居民仅 10.4 部；2011 年，农村居民拥有的固定电话量不足城镇居民的一半（农村电话用户 9402 万户，城市电话用户 19110 万户）；农村居民的衣着消费

---

① 郝雨凡，吴志良. 中国农村经济形势分析与预测（2008—2009）［M］. 北京：社会科学文献出版社，2009.

② 孔祥利，王张明. 我国城乡居民消费差异及对策分析［J］. 经济管理，2013（5）.

也偏低，2008 年，农村居民人均衣着消费支出为 212 元，不足城镇居民的两成；同时，农村居民住房条件有待改善，仍有 3000 多万农村住户没有新建过住房，2000 万农村住户住在茅草房和土坯房中，近 1000 万农村住户人均居住面积不足 10 平方米。① 可见，目前我国农村居民生活消费水平仍然相对较低，不论是绝对量还是增长速度，都低于城镇居民，落后城镇居民至少 10 年。因此，我国扩大消费需求，最大潜力在农村，尤其是耐用品消费市场，住房、衣着消费市场空间更大，而这些消费品在中国城市市场已经基本饱和。为此，应当在农民的消费升级、农业物质技术装备水平提升、农业和农村基础设施跨越式发展、农民和进城农民工的康居工程、农村金融创新、农村社会事业等方面加大政策扶持力度。

2. 地区之间的消费结构失衡。根据北京大学刘伟教授等人的研究成果②，从我国区域之间的消费需求水平及变动情况来看，地区消费具有以下主要特点：（1）在全国总体人均消费水平不高的基础上，各地区之间的差异较为显著，其中最高的上海人均年消费支出，比全国最低的贵州省人均消费支出水平高 8 倍左右。（2）我国居民消费与人均 GDP 水平之间存在负相关。也就是说，人均 GDP 水平越高，居民消费占 GDP 的比重也就越少。（3）除西藏、内蒙古、宁夏、青海等少数民族聚集地区外，从总体上看，我国各地区人均消费水平的增长是与其原有的人均消费水平相关的，原有的消费水平越高，增长速度也就越快。这表明，我国各地区间消费水平的差距在扩大。（4）发达地区消费支出增速虽然仍在全国处领先地位，但其本身的速度伴随经济发展水平的提升开始放慢。（5）少数民族聚集省区近些年来人均消费支出增长速度领先于全国平均水平，西藏年人均消费支出增长速度超过 11%，内蒙古超过 10%，宁夏超过 8%。（6）相当一批省区，经济发展水平在全国居中等或下中等水平，同时，消费支出水平增长速度也落后于全国平均水平，如湖南、海南、安徽、重庆、广西、四川、山西、云南、陕西、江西、甘肃、贵州等省市。上述

① 盛来运，侯锐. 建立促进农村居民消费增长的长效机制［N］. 中国信息报，2009－01－12.
② 刘伟，蔡志洲. 区域差异是我国经济持续高速增长的重要资源［EB/OL］.［2004－09－23］. 搜狐财经.

六个主要特点，今天仍基本如此。

各地区之间发展水平的差异，直接导致地区间客观上存在消费水平差异，而这种消费水平的差异又与消费支出的递增速度变化密切相关。人均 GDP 水平高的地区，消费支出水平也就越高，同时，消费支出水平越高的地区，消费支出增长的速度总体上也越快。伴随着发展水平的提高，消费需求增速虽仍领先，但速度开始减慢。这表明，现阶段我国地区之间消费水平差距仍在扩大，但扩大的幅度开始出现降低的迹象。

3. 贫富人群的消费结构失衡。从某种意义上说，影响中国市场内需不足的障碍主要有三个：一是有消费愿望但没有消费能力的问题，这一类人群是中国主要的低收入者。今天解决农民工的就业机会是释放这种消费能力的关键所在。二是有消费能力但不愿消费的问题，这一类人群主要是中国的白领阶层。今天推动社会保障和福利体系的建设是解决中国居民过度金融投资以达到"自我担保"效果的又一个重大的民生问题。三是有消费能力而且有消费愿望但无法实现他们所渴望的消费方式，这一类人群主要是少数企业家、金融投资家、高薪收入的"精英"阶层。尽管从人数上看，他们只占中国人口的两成，但是他们拥有中国财富的八成。①

因此，扩大消费需求应当针对不同人群的特点采取不同的方法。就目前我国的情况来说，在较大贫富差距的背景下，富人的需求处于相对饱和状态，是导致内需疲软的一个直接因素。说富人的需求相对饱和，意思是基本需求的消费处于饱和状态，但非基本需求的消费是有弹性的。他们的物质消费讲求品质、品牌、时尚和个性，精神消费和服务消费成为消费的重点和热点，而这些消费不可能真正达到饱和。当然，这一群体的消费总量虽然有限，但其产生的示范和引导作用不可低估。中产阶层的基本消费需求已经满足，消费行为比较理性，消费水平相对较高，消费结构正待进一步升级，发展消费和享受消费的支出比重不断提高，生存消费的支出比重不断降低。中国社科院发布的《2011 中国城市发展报告》指出，到 2009 年，我国城市中等收入阶层规模已达 2.3 亿人，占城市人口的 37% 左右，而国外中等收入国家比重一般在 50% 以上，

---

① 姚忆江，等. 盛世与阴影：关于中国财富差距的对话 [N]. 南方周末，2009 - 11 - 26.

巨大的消费能力实际上主要是由中产阶层来支撑的。一般民众特别是下层民众的收入状况决定了其消费行为比较谨慎，主要是满足基本生活需求；对于改善生活环境和提高生活质量，虽有愿望和要求，但往往力不从心。因此，这一群体的消费潜力大，要激起潜在的消费能力，就需要增加这部分人的收入，这对促进消费可收事半功倍之效。

4. 物质消费与精神文化消费的结构失衡。自 20 世纪 90 年代中期以来，我国居民消费呈现出结构优化升级的趋势。一方面，生存型消费支出的比重逐年下降。其中又以食品消费最为突出：1990—2011 年，城乡居民食品开支比重分别下降 17.9 和 18.4 个百分点，大幅低于改革开放初期的系数水平（1978 年城乡恩格尔系数分别为 57.5% 和 67.7%，改革开放 30 多年来，城乡恩格尔系数分别下降 21.2% 和 27.3%。但跟西方富裕国家相比，还有很大的差距，美国 20 世纪 80 年代的恩格尔系数平均为 16.45%，日本 20 世纪 90 年代平均为 24.12%）。另一方面，发展与享受型消费支出呈上升态势：医疗保健支出比重增幅超过 200%，交通和通信支出由 1995 年不足 5% 的水平提升至 2006 年 10% 以上的份额，同时，超过 10% 的教育文化娱乐支出成为城乡居民的一项重要开支。不难发现，更多的收入被用于谋求个人发展与提高生活质量，我国居民的消费结构正在更新换代。因此，发展服务业尤其是现代服务业，顺应了我国居民消费正由生存型、温饱型向享受型、发展型升级的趋势。目前我国第三产业比重仅为 40.1%，比世界平均水平低 20 个百分点；服务业就业比重不到 40%，而巴西达到了 58%，美国是 78%。

与此同时，我国居民的物质消费与精神文化消费之间的结构仍然十分不平衡。国家统计局的数据显示，1981 年，农村居民人均文化娱乐教育支出仅 10.1 元，2012 年达到 445.5 元，年均增长 13.0%；1981 年，全国城镇居民人均文化娱乐教育支出 35.8 元，2012 年达 2033.5 元，年均增长 13.9%。这表明，我国人民在满足基本物质需要的同时，精神文化的需要也在不断增长。从总体来看，尽管我国文化消费总量增长较快，但文化消费占居民总消费支出的比重增长有限。有关数据表明，2000—2010 年，全民人均年消费额从 3051.60 元增长到了 8734.54 元，增长幅度达到 286.27%。其中，全民人均年非文化消费额从 2634.42 元增长到了 8105.32 元，增长幅度达到 307.71%，而人均年文化消费额从 214.18 元增长到了 629.22 元，增长幅度达到 293.78%，增幅较前者低了 14%。在居民消费逐步提高的情况下，文化消费额增幅低于非文化消费额增幅的现象日益突出。①

造成中国目前精神文化消费过低的原因是多方面的。从消费方面看，首先，我国居民收入的支出不合理，扣除衣食住行、医疗、养老和教育准备等支出后，居民收入可用于精神文化消费的收入其实很少，消费能力严重不足。其次，由于精神文化消费缺少刚性，一般排在教育和健康消费之后，所以特别容易受到经济变化的影响。当人们的消费受到收入落差抑制的时候，最先从账单上消失的往往是精神文化消费。再次，目前中国处于向市场经济体制过渡的转型时期，原来由国家统包的医疗、教育、养老、住房等一系列社会福利制度，逐步改革为由国家与个人共同负担，导致居民收入预期越来越不确定，居民谨慎消费，消费倾向不断下降。最后，目前精神文化消费主体素质不高、消费意识淡薄、消费观念落后，抑制了文化消费需求的快速增长。从供给方面看，中国文化市场开放程度过低，法律法规建设滞后，管理不规范，精神文化产品和服务的供给尚未形成有效的市场机制，最终导致有效供给短缺，真正适销对路的精神文化产品和服务尤其缺乏，使得潜在需求得不到开发，已形成的有效需求也不能满足。当然，供需差距又是一个存在巨大潜在投资机会的领域，关键是如何转变资源配置机制，构建一个公平的市场环境，使潜在的投资机会变为现实。

5. 绿色消费与非绿色消费的结构失衡。自中国环境标志实施以来，中国现有 1600 多家企业、30000 多种产品获得中国环境标志认证，形成了 1000 多亿元产值的环境标志产品群体。截至 2009 年 9 月，中国环境标志已经发布了 80 多项环境标志产品技术要求，现行的有 72 项，产品种类包括环境保护国际履约类、可再生回收利用类、改善区域环境质量类、改善居室环境质量类、保护人体健康类、节约能源资源类和促进节能减排与防止气候变暖类共 7 大类产品种类。环境标志产品为中国政府绿色采购和节能减排提供了技术支撑。因此，绿色消费就被认为是必然的趋势，引起了普遍的关注，绿色生产、绿色营

---

① 邱玥. 文化消费：向质量要比重［N］. 光明日报，2012 - 11 - 29.

销等也风行一时。可是，据有关部门的调查数据显示，我国消费者虽然有
30%以上声称很在意企业的产品是否"绿色"，但是绿色产品的市场份额很少
能达到 3%，有学者把这个现象称为"30∶3 综合征"，这一综合征使得目前绿
色消费市场有曲高和寡之憾。以环保汽车为例，这些产品最大的买主可能是政
府采购。据统计，一国政府采购的金额一般要占到 GDP 的 5% ~ 18%，这是一
个惊人的数字。比如欧盟的公共采购占其成员国国内生产总值的 14%，其中
绿色采购占公共采购的平均份额为 19%，瑞典达 50%，丹麦为 40%，德国为
30%，奥地利为 28%，英国为 23%，均超过欧盟的平均值。2006 年 10 月，中
国公布了第一份政府绿色采购清单，2007 年 3 月 14 日，财政部、国家环境保
护部对《环境标志产品政府采购清单》进行了补充与调整，共有 18 家企业的
400 多个型号的轻型汽车进入了绿色采购清单。数据表明，我国公务车市场占
汽车市场份额为 10% ~ 15%。不可否认，在我国，绿色消费还在起步阶段，
绿色产品标准还有待完善，现有的标准还没有得到普及，大多数消费者的消费
水平与绿色产品的价格定位还不相适应，绿色产品所占的市场份额仍非常小，
这说明，我国城乡居民在生活习惯、消费意识方面与资源节约型、环境友好型
绿色消费的基本要求还存在很大距离，社会宏观消费总量布局有所失衡，绿色
消费的道路还很艰难。

三、正取向

之所以要正取向，是因为消费取向有偏颇。消费取向偏颇主要表现为：高
消费受到热捧、崇尚和张扬；绿色消费得不到应有的扶持且步入误区；低俗消
费未能有效抵制，反而被放任自流。我们举例说明。

先谈第一个方面。如前所述，高消费的表现形式之一是奢侈消费——对奢
侈品的消费。中国已经成为全球最惹眼的奢侈品高成长市场。一些城市开始成
为"奢华之都"。例如，深圳是中国最奢华的前沿城市，是领导奢华潮流和提
供奢华资讯的前沿城市；上海的奢华地带南京西路，40 余家世界 500 强的办
公场所，打造了上海顶级奢华消费的样板；而浙江义乌则成为中国豪华车密度
最高的城市。中国的奢侈消费仅从汽车消费便足以窥一斑而见全豹。

表 6 - 1　2009 年福布斯中国奢侈品市场调查：顶级汽车调查①

序号	品牌	国家	所属集团	品牌创立时间	进入中国市场时间	目前中国标价最贵产品		2008 年最畅销型号(价格)	2008 年全球销售量	中国销售网点数
						型号	标价(万元起)			
1	布嘉迪 Bugatti	法国	德国大众集团	1909 年	2008 年	Bugatti Veyron Fbg par Hermes	4300	Veyron 16.4 (2450 万元)	73	3
2	迈巴赫 Maybach	德国	戴姆勒股份公司	1921 年	2004 年	Maybach Landaulet	2548	Maybach 62 (960 万元)	300	2
3	世爵 Spyker	荷兰	SPYKER 集团	1875 年	2004 年	Spyker C12 Zagato	1000	C8 Spyder (500 万元)	NA	3
4	兰博基尼 Lamborghini	意大利	德国大众集团	1963 年	2004 年	Lamborghini Murcielago LP670 SV	730	Lamborghini Gallardo LP560 - 4 (388 万元起)	NA	7
5	宾利 Bentley	英国	德国大众集团	1919 年	2002 年	雅致 RL	588	宾利欧陆飞驰 (338 万元起)	7604	8
6	法拉利 Ferrari	意大利	菲亚特集团	1947 年	2004 年	612 Scaglietti	570	F430 系列 (361 万元起)	6587	10
7	阿斯顿·马丁 Aston Martin	英国	阿斯顿·马丁集团	1914 年	2007 年	DBS Volante	490	V8 Vantage (227 万元)	5800	3
8	保时捷 Porsche	德国	保时捷汽车集团	1948 年	2001 年	911 GT2	330	Cayenne (89 万元起)	98652	22
9	劳斯莱斯 Rolls-Royce	英国	宝马集团	1904 年	2005 年	幻影加长版	3102	幻影加长版 (310 万元起)	1212	5
10	玛莎拉蒂 Maserati	意大利	菲亚特集团	1914 年	2004 年	GranTurismo S 跑车	256	Quattroporte 总裁系列(214 万元起 - 254 万元起)	8600	13

注：(1)为 2009 年 5 月 1 日前；(2)为海外市场价(不含税)，按照 2009 年 5 月 1 日汇率折算，其余价格均为中国市场零售价；(3)为 2007 年 8 月至 2008 年 7 月一年期间的销售量。

① 凤凰网财经.2009 年福布斯奢侈品市场调查：顶级汽车调查［EB/OL］.［2009 - 06 - 10］. http://finance.ifeng.com/money/wealth/luxury/20090610/772273.shtml.

　　世界销量第一的顶级干邑品牌轩尼诗公司全球总裁 Bernard 在广州向媒体公布，2008 年，中国第一次成为轩尼诗全球最大的消费市场。歌星、影星、笑星、体育明星等群体成为奢侈消费的重要群体。他们的奢侈消费行为也成为社会的"榜样"，很多人在追逐明星的同时，也在模仿他们的消费行为，使得奢侈消费日益大众化。这对下一代的消费者——青少年的影响很大，Harvey Nichols 百货公司时装主管埃弗瑞·奥茨（Averyl Oates）表示，目前，20 岁以下的青少年已稳步成为一批重要而有价值的消费者，各大时装品牌设计者及零售商越来越重视年轻的奢侈品消费者，并聚焦于范围广泛、价格适中的当代设计师品牌服饰。在我国，近年来，高消费浪潮席卷了中小学校园，越来越多的中小学生，特别是城里的孩子们，热衷于穿名牌服装，用高档手机，他们认为大把大把花钱是一种时尚，这也成了他们向别人炫耀的资本。据调查显示，近七成的学生每月都能从父母那里得到一定数量的零用钱。这些学生中，小学生有 40% 的人每月零用钱在 50 元以上，10% 在 100 元以上。初、高中生有 10% 的人零用钱在 50 到 100 元之间，50% 的人在 100 到 200 元之间，10% 的人在 200 元以上。其中，有近一半的学生选择吃穿等基本消费，20% 的学生选择购买学习用品，另有 20% 的学生选择上网等娱乐消费，更有近 5% 的学生选择购买奢侈品。

　　大众奢侈消费的行为又进一步形成奢侈消费的心理。"有人以不断满足口欲、吃遍世间所有珍禽异兽为消费追求；有人以不断满足虚荣、穿戴摩登时髦为消费乐趣；有人以不断满足物欲，占有最多的钱财为消费目标——奢靡的消费往往在显示消费者的成功和独特的身份，慰藉他们所付出的努力和辛苦，满足其需求甚至虚荣的同时，也使他们丧失了对丰富社会生活的兴趣，甚至损害了自身的健康和幸福。"[1] 奢侈消费体现了人们的消费欲望与贪婪本性。但是，严酷的现实一再应验了著名哲学家亚里士多德的真知灼见：人类的贪婪是不能靠消费和占有满足的。试图以消费来满足欲望的做法必然导致物质主义和消费主义的盛行，造成严重的生态危机和精神危机。

　　当然，奢侈消费对于 GDP 增长也具有一定的拉动意义，但是这种 GDP 增长是有代价的。在当前的消费时代，是否意味着奢侈消费就必然具有价值合理

---

① 　李兰芬. 消费的困惑与困惑的消费［J］. 道德与文明，2001（5）.

性和正当性呢？中国优秀的传统价值观念是否就过时了呢？这值得我们好好地反思。诚然，何谓奢侈消费，其标准是随着经济发展而不断变化的。但是，无论这个尺度是什么，它的限度应该由经济发展水平、生态的承载能力、消费者的素质来决定。从长远来看，大兴奢侈消费之风，对个人、社会、国家、自然界都是不利的。由此看来，自 2013 年下半年以来，我党掀起声势浩大的反"四风"——形式主义、官僚主义、享乐主义和奢靡之风，不仅在党内，而且在社会，不仅在当前，而且在长远具有重大的意义。一段时间以来在我国愈演愈烈的奢靡之风当前有所遏制，"三公"经费日益下降，厉行节约的风气在逐渐回归。全球著名咨询公司贝恩公司发布的《2014 中国奢侈品市场报告》显示，2014 年，中国内地奢侈品市场首次出现负增长，比 2013 年下滑了 1%。诸如反腐、海外消费、代购及假货泛滥等原因，让中国奢侈品市场遇冷，并越来越成为被国际大牌"嫌弃"的鸡肋。与此同时，中国人仍是奢侈品的"豪客"，在全球奢侈品市场，中国内地消费者砸金总额上涨 9%，达到 3800 亿元，约占全球奢侈品市场份额的 30%。①

再谈第二个方面。绿色消费的重要内涵之一是对绿色产品的消费。绿色产品理应扶持，其措施之一便是政府采购。从西方的情况来看，如前所述，目前欧盟政府绿色采购占其政府采购规模平均份额为 19%，其中瑞典达 50%，丹麦炎 40%，德国为 30%，奥地利为 28%，英国为 23%，均超过欧盟的平均值。

我国于 2003 年正式实施《政府采购法》，把保护环境作为政府采购政策功能的重要内容。2004 年，财政部、发改委联合制定了《节能产品政府采购实施意见》，明确要求通过政府庞大的采购力量，优先采购节能产品。随之出台《节能产品政府采购清单》，要求空调、冰箱、荧光灯、电视机、水龙头等 6 大类上千件产品要优先采购节能产品。2006 年 10 月，《关于环境标志产品政府采购实施的意见》和《环境标志产品政府采购清单》正式发布，该意见于 2008 年 1 月 1 日起全面实行。随着政府采购制度的逐步完善，我国政府绿色采购取得一定成绩。

但是，总体来看，由于我国推行政府采购制度的时间还是相对比较短，政

---

① http：//finance. sina. com. cn/chanjing/cyxw/20150121/072921350073. shtml.

府绿色采购面临的问题很多，一些相关的法律规定尚未形成体系，且比较原则性，缺乏可行性和可操作性。如《政府采购法》实施细则一直没有出台，仅仅是第九条"保护环境"的规定，究竟该如何落实，落实到什么程度，缺乏统一的标准。并且《环境标志产品政府采购清单》目前并非强制性规范，只是把绿色采购作为一种指导性意见，实践过程中必然出现可执行也可不执行的情形，这是其一。

其二，公共工程还没有纳入政府采购范围，影响采购规模的扩大。2008年，我国采购规模突破了 5900 亿，但是与我国政府和公共部门实际购买性支出的规模相比，5900 亿只是很小一部分，仅占 GDP 的 1.96% 和财政支出的9.45%。与政府采购制度较完善国家或地区相比，差距很大，欧盟政府采购已占其成员国国内生产总值的 14%，德国、法国、比利时等国家的政府采购已经接近或超过财政支出的 50%。政府采购规模上不去，绿色采购的影响微乎其微。

其三，政府绿色采购意识淡薄。一些公共机构还没有充分意识到绿色采购的重要性，对使用节能环保产品所带来的潜在效益认识不够、理解不深。的确，绿色产品或服务由于技术的研发需要成本，企业进行排污处理等都需要较高的投入，产品价格稍高。但部分公共机构在具体采购时，只要环保、节能产品的价格稍微高一点就毫不犹豫地采购一般商品，这种过分强调经济有效性的行为，必然会阻碍绿色采购的推广。

其四，缺乏统一的绿色评价标准。目前我国节能环保标准很多，从标准的认定上看，有国家标准、行业标准、地方标准和企业标准四级；绿色节能标志既有节能标志，又有能效标志，还有绿色之星标志和十环标志，政府采购究竟采用哪个标准，目前还没有统一的规定，不利于政府绿色采购的有效落实。①

政府在扶持绿色产品的同时，必须加大对"伪绿"和"非绿"产品的惩治和抑制力度。然而，实际情况很不令人乐观。

首先是对"伪绿"产品的惩治不力。伴随着人们对健康的日益重视和环保意识的提高，绿色产品日益受到青睐，不法商家看到有利可图，加之法规滞后，管理欠缺，各种"伪绿"产品应运而生，充斥市场，既损害绿色产品形

---

① 林初宝. 实行政府绿色采购是大势所趋 ［EB/OL］.［2009 – 07 – 06］. 中国财政信息网.

象，又损害消费者利益。

在种种绿色产品中，绿色食品无疑是发展最早、消费量最大、最受消费者欢迎的。目前全国有效使用绿色食品标志的企业有 9000 多家，产品总数上万个。在北京各大食品超市，稍稍留意，便能感受到满眼尽是绿色：大米、面粉、食用油、蔬菜、水果、蛋类……只要是经过完美包装的，基本上都被冠以绿色食品的头衔。

事实果真如此吗？农业部中国绿色食品发展中心在对全国 154 家大型超市的调查结果显示，在 388 家绿色食品企业的 955 个产品中，违规用标的占 30.7%，产品占 18.4%。而农业部在"三品"（"三品"即无公害农产品、绿色食品和有机食品）蔬菜第一次例行监测中发现，在标称绿色食品的蔬菜中，假冒产品达 66.2%。

2009 年被认为是家电业的绿色环保年，在国家节能产品惠民工程和以旧换新活动的推动下，家电业内正掀起一股节能环保浪潮，各种节能环保产品竞相面世。但在家电涉"绿"的进程中，概念炒作也再度兴起，仿佛一夜间，各种家电都披上了绿色的外衣。

中国环境保护产业协会相关负责人在接受记者采访时指出，绿色家电技术很复杂，含金量高，是最新锐、最有潜力的产品，但一些商家借助绿色声势进行概念炒作，使绿色名不副实。迄今为止，全国有一千多家企业的数万种产品获得了中国环境标志认证委员会的认证，其中，家电产品只有 20 多种。也就是说，目前绝大多数自称绿色的家电没有得到认证，很多产品甚至连绿色的边儿都不沾。[1]

其次是对"非绿"产品的抵制行为。我们以具有"白色污染恶魔"之称的塑料购物袋为例。

国际食品包装协会常务副会长、"限塑令"的发起人之一董金狮在接受记者采访时表示，全国塑料袋的使用量为每天大约 10 亿只，在"限塑令"实施后，超市和商场的购物袋基本都已经符合要求，但其使用量仅占塑料袋使用总量的 10%，而目前农贸批发市场或者小店铺超薄塑料袋的使用水平又基本恢复到"限塑令"执行前的水平。也就是说，每天流通的塑料袋中将近 9 亿只

---

① 王峰. 绿色消费谨防被"伪绿色"忽悠 [EB/OL]. [2009 – 11 – 26]. 中国消费网.

不合规。①

根据《国务院办公厅关于限制生产销售使用塑料购物袋的通知》规定，自 2008 年 6 月 1 日起，严禁生产、销售、使用厚度小于 0.025 毫米的塑料购物袋，在所有超市、商场、集贸市场等商品零售场所一律不得免费提供塑料购物袋。然而两年时间过去了，"双手拎着摊贩提供的免费塑料袋满载果蔬而归的购物者仍随处可见"。这个旨在限制塑料购物袋使用、遏制白色污染的"限塑令"几乎陷于形同一纸空文的尴尬，每天市场上有九成的塑料袋在违规流通，究竟是有关部门的监管失位，还是社会大众的积习难改？

拎塑料袋购物是人们多年养成的生活习惯。商家和消费者的"两厢情愿"为塑料袋的生产和销售提供了广阔市场。解决人们的思想认识和不良习惯，不是"一限就灵"、"一禁了之"那么简单，如何破解"限塑令"形同空文的尴尬困局，专家的建议是"疏堵并举"。

"疏"，即疏导、疏通。一是广泛宣传限制生产销售使用塑料购物袋的意义。目前，"塑料袋有害"基本上成为公众的共识，应当说"限塑令"有一定的社会基础。但对超薄塑料袋与环保塑料袋究竟有什么区别，塑料袋潜在的、慢性的危害到底有多严重，限制生产销售使用塑料购物袋能对生存环境起到多大改善作用，多数公民并不知晓。一项造福人民却不被人民充分理解的政策，难免会失去民众支持。

二是为人们方便出行、购物寻求替代品。"限塑令"在农贸市场推行困难自有其现实原因：湿漉漉、血淋淋的鱼、肉，不宜混装的豆腐、凉粉，不宜磕碰的鲜果等农产品，如果没有塑料袋包装，如何带回家？同时，忙于工作的上班族多在上下班途中随机购物，总不能身边常挎个篮子。董金狮也表示，"'限塑令'不是禁塑令"，消费者毕竟离不开塑料袋。但是通过"限塑令"的潜移默化的影响，消费者可以尽量做到"不用、少用、重复利用、循环使用"。

"堵"，即堵住源头，堵住渠道。"限塑令"的司法实践表明，仅靠工商部门一家管理难免"法不责众"。据广州市工商局市场处处长罗远明介绍，"限塑令"生效以来，该部门采取了包括检查市场、发责令整改通知书、没收不合

① 每日经济新闻. 2009 – 06 – 11.

格塑料袋、征收罚金等多项行动，虽有收效，但他同时坦言："目前'限塑令'的执法太困难了！"专家以为，在全力抓好市场管理的同时，必须下大力气堵住违规塑料袋的生产源头。环保和质监部门要通过明察暗访、群众举报等渠道，及时掌控信息，严打违法生产行为。

环保要抓，积习要改。用两年的"兴衰"反思"限塑令"的执法实践，有助于我们完善法令、堵塞漏洞，齐心协力做好白色污染的治理工作。①

绿色消费的另一重要含义是注重绿色回收。目前我国有各类废旧物资回收企业 5000 多家，回收网点 16 万个，回收加工厂 3000 多个，从业人员 1000 多万人，其中农民工就有 600 多万人。② 但由于没有一家骨干企业，技术设备落后，在再生资源回收利用方面同西方发达国家相比仍有很大差距。统计显示，全球再生资源产值去年已达 6000 亿美元。目前，美国再生资源行业产值达 1100 亿美元，日本达 350 亿美元。据测算，我国每年可以回收但没有回收利用的再生资源价值达 350 亿 ~ 400 亿元。

国家统计局调查显示，目前我国电视机社会保有量约 3.5 亿台，洗衣机约 1.7 亿台，电冰箱约 1.3 亿台，此外电脑、空调拥有量也相当大。这些电器大多是在 20 世纪 80 年代中后期进入普通家庭的，今后几年我国将迎来家电更新换代的高峰，废旧物品的处理已迫在眉睫。家电产品按使用寿命 10 ~ 15 年计算，现在国内需报废的电视机平均每年 500 万台以上，洗衣机约 500 万台，电冰箱约 400 万台，每年将淘汰 1500 多万台废旧家电。此外，近年来，电子及通信器材，如电脑、手机、VCD、DVD、唱片等更新换代速度加快，报废数量急剧上升。③ 这些废弃电器电子产品若不妥善回收处理，再生利用，将造成严重的社会公害。

令人欣喜的是《废弃电器电子产品回收处理管理条例》已于 2011 年 1 月 1 日起正式施行，且随着家电以旧换新政策的出台与落实，回收的旧家电越来越多。家电以旧换新管理信息系统数据显示：截至 2009 年 12 月 17 日，9 个试点省市共回收五大类旧家电 352.5 万台，其中电视机 256.9 万台，冰箱 27.9

---

① 张玉胜. 如何破解"九成塑料袋违规流通"困局 [EB/OL]. [2010 - 06 - 12]. 新华网.
② 张晓博. 全国 260 多名行业代表汇集银川倾力构筑再生资源绿色回收网 [N]. 银川晚报，2009 - 08 - 29.
③ 张玉胜. 废旧电子垃圾：一边是危机一边是商机 [N]. 中国贸易报，2007 - 06 - 21.

万台，洗衣机 44 万台，空调 4.6 万台，电脑 19.1 万台；共销售五大类新家电 310 万台，其中电视机 140.3 万台，冰箱 45.5 万台，洗衣机 50.6 万台，空调 40.6 万台，电脑 33 万台，销售额共计 121.3 亿元。然而，就在不少厂家为火爆的销售业绩兴奋不已的同时，也在为仓库里大量堆积的废弃家电忧心忡忡：拆解企业来不及消化，回收的旧家电仓储压力不断增大。

而多年来，我国拆解业的现状不容乐观：正规的拆解企业收不过走街串巷的"平板车"，这种现象被业界形象地比喻为"正规军干不过游击队"。例如被业界称为拥有国内最大的废弃电子处理体系的北京华星环保公司，就常年"吃不饱"。因此，对于废弃产品回收这个复杂的系统工程来说，迫切需要一系列相关政策加以扶持。

在绿色消费上确已形成不少误区。如前所述，误区之一是不少人认为绿色消费就是消费绿色，并把绿色等同于天然，因而吃天然食品，穿天然原料的服装等盛行一时，最直接的结果便是野生动物成了一些餐馆秘而不宣的招牌菜，成了一些"高贵"宾客餐桌上的家常菜。据林业部门的初步调查统计，当前非法经营的野生动物种类约有 50 种，其中蛇类、虎纹蛙、龟、环颈雉、斑鸠、鹧鸪、鹌鹑、野猪、穿山甲、果子狸、巨蜥、华南兔等销售量最大。除鳄鱼、梅花鹿、鸵鸟、蓝孔雀等十多种有些是来源于人工养殖外，其他野生动物均来自野外非法捕猎。在这里，法律受到公然的蔑视和践踏，监管已是形同虚设。

再谈第三个方面。在中国，低俗消费见诸于各个方面，其中最能说明问题的便是殡葬消费。新中国成立以来，为了移风易俗，在殡葬改革上，中国政府采取了许多措施，推行火葬、主张薄葬、简化殡葬仪式和清明拜祭等都属此列。然而，现实的情形如何？现实情形令人沮丧：陈规陋习死灰复燃、封建迷信陈渣泛起、铺张浪费司空见惯、"死人与活人争地"愈演愈烈……其结果是，主要在于寄托心灵哀思、缅怀逝者、继承遗志、激励后人的殡葬文化的真意受到了亵渎，社会风气受到了浊化，自然资源环境受到了吞噬和伤害。

据了解，每 200 座墓就要占用 1 亩土地，我国每年修建 2000 万座墓，至少要占用 10 万亩土地，这还不包括墓穴的绿化、办公和公共设施占地及较为普遍的超标准修建墓穴的现象。同时，我国墓地年均消耗建筑材料 1100 万立方米，其中天然石材等不可再生资源占到了 50% 以上。

而如今刮起来的豪华墓地之风更是让人吃惊：一座墓占地几百甚至上千平

方米，耗资几百万元甚至上千万元，其毁林占田的违法程度也让人瞠目。

在 2008 年评选出的全国 10 大暴利行业中，墓葬行业高居榜单第 3 位。呼和浩特市墓价 5 年涨了 10 倍，十几万的墓地已屡见不鲜，多家公墓企业"暗战"此起彼伏，而在背后驱动这一切的正是墓葬行业的暴利和巨大的市场发展空间。在 2009 年两会上，部分代表委员历数丧葬高收费种种怪现象："骨灰盒比电视机贵"、"坟墓比房子贵"、"活得起，死不起"。

由上可见一斑，豪华墓地建设成风，大片山林、耕地被蚕食。长此以往，后果不堪设想，我国 18 亿亩耕地红线难保。①

对死者盛殓厚葬，入土为安，是延续了几千年的习惯。随着各地公共墓地的过快发展，过多用地，亡人在与活人"争地"的同时，一些墓地造成了环境污染等问题，为此，有关部门建议大规模推行树葬等生态化墓葬方式。在树葬中，人们不用建墓、立碑，只需在树下直接葬入亲人的骨灰，连骨灰盒也不需要。这种方式改变了中国传统的旧式习俗，有利于抑制各种乱埋乱葬的现象，从而推行文明的治丧方式，同时，还对节约资源、保护生态环境起到了良好的作用，理应大力推广。② 此外，还应大力倡导简化殡葬仪式，简化清明祭拜，等等。

传统发展观的误导、消费主义的盛行和消费伦理的缺失是造成当前消费取向偏颇的主要原因。

传统发展观认为发展总比不发展好，发展快比发展慢好，"发展天然是合理的"，并且经济的发展被看成是唯一的或至上的。在传统发展观的支撑下，人们往往片面关心"如何发展得更快"这样的关于发展的技术性问题，而对"为谁发展"、"应当如何发展"、"怎样的发展才是好的发展"、"发展的终极价值是什么"等问题漠不关心。正如一们美国学者所说："我们唯一最严重的危机主要是工业社会意义上的危机。我们在解决'如何'一类的问题方面相当成功"，"但与此同时，我们对'为什么'这种具有价值含义的问题，越来越变得糊涂起来，越来越多的人意识到谁也不明白什么是值得做的。我们的发

---

① 许竹，要雪梅，魏振豪. 豪华墓地缘何禁而不止［N］. 中华建筑报，2009 - 07 - 09.
② 张驰. 殡葬消费生态化更寄追忆［N］. 四川质量报，2006 - 03 - 17.

展速度越来越快，但我们却迷失了方向。"① 可想而知，在这种片面追求数量增长或 GDP 增长的发展观的指引下，必然会出现为了发展不择手段，为了发展不计成本的现象，"为了保证生产效率的提高和经济、消费指标的增长，资源的枯竭、生态环境的破坏都被看成是为了发展而必须付出的合理代价。这种'代价'不仅被看成是'必然的'，而且被看成是'必需的'。这样，物的尺度就取代了人的尺度，本来是作为手段的经济增长本身却成了发展的目的。其结果，是发展背离了人，经济的增长背离了发展的可持续性。"② 在这种观念的指导下，作为经济发展环节的消费也被推上了不归之路，成为维护发展的"牺牲品"，以至于消费成为人们生活的全部。

发展应该彰显人的尺度，而不是以物的尺度代替人的尺度。同样，消费也应该体现人的价值，促进人的发展。正如古莱所说："发展伦理学的重要任务是使得发展行动保持人道，以保证在发展旗号下发动的痛苦变革不产生反发展，反发展摧毁文化，付出过度的个人痛苦并牺牲社会福利，这是一切都是为了利润，为了绝对化的意识形态，或者为了某种所谓的效率需要。"③ 生活消费和经济发展的目的是人，是促进人的全面发展的手段。忽视了人自身的价值和意义，消费就会蜕变为张扬人性弱点的借口，发展就会蜕变为消耗资源、破坏环境的标志。

面对大量的消费问题，人们逐渐意识到要对发展进行理性反思与伦理审视，纷纷质疑"发展天然是合理的"这一看似完美的真理。其实，发展并不是天然合理的，发展的合理性在于：发展应当以人为本，而不是以物为本，在人与物的关系上，我们主张以人役物，而不是被物所役，万不可为追求物质财富的积累和物质欲望的满足而丢失人的本真、人的尊严和人的自由；发展应当以民为本，以大众为本，而不是以官为本，以少数富裕人群为本，这就需要深入了解民情、充分反映民意、广泛集中民智、切实珍惜民力；发展应当以广大人民群众的生存需要的满足为本，人的需要是多方面的，在人的需要不可能都

---

① ［美］维克多·奥辛廷斯基. 未来启示录［M］. 徐元，译. 北京：译文出版社，1988：193.

② 刘福森. 发展合理性的追寻——发展伦理学的理论实质与价值［J］. 北京师范大学学报，2007（1）.

③ ［美］德尼·古莱. 发展伦理学［M］. 高铦，温平，等，译. 北京：社会科学文献出版社，2003：31.

全面满足的情况下，生存永远是第一位的。我们反对以牺牲广大人民群众的生存权利为代价，换取少数人享乐与发展需要的满足；我们反对以牺牲子孙后代生存权利为代价，换取当代人享乐与发展需要的满足。① 只有厘清发展的目的和价值，坚持以人为本的价值向度取代以物为本的价值向度，才能自觉地抵制消费主义，解决当前消费中存在的问题。②

消费取向的偏颇之所以偏颇，就在于它造成了一系列颠倒。

其一，消费的主体与客体相颠倒。把消费品尤其是将奢侈性消费品当成了一种"符号"，当成了衡量一个人有没有"身份"、"地位"、"面子"的重要指标。

其二，消费的目的与手段相颠倒。消费在本质上已成为人为刺激起来的幻想的满足，消费成了目的本身，"幸福就是消费更新和更好的商品"。在这种颠倒的关系中，消费甚至成了一种病态行为，一种对物品的无度的索取和占有，占有—欲望满足—欲望的更大发动—更大规模的占有。

其三，消费的意义与形式相颠倒。商家为迎合这样一种异化了的社会需求，将"豪门气派"、"皇家风范"、"超级享受"之类的语言作为广告的普适话语。这样一种重消费形式的生活方式使人性扭曲、精神痛苦，并带来了严重的社会问题和环境问题。

消费主体与客体、目的与手段、意义与形式的颠倒，必然带来消费的异化，造成责任消费和理性消费的缺失。

---

① 刘湘溶. 转变经济发展方式的人本取向 [J]. 新华文摘，2010（2）.

② 据对京津两地样本中 500 多个案例的消费主义倾向调查，有非消费主义倾向的占 22.7%，有消费主义倾向的占 77.3%。陈昕. 救赎与消费：消费主义在中国日常生活中的表现 [M]. 南京：江苏人民出版社，2003：136－137.

第二节 宣传教育与政策配套

扩需求、调结构、正取向并非互不相关，而是彼此联系的整体。消费需求不扩，消费结构就没法调，消费取向就没法正。反过来，只有结构优化的需求，取向正确的需求才是我们应当去扩大的消费需求，否则消费需求越膨胀，其害就越大，对社会之害越大，对自然之害越大，并且消费需求的扩大只有经由调整消费结构、消费取向的途径，尤其是只有经由调整消费结构的途径才能实现。总之，无论是扩需求，还是调结构、正取向，都要有利于推进消费方式的生态化。为推进消费方式的生态化，在扩需求、调结构、正取向上，我们要做的事情很多，其中两点是必不可少、至关重要的：一是宣传教育，二是政策配套。

一、宣传教育

宣传教育旨在转变消费观念。当前要着力转变以下几个方面的观念：

1. 转变"消费＝发展"的观念。在消费观念中，人们习惯性地把消费与发展画上等号，即消费就意味着发展。消费得越多，发展得越快。"不消费就衰退"这是消费社会的神话，而且这种神话深入人心，"如果没有人购买，就没有人销售，没有人销售，就没有人工作。"① 如果故意降低我们的消费，不管是个人还是集体，都将是自我毁灭。假如我们减少消费，就可能造成经济发展步伐的减缓，甚至停止。"不消费就衰退"的神话看似无懈可击，也正是因为如此，政府部门往往非常重视消费的作用，甚至有时候走向了极端，一味地强调多消费。在当前的全球金融危机背景下，有人提出多消费就是爱国，其中的理由之一也就是消费等于发展。

① ［美］艾伦·杜宁. 多少算够：消费社会与地球的未来［M］. 毕聿，译. 长春：吉林人民出版社，1997：75.

不消费就衰退吗？消费就是发展吗？这值得我们去反思。

在很长一个时期，消费都是作为一种否定意义来使用，更谈不上消费就是发展了。消费在刚开始带有"消耗"、"耗费"、"用尽"等意思。在工业革命以前，生产力发展水平较低，还处于资本原始积累阶段。如何生产更多的产品，创造更多的财富成为那一时期的主题。重商主义就是典型的代表。"一切购买都会使货币减少，一切销售都会使货币增加，因此，实现外贸顺差以增加货币的办法就是绝对的少买或不买，以防止货币外流和增加积累。"① 购买作为一种消费行为，被认为是对货币的消耗，是一种不利于经济发展的行为。由此可见，在重商主义时代，对消费的认可是相当有限的，更难以把消费与发展联系起来。这是因为"在传统社会，短缺、匮乏一直是人的需要满足的障碍。与这种匮乏的社会状况相应，'消费'不仅因其'毁坏、用光、浪费、耗尽'的消极内涵得不到道德正当性的证明，而且因其潜伏着'玩物丧志'、'享乐'、'纵欲'之类的危险性而一直备受思想家们的抵制与批判"②。

进入工业社会以来，社会实现了向消费时代的过渡。在消费社会，如何扩大消费成为经济的主题。在消费等于发展的观念引导下，消费及消费的数量成为发展与否的标准。诚然，对国家来说，消费是促进发展的一种动力，生产促进消费，消费也可能反作用于生产，消费可以创造出新的消费需求。在这个意义上，英国著名历史学家汤因比指出："在产业革命以后，勤俭朴素使得生产者缺乏推销市场。因此，消费者的节俭，从生产者的角色看，就不再是美德；而成了恶德。"③ 由此，鼓励和刺激消费便具有价值合理性和正当性。然而，一味地鼓励和刺激消费，企图单靠消费来促进经济发展是不可行的。其实，为"不消费就衰退"、"消费就是发展神话"而辩护的人往往忽视了一个事实：如此消费下去，或者说，任由消费之轮发疯运转，并由此带动生产之轮发疯运转和经济规模的无限扩张，地球资源、环境将无以为继，带给我们的将不是繁荣、丰盛，而是不幸和灾难。

2. 转变"消费＝幸福"的观念。一些人奉行"消费就是幸福"，认为消费

① 丁冰. 资产阶级古典政治经济学［M］. 重庆：重庆出版社，1984：17.
② 赵玲. 消费合宜性的伦理意蕴［M］. 北京：社会科学文献出版社，2007：3－4.
③ ［英］汤因比，［日］池田大作. 展望21世纪［M］. 荀春生，等，译. 北京：国际文化出版公司，1985：56－57.

越多，幸福也就越多。消费乃幸福的全部，乃幸福的源泉。于是他们纷纷追求消费的数量，追求消费品的货币价格，追求消费品的花样，以满足自身的消费欲望，试图获取更多的幸福。他们认为，消费与幸福的关系是正比例关系，是直线关系，幸福随着消费的增加而增加。所有的消费品都被认为是一种幸福的表达而被追逐。为消费而消费，消费俨然已经成为了人生的最高目的，而幸福只不过是消费的附带品而已。

在传统社会，由于生产力水平的限制以及发展经济的需要，消费受到了多重限制，一定程度上影响了人们的幸福。如果说在传统社会，短缺是人们幸福的障碍的话，那么进入现代社会，短缺就不再是实现幸福的障碍了。在消费社会，人们压抑已久的消费欲望得到了空前的释放，再加上政府政策的刺激与引导，消费热情空前高涨。消费的性质也在逐渐发生变化，由满足需要过渡到满足欲望，消费欲望的满足则成为幸福。然而，这忽视了一个重要的事实：欲望是无止境的，通过满足欲望来实现幸福是靠不住的。在消费与幸福之间是难以画上等号的。

事实上，消费仅仅是人生幸福的基础，只是实现幸福的一个手段。消费与幸福之间的关系也并非完全是正比例关系和直线关系，当消费超过了一定的极限时，它与幸福还会呈反比关系。"生活在 90 年代的人们比生活在上一个世纪之交的他们的祖父们平均富裕四倍半，但是他们并没有比他们祖父们幸福四倍半。心理学的研究表明，消费与个人幸福之间的关系是微乎其微的。"[①] 把消费等同于幸福就是过分看重消费在实现幸福中的作用。过多地把实现幸福的因素强加到消费上，无疑，消费是难以承受如此之重的。

2006 年，《幸福研究杂志》公布的"生活满意指数"给了"消费 = 幸福"观念一个有力的反证。"生活满意指数"调查报告涉及全世界 90 个国家，受访者有近十万人。调查人员要求受访者以 10 分为满分对生活幸福程度打分，再取整个国家的平均值。结果显示，哥伦比亚、乌拉圭等南美国家和非洲国家加纳名列前茅。与此相反，英国反而被远远甩出前 20 名之外。[②] 收入的高低、

---

① ［美］艾伦·杜宁．多少算够：消费社会与地球的未来［M］．毕聿．译．长春：吉林人民出版社，1997：6．

② 牛云芳．消费与幸福［J］．黑龙江教育学院学报，2007（12）．

消费的多寡并没有成为幸福与否的决定因素。

诚然，消费作为人类基本的生活方式是人类幸福的条件和基础。人类幸福的增进需要不断地提高人们的消费水平，满足人们的消费需求。然而，"我们现在的消费欲望已经脱离了人的真正需要。本来，消费水平的提高是为了使人过上幸福的生活，消费只是达到目的，即达到幸福的手段，但现在消费变成了目的本身。对消费不断增长的需要迫使我们不断去购买，从而使我们依赖于这种膨胀的消费需求，依赖于那些可以满足我们需要的人和机构"①。事实上，消费只是人类体验幸福的一个重要渠道和载体。消费的多少与幸福的多少没有绝对的对应关系。专门研究幸福问题的牛津大学心理学家迈克尔·阿盖尔曾指出，在富裕和极端贫穷的国家中得到关于幸福水平的记录并没有多大差别。他在《幸福心理学》中断定："真正使幸福不同的生活条件是那些被三个源泉覆盖了的东西——社会关系、工作和闲暇。并且在这些领域中，一种满足的实现并不绝对或相对依赖富有。事实上，一些迹象表明，社会关系，特别是在家庭和团体中的社会关系，在消费者社会中被忽略了；闲暇在消费者阶层中同样比许多假定的状况更糟糕。"② 因此，消费品上的富有仅仅是实现幸福的一个因素，虽然是重要因素，但不是最重要的因素，或就消费本身而言，人生的幸福也不在于消费的数量，而在于它们的质量。

把消费等同于幸福，片面地强调消费，为消费而消费，到头来，非但没有增进幸福，反而形成对幸福的扭曲，陷入了精神的困惑。因此，幸福才是最高的目的和价值，消费仅仅是手段而已。正如亚里士多德所说："幸福是什么？它是 to ariston，它是一切选择所趋向的最高目的和完满实现。它自己却只是为自身而不为他物，所以幸福是自足的，由自身（auto）和满足（arkein）合并而成 autarkeia。"③ 幸福的自足感主要来自于自身的体会，而不是完全依赖于外在的消费或物质。

① ［美］埃利希·弗洛姆. 健全的社会 ［M］. 欧阳谦，译. 北京：中国文联出版社，1988：135.

② ［美］艾伦·杜宁. 多少算够：消费社会与地球的未来 ［M］. 毕聿，译. 长春：吉林人民出版社，1997：22.

③ ［古希腊］亚里士多德. 尼各马可伦理学 ［M］. 苗力田，译. 北京：中国社会科学出版社，1990：11.

要转变"消费＝幸福"的观念，还在于对什么样的生活才是美好生活的正确理解。什么样的生活才美好？

首先，美好的生活是一种丰衣足食的生活。丰衣足食是指人的基本物质需求得到满足。从整个世界的情况看，目前生产力的发展已经为人的基本物质需求满足提供了可能。以粮食为例，2008—2009 年度全球粮食产量 22.82 亿吨，① 如全世界人口数以 67.7 亿计算，世界人均粮食 336.8 千克。再以 GDP 为例，2009 年，全世界 GDP 总量达 58.13 万亿美元，② 人均超过 8500 美元。就满足人类基本的物质需求而言，现在的问题已不是人类生产得不够，向自然索取得不够，而是社会贫富不均、贫富对立。

丰衣足食仅仅构成美好生活的基础，美好生活的建立并非物质生活资料越多越好。那么"多少才是够？"这一问题已被严肃地提了出来。

其次，美好生活应该是一种身心健康的生活。所谓身心健康，不仅指身心的无疾患，而且指身心的一种充实感。人的身心健康的求得，既需要适当的社会环境，又需要适当的自然环境，需要自然的稳定，自然的宁静，自然的温馨和自然的抚慰，需要青山绿水，蓝天红日，鸟语花香。如果人类对于物质生活资料的获取以这一切的丧失为代价，实在是得不偿失。

最后，美好的生活还应该是一种内涵丰富且具有创造性的生活。所谓内涵丰富的生活，亦即人的衣、食、住、行等物质生活需求和文化、审美等精神生活需求均得以满足的生活。人类精神生活需求的满足，一方面离不开物质需求的满足，另一方面又表现为摆脱与超越来自物质性需求的纠缠。同时，也只有摆脱并超越了物质性需求的纠缠而获得精神性需求之满足的人的生活才可能成为一种创造性的生活。创造性的实质，不论对于社会还是对于自然都在于建设而非破坏，在于奉献而非索取。只有创造性的生活才能焕发出人的生命的激情，焕发出人的生命活力，给人以灵感和爱心，引导出人对真、善、美的渴望与追求。

总之，美好的生活是一种人的物质生活需求与精神生活需求，人与自然融为一体，高度和谐的生活，是一种人的价值、社会的价值和自然的价值得以全

---

① 2010—2011 年度世界粮食产量创下历史纪录 [EB/OL]. [2010 – 06 – 23]. 商务部网站.

② 林晨音，等. 全球 GDP 张榜中国还是"老三"[EB/OL]. [2010 – 07 – 08]. 中国日报网.

面表达和展示，并得到充分肯定与尊重的生活。

如果说，在工业革命以前，人类能否创造出美好生活的关键，在于人类能否掌握获取丰富的物质生活资料，满足自己的物质生活需求的能力，那么在今天，创造美好生活的关键则在于：人类能否正确地驾驭上述能力，能否把自己从对物质生活需求的无休止追求的迷梦中唤醒。

3. 转变"消费 = 浪费"的观念。进入消费社会以后，对物品使用价值的消费不再是主要的方面，而意义的消费成为消费的主导，消费的符号化和象征意义凸显，使得物品的使用价值发生了"异化"，浪费由此成为一种必要的消费内涵，成为人的必然的生活方式及为经济增长所必须履行的义务。正如销售分析家维克特·勒博宣称的那样："我们庞大而多产的经济……要求我们使消费成为我们的生活方式，要求我们把购买和使用货物变成宗教仪式，要求我们从中寻找我们的精神满足和自我满足……我们需要消费东西，用前所未有的速度去烧掉、穿坏、更换或扔掉。"① 追随着时代的潮流和时尚，顺着自身的欲望，喊着"旧的不去，新的不来"的口号，不断地进行浪费式消费，并从中体现自身的价值。浪费式消费变成了一种日常义务，变成了一种像纳税那样的强制性的指令，变成了一种对经济增长的自觉的参与。浪费成为一种生活的象征，被认为是必要的。消费与浪费成为同一个名词。而如果浪费一旦成为了消费的代名词，并且成为了一种文化，后果是十分可怕的，正如法国学者让·波德里亚所指出的，"浪费被大众传媒推到了前台，从文化上进一步促进了一种直接纳入经济过程的更为根本的、更为系统的浪费……"② 浪费性消费具有极强的腐蚀性和示范效应，前几年，我国出现的各种"天价宴"、"天价汤"、"天价烟"、"天价月饼"等，都属于浪费性消费，对国家、社会、个人百害而无一利。

事实上，消费与浪费不能画等号。《现代汉语词典》对浪费的定义是："对人力、财物、时间等用得不当或没有节制。""在消费过程中，只要是没有造成生态系统的破坏和自然资源使用不当就不是浪费，只要不是损公肥私就不

---

① ［美］艾伦·杜宁. 多少算够：消费社会与地球的未来［M］. 毕聿，译. 长春：吉林人民出版社，1997：5.

② ［美］让·波德里亚. 消费社会［M］. 刘成富，全志钢，译. 南京：南京大学出版社，2000：29.

是浪费，只要物有所值就不是浪费，只要充分地消费了财富的使用价值就不是浪费。"① 我们消费，但我们反对浪费。"贪污和浪费是极大的犯罪。"

4. 转变"消费＝物质消费"的观念。消费的初始含义是指物质消费。根据马斯洛的需要层次理论，生存的需要是第一位的。要满足生存就必须进行物质消费。特别是在传统社会，生产力发展水平低，短缺与匮乏始终伴随着人类，物质消费成为了人们维持生存的普遍诉求。然而在物质产品极大丰富的今天，在不再有物质产品短缺、匮乏之虞的今天，我们却不能把物质消费当成自己的唯一诉求。

人的存在具有二重性。人的自然属性决定了人必须要衣食住行，需要进行物质消费。但是人与动物的区别在于人的社会性。人除了衣食住行外，还有精神文化的需求，需要进行精神文化消费。把物质消费当成全部消费，必然导致整个社会价值取向的失衡，使得人们沉浸在丰饶的无度中，停留在物质消费的低层次追逐中。我们还要提到马斯洛，根据马斯洛的需要层次论，人除开具有生存需要之外，还有安全的需要、爱和归属的需要、尊重的需要和自我实现的需要。在生存需要等低层次需要获得基本满足之后，我们应当学会摆脱来自"物"的羁绊与纠缠，实现向高层次需要的跃进。只有这样，我们的人生才是健全的、丰富的，也才是真正"属人的"。消费社会不可忽视的一个缺陷就是欲望借着丰盛的生活，通过大量物质消费来填补精神文化上的空白。对此，美国著名的战略学家兹·布热津斯基在《大失控与大混乱》一书中，曾忧心忡忡地指出，一股追求在丰饶中的纵欲无度的精神空虚之风正在开始主宰人类的行为。人非但没有成为物的主人，反而成为物的奴隶。因此，只有充分认识到物质消费在消费中的地位和作用，正确地定位物质消费，才能破除物质消费与消费等同的观念。

5. 转变"消费＝私人之事"的观念。在市场经济条件下，市场交易遵循的是资本的逻辑，即谁掌握资本，谁就可以自由地进行消费。在资本逻辑的作用下，掌握资本的人，信奉"我的钱，我爱怎么花就怎么花，别人管不着"。他们把消费当成私人之事，跟着欲望走，想消费多少就消费多少，想消费什么就消费什么，想怎么消费就怎么消费，尽情地享受消费带来的快乐与满足，全

---

① 卢嘉瑞，吕志敏，等. 消费教育［M］. 北京：人民出版社，2005：47.

然不顾其他人的看法与态度。

　　然而，消费从来都不是纯粹的私人之事。"享受会把消费规定为自为的、自主的和终极的。然而，消费从来都不是如此。人们可以自娱自乐，但是一旦人们进入消费，那就绝不是孤立的行为了，人们就进入一个全面的编码价值生产交换系统中，在那里，所有的消费者都不由自主地互相牵连。"① 确实如此，不管是消费者个人还是消费者的消费行为，都处于一个社会系统中。把消费看成私人行为仅仅只是消费者自身的幻觉和设想，现实并非如此。一方面，消费行为会受到社会因素的影响。消费行为并不全然是个人性的选择行为，它是社会性的。因此，它不仅受市场供应条件的经济限制，而且也受到社会制度分配和道德规范的限制。这表明，不能把消费理解为个人主观心理欲望的满足或自我享乐。另一方面，在现代社会，个人的消费行为日益超出自身的范围，不同程度地对他人、社会和自然界造成影响。根据自身消费欲望和市场经济的资本逻辑来开展的"私人之事"，必然影响资源配置公平，造成资源的浪费和环境的破坏，进而威胁到所有人的生存与发展。因此，从生态和公平的维度来看，消费绝不是单纯的个人行为，它涉及他人、社会甚至后代的利益。消费不仅仅作为个人的生活方式，而且还是个人履行社会责任的体现。

　　通过宣传教育转变消费观念，推进消费方式的生态化，必须整合各种力量，形成多方联动。

　　——政府部门。转变消费观念，推进消费方式的生态化，政府应该始终坚持主导地位，充分运用好行政、政策等手段，并率先垂范。

　　——企业。企业是经济活动的主体，在今天，无论是从企业履行社会责任的角度讲，还是从企业谋求自己的生存之道讲，都必须积极主动地贯彻绿色经营思想，实行绿色生产、绿色营销、绿色服务，从而树立绿色形象，都必须为消费者在消费中做到资源节约、环境友好提供指导和帮助，发挥应有的影响。

　　——环保民间社团。环保民间社团是以环境保护为主旨，不以营利为目的，不具有行政权力并为社会提供环境公益性服务的民间组织。这种组织已成为政府与企业之外的第三方力量。他们把环保工作向社区和基层延伸，活动领

---

　　① ［法］让·波德里亚. 消费社会［M］. 刘成富，全志钢，译. 南京：南京大学出版社，2000：70.

域逐步发展到组织公众参与环保、为国家环保事业建言献策、开展社会监督、维护公众环境权益等。环保民间社团，已成为推动中国和全球环境保护事业发展与进步的重要力量。

——消费者组织。我国的消费者组织已经建到了基层，在引导消费者合理消费，培育消费热点、拉动消费需求、优化消费环境，以及尊重他人劳动成果，自觉保护知识产权，掌握维权法律知识等方面，具有不可替代的作用。今后，消费者组织依法维护消费者权益，还应该渗透环境权益内容。举办经常性的以鲜明的绿色为主题的消费市场流行趋势之类的活动，在倡导绿色环保的基础上，建立中国特色的消费文明体系，让更多的消费者形成更注重资源节约、环境友好的理念，端正不良消费行为的消费态度。

——大众传媒。大众传媒，包括电视、广播、报刊和网络，在现代社会中的地位越来越重要。从某种意义上讲，现实生活中种种不良消费现象的出现与它的所作所为不无关系。所以，大众传媒应从自己的良知和高度责任感出发，通过舆论的营造，典型的示范，弘扬真、善、美，鞭笞假、恶、丑，对公众的消费态度、消费行为进行正确的引导。

——学校。青少年是国家和民族的未来。学校对于青少年正确消费观念的塑造十分重要。通过学校这一特殊园地培育青少年正确的消费观念，要做到三个注重：第一，注重大、中、小学的连贯性；第二，注重第一课堂和第二课堂的结合；第三，注重知行合一，倡导从自己做起，从日常生活与学习做起。

二、政策配套

为推进消费方式生态化，我们必须对现行的消费政策（或与消费相关政策）进行反思并做出相应修正、补充和调整，明确禁止什么、限制什么、鼓励什么。

内需萎缩和消费缺乏会造成国家经济发展的严重受阻。拉动中国经济增长的"三驾马车"——投资、消费和外贸三者之间的关系正在发生变化，"消费"将更多地承担起拉动中国经济继续前行的艰巨任务。但是，我国究竟需要扩大什么样的内需，扩大方法如何？这才是问题的症结所在。扩大内需是把社会消费潜力和剩余消费能力最大限度地解放、释放出来，并不是在现有结构上的生搬硬套、数量复制。家电下乡可以促进农村消费升级，但如果只是让企业的库存变成老百姓家里的库存，那就毫无意义，不仅造成新的资源浪费，而且这样机械地扩大内需，会导致新的享乐主义、拜金主义、物质主义。因此，要转变消费方式，培育新型消费文化，完善消费引导机制，有效扩大居民消费。同时，由于我国的区域发展不均衡，消费能力两极分化的问题还很严重，扩大内需措施也要因地制宜，针对不同的地区、不同的消费群体采取不同的做法。

服务于国家经济政策的消费政策包括短期消费政策、中长期消费政策。通过短、中长期消费政策体系的建立，调整消费结构，促使消费需求合理增长，才能使消费进一步成为促进经济增长的动力。

从短期看，当前的目标应立足改善"消费状态"：加大转移支付，其着眼点在于扩大消费总量、缩小消费差距，上移社会消费曲线；直接作用于市场消费环节，减少传导步骤，发挥短期消费政策"乘数效应"；协调城乡两个市场，大力引导城市各商业机构和企业更多地面向农村，针对农村需求水平和消费层次，促进农村生活耐用品消费，为此，要继续提高家电下乡的限价、扩大以旧换新的试点范围、增加农机具补贴资金、试点补贴新能源汽车、允许农村住房更新换代。

从中长期看，需要在收入性消费、信贷性消费和预期性消费三个方面不懈努力。

1. 调整收入分配政策。近年来，我国分配结构中劳动者报酬占比、居民收入占比逐渐下降，城乡收入差距、行业收入差距、区域收入差距等不断扩大，而收入是消费的主要决定因素，中国扩大内需最根本的是要解决收入分配体制的问题。当前，首先，要深化收入分配体制改革。建立城镇职工工资稳步增长机制，确立经济发展的均衡共享模式，使城市家庭进入 10000～100000 元的购买阶段，使农村家庭进入 1000～10000 元的购买阶段。前者主要是从普通耐用消费品向住房、汽车和信息产品等大宗和高档耐用消费品以及教育、旅游、文化娱乐等个人发展型和健康的享受型消费的档次提升，而后者则是从生活必需品向中低档耐用消费品的方向发展。其次，要通过各种方式提高低收入阶层的收入。通过扩大就业、加大转移支付力度、提高补助标准，增加对农民的各项补贴，努力实现党的十七届三中全会《决定》提出的目标：到 2020年，农民人均纯收入比 2008 年翻一番，消费水平大幅提升。要实现这一目标，要求加快构建现代化农业产业体系，发展农业产业化经营，搞好农产品精深加工、转化增值。特别要根据当地资源优势发展特色产业，使资源优势转化为产业优势、产品优势。这是提高农民收入的基本途径。同时，要通过生产一些适合于低收入家庭使用的耐用消费品，以及为这些家庭购买耐用消费品提供一定的帮助，使低收入阶层也能享受到"新消费方式"的乐趣，让广大人民群众充分享受到改革开放、经济发展带来的"红利"，真正做到"民富国强"。再次，要在初次分配和再分配中处理好效率和公平的关系。使中国实现消费转型的关键在于初次分配，要改变初次分配格局，就要转变经济增长模式，中国产业呈现出超重化工化和资本密集化，必然使得国民收入的初次分配越来越偏向于政府和资本，劳动报酬和居民储蓄所占份额越来越萎缩，扭转这一趋势只能靠经济模式的彻底转型。因此，要不断提高劳动报酬在初次分配中的比重，逐步提高居民收入在国民收入分配中的比重；要改革税制，调节居民收入差距，规范收入分配秩序，促进居民分配合理化，如同楼继伟在 2015 年两会期间所说，"最根本来说应该是改税制"，再一个就是采取"延迟纳税"的政策，这样才有利于当期的消费。① 最后，要缩小国内不同收入阶层的消费水平差距。我国存在的一个突出问题是城乡二元经济结构，城乡消费差距大，贫富两极分化严重。在经济发展过程中，应当通过有效的政策促使农村剩余劳动力非农转移，在工业化发展的同时，实现城市化，逐步缩小城乡消费差距，并把贫富差距控制在合理的、社会可接受的限度内。

2. 调整社会保障政策。加快建立覆盖城乡居民的社会保障体系，解除居民消费的后顾之忧，"努力使全体人民学有所教、劳有所得、病有所医、老有所养、住有所居，推动建设和谐社会"。当前，要推进并不断完善社保、医疗、教育等体制改革，不断提高养老金和低保补助标准，逐步扩大新型农村社会养老保险试点范围，继续加大对就业、保障性住房建设的支持力度，使积蓄在亿万百姓当中的巨大消费潜力充分释放出来。2009 年 12 月 9 日召开的国务院常务会议决定，将企业职工基本养老、失业、城镇职工基本医疗、工伤、生育这五项社会保险基金分别纳入 2010 年预算编制范围。社保基金的增加无疑会使消费者消除消费的后顾之忧，释放消费需求，提高消费水平。

3. 调整产业政策。我国是人口大国，产业结构必须完整、科学，即工业、

---

① 财政部部长楼继伟等谈财政工作和财税改革［EB/OL］.［2015 - 03 - 06］. http：//lianghui. people. com. cn/2015npc/GB/394035/394357/index. html.

农业和服务业都必须大力发展，而且三种产业必须基本均衡发展。要大力发展现代服务业，培育更多的具有高消费能力的中产阶级群体。发展服务业尤其是现代服务业，不仅顺应了我国居民消费正由生存型、温饱型向享受型、发展型升级的趋势，而且可以让更多蓝领变成白领。要深化体制改革，降低准入门槛，允许民间资本以多种形式参与公共服务和社会事业投资，壮大教育、医疗、社保等公共服务业；要实施积极的产业扶持政策，以政策指导、财税优惠、融资支持、政府采购等措施，大力推动金融、物流、会展等生产型服务业发展；要运用现代经营方式、管理理念和技术加强对餐饮等传统消费型服务业的改造、提升，通过基础设施建设、技术标准完善、行业协会建设、行业监管、人员培训和人才培养等措施，促进现代消费型服务业发展；要把内需的扩大聚焦到文化产业、休闲娱乐业、旅游业、金融服务业和高附加值产业等新型服务业上来，形成并发展新的消费热点，用低资源占用型、低能源消耗型消费来填充内需，把消费引导到"软消费"上来，用"软消费"促进"软实力"。消费结构的变化必然促进产业结构的调整，要鼓励教育、健康、信息、旅游、休闲等非物质消费，发展信用消费、网上消费、服务消费、社会消费等现代消费方式，提高消费质量和效益。

4. 调整金融政策。当前，我国消费信贷额小，金融品种单一，配套政策不足，居民、中小企业信贷融资机制不完善，贷款手续烦琐，利率不灵活，交易成本高。比如，我国节能服务企业绝大多数是中小企业，个人消费贷款的对象较为分散，单笔贷款数额小、业务量大、操作复杂，加之我国个人信息体系和征信制度尚不完善，银行在开展消费信贷业务时，不得不投入很大的精力去了解个人的资信情况，并设置比较烦琐的手续和严格的担保、抵押条件，从而大大提高了银行的交易成本。因此，要创新金融服务，放大消费需求，培育新型消费文化，完善消费引导机制。当前，要转变消费方式，努力改进消费环境，倡导适度超前消费的消费文化；要稳步扩大消费信贷范围，创新消费信贷的金融工具，提供多样化的能满足不同消费需求的、覆盖面广的产品体系；要健全消费信贷的法律法规，建设个人信用体系，完善信用担保机制，加强消费信贷风险管理；要大力发展消费型金融公司，如开设消费银行，有针对性地培育和巩固汽车、住房、教育等消费信贷增长点；要通过税收、利率优惠积极鼓励个人消费信贷发展。消费信贷不仅可以将居民未来收入变现为即期消费，直接将居民潜在需求转化为现实需求，而且对消费需求具有乘数效应，可以间接放大消费需求，同时有利于推动消费结构升级和消费方式转变。

5. 调整税收政策。首先，要实行"生态税制改革"。在发达国家，生态税是常规的政策手段，比较有代表性的有挪威的生态税、比利时的食物生态税条例、欧盟的环保法律、澳大利亚的水制改革等。生态税主要体现在"激励"与"惩罚"两个方面。一方面对于环境友好行为实行税收优惠政策，如所得税、增值税、消费税的减免以及加速折旧等；另一方面针对环境不友好行为建立以污染排放量为依据的直接污染税，以间接污染为依据的产品环境税，以及针对水、气、固废等各种污染物为对象的环境税。通过转移税收，制造商必须为他们对环境造成的伤害付费；通过引进生产标准和其他管理手段，政府可以帮助把对自然资源的负面影响减到最小。其次，要清理税外收费，推行环境收费。国际经验表明，污染者上缴给政府去治理的费用高于自己治理的费用时，污染者才会真正感到压力。政府要主动联合有关部门，运用价格和收费手段推动节能减排。一是推进资源价格改革，包括水、石油、天然气、煤炭、电力、供热、土地等价格；二是落实污染者收费的政策，包括完善排污收费政策、提高污水处理费征收标准、推进垃圾处理收费；三是促进资源回收利用，包括鼓励资源再利用、发展可再生能源、垃圾焚烧、生产使用再生水、抑制过度包装，等等。

政策调整无论是旨在扩大总量，还是优化结构和正确取向，或者说在优化结构、正确取向的前提下去扩大总量，其今后着力点之一便是将高碳消费转变为低碳消费。

传统的消费方式最大的诟病是高碳即高耗能、高排放，在环境资源日益稀缺、气候异常的今天，人们越来越深刻认识到：生活质量包括生态质量，生态恶化就等于生活质量的恶化。节能减排是今后一段时期我国异常艰巨的任务，要实现国家宏大的节能降耗战略，不但要在生产领域做文章、下功夫，而且要在消费领域做文章、下功夫。在消费领域，每个人消费能源和碳排放的数量看似微小，但中国拥有 13 亿人口，聚沙成塔，累计起来就是一个天文数字。

低碳消费是一种更好地提高生活质量的消费，是一种共生型消费。推行低碳消费有赖于政府、社会组织、企业和公民等各个方面的共同努力，但政府更应该综合利用各种手段，以身作则，积极作为，在消费的各个环节和方面对消费者进行指导和引导。

三、专项工程

通过宣传教育转变消费观念，推进消费方式的生态化，要和国家在消费领域已经出台的各种专项"工程"结合，这种结合往往会收到事半功倍之效。这样的专项工程很多，例如：

1. "三绿工程"。"三绿工程"是 1999 年由商务部、中宣部、科技部、财政部、铁道部、交通部、卫生部、工商总局、环保总局、食品药品监管局、国家证监委、国家标准委这 12 个部门联合实施的，以建立健全流通领域和畜禽屠宰加工行业食品安全保障体系为目的，以严格市场准入制度为核心，以"提倡绿色消费、培育绿色市场、开辟绿色通道"为主要内容的工程。其中，提倡"绿色消费"就是制定统一政策和引导措施，加强宣传报道，举办公益活动，树立绿色食品的消费观，增强消费者自身权益和环境保护意识，促进绿色食品生产和消费的增长，确立科学的、有益健康和环保的食品消费模式。这项工程充分考虑我国农产品由千家万户生产、产业化程度低、品牌化经营刚刚开始等实际情况，从总结研究欧美等发达国家监管经验和我国生产环节监管难度大的深层次原因中找出路，运用现代流通指导生产、引导消费的理论，实行了"反弹琵琶"思路，先从提倡绿色消费抓起，然后培育绿色市场，开辟绿色通道，从而引导绿色生产，实行全程质量控制。实践证明，这是从我国国情出发，解决食品安全问题的一种管理方法创新。

2. 绿色照明工程。绿色照明工程已列入"十一五"重点节能项目。在政策推动下，我国节能照明产业快速发展，不断突破技术障碍，照明光源升级换代加速。根据国务院发布的节能减排综合性工作方案，财政部在"十一五"期间通过财政补贴的方式推广高效节能照明产品 1.5 亿只，逐步取代白炽灯和其他低效照明产品。据专家测算，如果在全国推广使用 12 亿只节能灯，一年可节电相当于三峡电站年发电量，由于我国电力生产中四分之三是燃煤，这就相当于节约了 3400 万吨原煤，可减少 9100 万吨二氧化碳、78 万吨二氧化硫的排放量。①

①　12 亿只节能灯 = 1 座三峡电站 ［EB/OL］. 中国节能灯网，http：//www. 100jn. com/TradeNew/2009127/38457. html.

继国家发改委等六个部门联合发布《半导体照明节能产业发展意见》后，2009 年 12 月 9 日召开的国务院常务会议在研究完善促进消费的若干政策措施时，进一步强调"要继续实施节能产品惠民工程，加大高效照明产品推广力度"。但高效节能照明灯因其含汞也会导致污染。据科学家计算，1 只普通节能灯含汞约 5 毫克，渗入地下后可造成 1800 吨水受污染。因此，节能灯的推广解决了节电问题，却没有解决环境污染问题。由此可见，要使节能灯升级到"第四代照明"LED 灯，它具有体积小、耗电低、寿命长、无汞污染等诸多优点。

3. 节能减排行动。国务院为了推动公共机构节能，提高公共机构能源利用效率，发挥公共机构在全社会节能中的表率作用，根据《中华人民共和国节约能源法》制定了《公共机构节能条例》，于 2008 年 1 月执行。条例中所称公共机构，是指全部或者部分使用财政性资金的国家机关、事业单位和团体组织。对公共机构提出的具体要求是，加强用能管理，采取技术上可行、经济上合理的措施，降低能源消耗，减少、制止能源浪费，有效、合理地利用能源。组织领导上，国务院管理机关事务工作的机构在国务院管理节能工作部门指导下，负责推进、指导、协调、监督全国的公共机构节能工作。国务院和县级以上地方各级人民政府管理机关事务工作的机构在同级管理节能工作的部门指导下，负责本级公共机构节能监督管理工作。然而，公共机构节能工程尚未达到应有效果，"十二五"的开局之年，能源消费总量目标大大超出了预期，因此，必须把节能减排变成全民自觉的行动。为此，2012 年 2 月 7 日，由国家发改委等 17 个中央部门联合发布了《"十二五"节能减排全民行动实施方案》，涉及包括家庭、社区、青少年、企业、学校、军营、农村、政府机构、科技、科普、媒体等十个节能减排专项行动。

4. 限塑工程。国务院发布的《关于限制生产销售使用塑料购物袋的通知》从 2008 年 6 月 1 日开始执行，为了减少石油制品的使用，防治"白色污染"，所有超市、商场、店铺禁止为顾客提供免费塑料袋。商家必须清楚地标明塑料购物袋的价格，并禁止将此费用附加至产品价格内。"限塑令"出台后，尽管尚不尽如人意，但还是得到了国内外的高度评价和广大消费者的积极拥护，取得了明显成效。与"限塑令"实施前相比，全国超市塑料袋使用量减少了 2/3 左右，减少塑料消耗约 27 万吨，加上其他商品零售场所可减少塑料消耗 40 万

~50万吨，每年可节约石油240万~300万吨，减少二氧化碳排放量760万~960万吨。

5. 禁烟工程。烟草的危害是当今世界最严重的公共卫生问题。世界卫生组织指出，任何形式的烟草制品对人类都是有害的。除了影响身体健康，也在很大程度上影响了生活环境。营造一个健康、清洁、无烟的社会环境，"限烟"或者"禁烟"任重道远。因此，政府部门必须做到：第一，有法可依。2005年，全国人大常委会批准了《国际控制烟草框架公约》。在国务院没有出台行政法规之前，有立法权的地方应抓紧对在公共场所吸烟行为做出规范，严禁对未成年人销售烟草。第二，加强宣传力度。由卫生部门牵头，联合其他部门，进一步提高全社会对吸烟危害的认识，让公民养成持久的良好的习惯，而不要简单地采取"集中式"、"运动式"、"消防式"的惩处行动。要在烟草上标示醒目的有害健康的标志和图案。第三，严禁烟草商隐讳推广品牌行为。

6. 控车工程。2014年2月25日，习近平总书记在北京市考察工作时指出，建设和管理好首都是国家治理体系和治理能力现代化的重要内容。为此，他提出了五点要求，其中包括"压减燃煤、严格控车"。所谓"严格控车"，至少包括三个方面的内容，一是减缓机动车的增长量和保有量；二是减少小车的出行数和运行量；三是节能或使用新能源动力。首先，民众被鼓励拥有私家车并不符合中国的发展方向。随着收入不断增加，我国民众拥有私家车不再像从前那样是个梦想，但每家每户甚至每个成人都拥有至少一部小车，不但不会给人们带来方便，反而会添堵增烦，给环境带来污染。2011年《中国机动车污染防治年报》显示，我国各大中型城市汽车尾气排放物造成空气污染占到50%左右，机动车污染日益严重，已经是大气环境最突出、最紧迫的问题之一。而自2009年起，我国已成为世界汽车产销第一大国，近5年来，每年平均新增机动车1600多万辆。这么快的发展速度和保有量不仅没有给大家带来出行方便，反而给环境带来巨大压力。为此，2014年1月1日生效的《北京市2013—2017年清洁空气行动计划重点任务分解》中，提出了制定更加严格的小客车新增数量控制措施，文件提出在2017年年底将全市机动车保有量控制在600万辆（截至2013年9月，北京市共有机动车535万辆）。严格控制小车的新增量，应当在全国推行，各个省市都应根据所在地的人口、人均占地、交通状况、环境条件等要素制定相应规划。当然，当前民众的购车欲越来越强劲，单靠限购、限号、摇号、拍卖挂牌等强制性措施还不能从根本上解决新车增长并达到保护环境的目的，还要引导民众购置电动车、混合动力汽车以及小排量车，加速淘汰老旧机动车，提高车用燃油标准和排放标准等。政府要制定绿色运行指标评价体系，引入新型补贴政策，加速发展新能源与清洁能源车，鼓励淘汰第一、二阶段排放标准的汽油车，鼓励提前报废柴油车；对于已达到国家排放标准、满足安全碰撞要求，重量轻、污染少、油耗低和排放性能好的小排量汽车，国家应大力鼓励购买和使用，例如，在现有对 1.6L 及以下汽车"一刀切"式的购置税减免政策基础上，应按排量分级减免小排量汽车购置税，对 1.0L 以下小排量汽车的购置税全免，并可借鉴日本对小排量车在购买时的税收、保险、购买手续等税费以及使用中的停车费、过路过桥费等方面给予倾斜优惠。因而，国家应从战略高度，对汽车发展做出顶层设计，一方面要控制汽车的增长量和保有量，另一方面要大力发展节能环保车，满足民众渴望拥有私家车的消费需求。

其次，要积极鼓励民众以步代车，或以公共交通、非机动交通工具代替私家车出行，要把一年一日的"无车日"推行到每月一天"无车日"。基于认识到"政府机构是社会行为和公共道德的示范和标杆"，《"十二五"节能减排全民行动实施方案》倡导全国政府机构公务用车按牌号尾数，每周少开一天，开展公务自行车试点，机关工作人员每月少开一天车。该方案还推出一个"政府机构工作人员一三五出行计划"，即从出发地到目的地，一公里以内步行，三公里以内骑自行车，五公里乘坐公共交通工具。

更为重要的是清洁能源。在《节约能源修订法草案》"交通运输节能"一节中明确规定，县级以上地方各级人民政府应当优先发展公共交通，完善公共交通服务体系，鼓励使用公共交通工具、非机动交通工具出行。交通运输主管部门应当加强交通运输机构的管理，引导水、陆、空运输公司提高运输组织化程度以及集约化水平，提高能源利用的效率。鼓励开发和应用交通运输工具使用的清洁燃料、石油替代燃料等；鼓励开发、生产、使用节能环保型汽车、船舶、摩托车及其他交通运输工具，实行老旧交通工具的报废和更新制度等。同时，国务院有关部门制定《交通运输营运车船燃料消耗量限值标准》，不符合标准的，不得用于营运。

7. "光盘行动"。所谓"光盘行动"，是指就餐时倡导人们不浪费粮食，吃光盘子里的东西，吃不完的饭菜打包带走。据悉，在我国，个人和家庭所浪费的粮食可以养活 1500 万人；学校食堂和单位食堂浪费的粮食可以养活 3000 万人；餐馆浪费的粮食可以养活 2 亿人！全年浪费食物总量折合粮食约 1000 亿斤，可以养活 3.5 亿人。① "一粥一饭，当思来之不易；半丝半缕，恒念物力维艰。"为此，2013 年 1 月 16 日，首先由《国土资源报》副社长徐侠客在腾讯微博发起"光盘行动"，倡导网友珍惜粮食，加入行动。1 月 22 日，《新闻联播》报道该活动，号召大家"节约粮食，从我做起"。商务部和国家旅游局适时出台《关于在餐饮行业厉行勤俭节约、反对铺张浪费的指导意见》。1 月 28 日，习近平总书记在《网民呼吁遏制餐饮环节"舌尖上的浪费"》的材料上批示指出，从文章反映的情况看，餐饮环节上的浪费现象触目惊心。广大干部群众对餐饮浪费等各种浪费行为特别是公款浪费行为反映强烈。联想到我国还有为数众多的困难群众，各种浪费现象的严重存在令人十分痛心。浪费之风务必狠刹！要加大宣传引导力度，大力弘扬中华民族勤俭节约的优秀传统，大力宣传节约光荣、浪费可耻的思想观念，努力使厉行节约、反对浪费在全社会蔚然成风。各级党政军机关、事业单位，各人民团体、国有企业，各级领导干部，都要率先垂范，严格执行公务接待制度，严格落实各项节约措施，坚决杜绝公款浪费现象。要采取针对性、操作性、指导性强的举措，加强监督检查，鼓励节约，整治浪费。② 由此，"光盘行动"得到草根的响应和政府的支持、推广。"光盘行动"要求人们用餐消费时不铺张不浪费，按需点菜，吃光用光，若有剩余，打包回家。这种倡导虽然是道德性要求，但只要党政机关、政府部门率先垂范，突出制度体系的建设，注重管理结果的运用，就不仅能够重拾节约文化，唤回"勤俭节约"的中华美德，消除奢靡攀比之风，而且能够促进整个社会全体公民文明用餐、节约资源、杜绝浪费等问题的解决。2014 年 3 月 18 日，中共中央办公厅、国务院办公厅印发了《关于厉行节约反对食品浪费的意见》（以下简称"意见"）。《意见》提出八个方面的要求：杜绝公务活动用餐浪费，推进单位食堂节俭用餐，推行科学文明的餐饮消费模式，减少各环节粮食损失浪费，推进食品废弃物资源化利用，加大宣传教育力度，健

---

① 每年浪费的粮食可养活 3.5 亿人 [N]. 北京青年报, 2011 - 03 - 05.
② 隋笑飞, 等. 习近平作出批示要求厉行节约反对浪费 [N]. 人民日报, 2013 - 01 - 29.

全法律法规，加强监督检查。① 这是迄今以来我国对"管住嘴"最为严格、最为清晰、最有亮点的规定，这些规定详细、具体、操作性强，在反"四风"的大背景下，对于保障国家粮食安全，弘扬中华民族勤俭节约传统美德、加快推进资源节约型、环境友好型社会建设具有重大意义。这些要求，概而言之，一方面要在全社会广泛、持久、深入宣传反铺张、反浪费观念和行动，号召人们从自己做起、从家庭做起、从每餐做起，节约每粒粮食，另一方面，各个单位要在相关制度中明确接待用餐的标准、规格、高限，并公开每年的接待经费，同时接受上级部门各种明察暗访和群众随时随地的监督。

8. 生活垃圾分类处理工程。"一个不会处理垃圾的民族，不是一个进步、文明、强盛的民族。"② 企业的生产垃圾没有处理便任意排放会破坏生态，居民的生活垃圾没有处理随意丢弃也会污染环境。绝大部分城市、城镇的生活垃圾处理虽然形成了专人专项管理，但基本没有分类便加以处理，处理方式又以焚烧和转移为主。在中国的 70 亿吨垃圾当中，有 85% 以填埋方式处理，其中许多垃圾未经许可就倾倒在了农村。垃圾不仅污染了空气和土壤，还破坏了人际关系。③ 在城市生活垃圾没有得到有效回收和有序处理的同时，农村的垃圾也已经兵临城下，危害乡里。"家里现代化，屋外脏乱差"成为一些乡村环境的缩影，因此，农村污染防治是环境保护工作的一个重点。2014 年 3 月 8 日下午，环境保护部副部长吴晓青就"加强环境保护建设美丽中国"相关问题回答中外记者的提问，在谈到治理农村环境污染问题时表示，国家高度重视和支持农村污染防治工作，力度在不断加大，从"十一五"到现在，国家累计投资超过了 195 亿元，支持农村污染防治，减少农村面源污染。④ 为了有效控制城乡环境污染，特别是针对城乡居民的生活垃圾，我们认为要设立专门的生活垃圾处理工程，这至少包括三个方面的内容：首先，要完善城乡一体化垃圾处理网络，严格禁止城镇垃圾转移"下乡"；其次，要健全垃圾分类处理制度和方式，从城市开始，坚持不懈地以制度和宣传来教育居民，使之养成良好的

---

① 中办国办印发.关于厉行节约反对食品浪费的意见［N］.人民日报，2013 - 03 - 19.

② 曾建平.环境公正：中国视角［M］.北京：社会科学文献出版社，2013：124.

③ 中国垃圾问题日益严重［N］.参考消息，2009 - 10 - 13.

④ 加强环境保护建设美丽中国吴晓青出席两会记者会并答记者问［EB/OL］. http：// www.mep.gov.cn/zhxx/hjyw/201403/t20140310_ 268910. htm.

垃圾分类习惯；最后，要建立适合农村垃圾处理的工作机制，如，"农户分类、村组收集、乡镇清运、县市处置"，严禁将垃圾倾倒在河溪，减少垃圾填埋或焚烧现象。

9. 旧物回收再用再生工程。随着生活节奏加快，那种新三年旧三年，缝缝补补又三年的生活一去不复返，生活日用品不断推陈出新，生活物什的更新也在加速。然而，多数仍有使用价值，仍有可重复、循环利用的大量物品被抛进了垃圾堆。以旧衣为例，根据新华社记者调查，按照一件衣物平均寿命3至4年计算，如果我国平均每年每人在购置5至10件新衣物的基础上，遗弃3至5件旧衣物，到"十二五"末，我国废旧纺织品累计产生量约1亿吨，其中化纤类为7000万吨，天然纤维类为3000万吨。巨量的旧衣没有得到循环利用或再生使用，不仅造成了严重的浪费，而且也造成了环境污染。而据中国纺织工业联合会测算，如果我国废旧纺织品全部得到回收利用，每年可提供的化学纤维和天然纤维，相当于节约原油2400万吨，还能减少8000万吨的二氧化碳排放、节约近三分之一的棉花种植面积。但是，我国每年回收纤维却不足原料的10%。① 因此，有必要根据淘汰物品的性质，鼓励建立专门性的回收再用再生工程。事实上，许多旧物回收不仅可行而且具有较大的利润空间。例如，旧衣变废为宝早已不存在技术问题，其作用也不断推陈出新：可做成保温层、工业用布、窗帘布，还可替代传统的防水基材的防水补强材料，同时也是活性炭来源广泛的廉价原料。在美国，废旧品回收已有七八十年历史，每年对金属材料、塑料、废旧纺织品等废旧物品再利用后，实现出口289亿美元的价值，解决46万人口的就业。中国人口众多，每天产生多少废旧物几乎是一个难以估量的数据。当前亟须打开政策上的口子，支持回收体系建设，鼓励纺织企业开展回收工作，建立起二手交易市场，完善分拣，加强科技开发，增加回收利用的附加值。②

10. "浪费劝阻"志愿者行动。要建设一支对浪费行为进行监督的义工队伍，义工的组成不限于各行各业的社会志愿者，还可以吸收部分违法但不够追究法律责任的人员。这种志愿者队伍类似于交通协管员，起着监督消费行为的

① 张丽娜，等. 旧衣浪费一年扔掉半个油田［N］. 法制日报，2014 – 06 – 22.
② 张丽娜，等. 旧衣浪费一年扔掉半个油田［N］. 法制日报，2014 – 06 – 22.

作用。义工的活动是有组织进行的，不仅针对身边发现的大吃大喝、铺张浪费，还要集中到商场、酒店等重要消费场所劝导厉行节约，对浪费现象进行劝阻。政府或相关组织采取措施明确义工身份和确认义工荣誉，要为这些志愿者免费配置特色服装，比如绿色衣服，佩戴有"节约"字样的袖章，使其成为人们主要消费场所一道亮丽的风景线。久而久之，人们只要一看到象征"节约"的"浪费劝阻"标志，就会得到提醒，逐渐会自觉控制自己的"浪费"行为，养成良好的节约消费习惯。

参考文献

［1］马克思恩格斯文集：第一至九卷［M］. 北京：人民出版社，2009.

［2］刘湘溶，等. 我国生态文明发展战略研究［M］. 北京：人民出版社，2013.

［3］刘湘溶. 生态文明论［M］. 长沙：湖南教育出版社，1999.

［4］万俊人. 消费之维——现代经济伦理导论［M］. 广州：广东人民出版社，2000.

［5］周中之. 全球化背景下的中国消费伦理［M］. 北京：人民出版社，2012.

［6］赵玲. 消费合宜性的伦理意蕴［M］. 北京：社会科学文献出版社，2007.

［7］何小青. 消费伦理研究［M］. 上海：上海三联书店，2007.

［8］徐新. 现代社会的消费伦理［M］. 北京：人民出版社，2009.

［9］何怀宏. 生态伦理——精神资源与哲学基础［M］. 保定：河北大学出版社，2002.

［10］欧阳致远. 最后的消费——文明的自毁与补救［M］. 北京：人民出版社，2000.

［11］王宁. 消费社会学［M］. 北京：社会科学文献出版社，2001、2011.

［12］郑红娥. 社会转型和消费革命——中国城市消费观念的变迁［M］. 北京：北京大学出版社，2006.

［13］刘汉太. 消费的福祉［M］. 北京：中国发展出版社，2006.

［14］高文武，关胜侠. 消费主义与消费生态化［M］. 武汉：武汉大学出版社，2011.

［15］卢嘉瑞，吕志敏，等．消费教育［M］．北京：人民出版社，2005．

［16］万以诚，等编．新文明的路标：人类绿色运动史上的经典文献［G］．长春：吉林人民出版社，2000．

［17］周笑冰．消费文化及其当代重构［M］．北京：人民出版社，2010．

［18］李爱华．马克思主义经典著作导读［M］．北京：北京师范大学出版社，2008．

［19］刘大椿．自然辩证法概论［M］．北京：中国人民大学出版社，2008．

［20］罗钢，王中忱．消费文化读本［M］．北京：中国社会科学出版社，2003．

［21］王南湜，谢永康．后主体性哲学的视域——马克思唯物主义的当代阐释［M］．北京：中国人民大学出版社，2004．

［22］郭湛．主体性哲学——人的存在及其意义［M］．北京：中国人民大学出版社，2010．

［23］刘森林．追寻主体［M］．北京：社会科学文献出版社，2008．

［24］戴星翼．环境与发展经济学［M］．北京：立信会计出版社，1995．

［25］曲格平．我们需要一场变革［M］．长春：吉林人民出版社，1997．

［26］国家统计局．中国统计摘要2012［M］．北京：中国统计出版社，2012．

［27］曾建平．环境公正：中国视角［M］．北京：社会科学文献出版社，2013．

［28］曾建平．环境正义——发展中国家环境伦理问题探究［M］．济南：山东人民出版社，2007．

［29］曾建平．寻归绿色——环境道德教育［M］．北京：人民出版社，2004．

［30］曾建平．自然之思：西方生态伦理思想探究［M］．北京：中国社会科学出版社，2004．

［31］曾建平．环境哲学的求索［M］．北京：中央编译出版社，2004．

［32］［古希腊］亚里士多德．尼各马可伦理学［M］．苗力田，译．北京：中国社会科学出版社，1990．

［33］世界环境与发展委员会．我们共同的未来［M］．王之佳，等，译．长春：吉林人民出版社，1997．

［34］［德］黑格尔．法哲学原理［M］．范扬，张企泰，译．北京：商务印书

馆，1961.

[35] [德] 绍伊博尔德. 海德格尔分析新时代的技术 [M]. 宋祖良，译. 北京：中国社会科学出版社，1993.

[36] [德] 沃夫冈·拉茨勒. 奢侈带来富足 [M]. 刘风，译. 北京：中信出版社，2003.

[37] [德] 萨特. 存在与虚无 [M]. 陈宣良，等，译. 北京：三联书店，1987.

[38] [德] 哈贝马斯. 合法化危机 [M]. 刘北成，曹卫东，译. 上海：上海人民出版社，2000.

[39] [德] 哈贝马斯. 现代性的哲学话语 [M]. 曹卫东，等，译. 南京：译林出版社，2004.

[40] [英] 葛凯. 中国消费的崛起 [M]. 曹槟，译. 北京：中信出版社，2011.

[41] [英] 迈克·费瑟斯通. 消费文化与后现代主义 [M]. 刘精明，译. 南京：译林出版社，2000.

[42] [英] 汤因比，[日] 池田大作. 展望 21 世纪 [M]. 荀春生，等，译. 北京：国际文化出版公司，1985.

[43] [英] 马尔萨斯. 经济学原理 [M]. 上海：上海三联书店，1994.

[44] [英] 阿诺德·汤因比. 人类与大地母亲 [M]. 徐波，等，译. 上海：上海人民出版社，2012.

[45] [英] 布赖恩·巴克斯. 生态主义导论 [M]. 曾建平，译. 重庆：重庆出版社，2007.

[46] [法] 让·波德里亚. 消费社会 [M]. 刘成富，全志钢，译. 南京：南京大学出版社，2001.

[47] [法] 让·巴蒂斯特·萨伊. 政治经济学概论 [M]. 陈福生，陈振骅，译. 北京：商务印书馆，1997.

[48] [法] 梅洛－庞蒂. 知觉的首要地位及其哲学结论 [M]. 王东亮，译. 北京：三联书店，2002.

[49] [美] 维克多·奥辛廷斯基. 未来启示录 [M]. 徐元，译. 北京：译文出版社，1988.

［50］［美］迈克·费瑟斯通. 消费文化与后现代主义［M］. 刘精明, 译. 南京：译林出版社, 2000.

［51］［美］赫伯特·马尔库塞. 单面人［M］. 左晓斯, 等, 译. 长沙：湖南人民出版社, 1988.

［52］［美］丹尼尔·贝尔. 资本主义的文化矛盾［M］. 赵凡, 等, 译. 上海：上海三联书店, 1989.

［53］［美］凡勃伦. 有闲阶级论——关于制度的经济研究［M］. 蔡受百, 译. 北京：商务印书馆, 2004.

［54］［美］凡勃伦. 炫耀性消费［M］. 任海音, 译. 北京：中国对外翻译出版公司, 2012.

［55］［美］蕾切尔·卡逊. 寂静的春天［M］. 吕瑞兰, 李长生, 译. 长春：吉林人民出版社, 1997.

［56］［美］艾伦·杜宁. 多少算够——消费社会与地球的未来［M］. 毕聿, 译. 长春：吉林出版社, 1997.

［57］［美］艾里希·弗洛姆. 健全的社会［M］. 欧阳谦, 译. 北京：中国文联出版公司, 1988.

［58］［美］德尼·古莱. 残酷的选择：发展理念与伦理价值［M］. 高铦, 高戈, 译. 北京：社会科学文献出版社, 2008.

［59］［美］阿尔温·托夫勒. 第三次浪潮［M］. 朱志炎, 潘琪, 张炎, 译. 北京：三联书店, 1984.

［60］［澳］彼得·辛格, ［美］汤姆·雷根. 动物权利与人类义务［M］. 曾建平, 代峰, 译. 北京：北京大学出版社, 2010.

［61］［法］笛卡儿. 谈谈方法［M］. 王太庆, 译. 北京：商务印书馆, 2000.

［62］［瑞士］西斯蒙第. 政治经济学研究［M］. 胡尧步, 等, 译. 北京：商务印书馆, 1989.

［63］［荷兰］E 舒尔曼. 科技文明与人类未来［M］. 李小兵, 等, 译. 北京：东方出版社, 1995.

［64］［圭亚那］施里达斯·拉夫尔. 我们的家园——地球［M］. 夏堃保, 译. 北京：中国环境科学出版社, 1993.

［65］［意］奥利利欧·裴彻, ［日］池田大作. 为时未晚［M］. 杨僖, 译.

香港：牛津大学出版社，1992.

［66］［日］池田大作，［法］路奈·尤伊古. 黑夜寻求黎明［M］. 卞立强，
译. 北京：中国国际广播出版社，2003.

［67］［日］池田大作，［意］奥锐里欧·贝恰. 二十一世纪的警钟［M］. 卞
立强，译. 北京：中国国际广播出版社，1988.

［68］［日］池田大作，［英］B 威尔逊. 社会变迁下的宗教角色［M］. 梁鸿
飞，王健，译. 香港：三联书店有限公司，1995.

［69］［日］速水佑次郎. 发展经济学——从贫困到富裕［M］. 李周，译. 北
京：社会科学文献出版社，2003.

后 记

呈现在读者面前的这本书是我们承担刘湘溶教授主持的教育部人文社会科学重点研究基地湖南师范大学道德文化研究中心重大项目《我国生态文明建设理论与实践研究》（13JJD720006）一个方面的成果。同时，本书也是我主持的国家社科基金重点项目《"消费—生态"悖论的伦理学研究》（11AZX010）和教育部人文社科一般项目《伦理学视野下的"消费—生态"悖论研究》（10YJA720005）的阶段性成果。这个成果也是我作为文化名家暨"四个一批"人才自主选题项目、江西省"赣鄱英才555工程"领军人才培养计划的部分工作内容。

值此付梓出版之际，首先要感谢刘湘溶教授力邀我参与其作为首席专家主持国家社科基金重大招标项目《我国生态文明发展战略研究》（07&ZD020）并承担其中的子课题《推进消费方式生态化》。该课题在2007年获准后，我即与我的团队成员共同投入到研究中，历时3年余，完成初稿10万余字。送交刘教授审稿后，他亲自做出认真修改和统稿，这些成果体现在《我国生态文明发展战略研究》（人民出版社，2013年1月）一书中。课题虽已完成，但研究尚未停止，刘教授继续要求我们在原来的基础上深入挖掘、拓展研究。我们接到任务后，虽然备感振奋，但同时也深感压力重重。因为2010年之后，我在完成前述子课题的基础上，又产生了一些新的想法，这些想法幸运地分别获得了教育部人文社科课题和国家社科基金重点课题的支持，它们之间在内容上、思想上、逻辑上，乃至部分材料上是一脉相承的，但又具有延续性、拓展性和超越性。为了在规定时间内有效地、高质地完成后两项课题，我和我的团队开始集中精力于此，不得不推迟一些把现在的书稿送呈刘教授审阅的时间。

感谢刘湘溶教授十多年来对我一如既往的支持和帮助。迄今我仍然记得1998 年前往长沙拜会他时的情景，那一次会谈可能是我人生的重要转折点，正是在那次面对面的畅谈之后，我才下定决心报考湖南师大伦理学专业博士生，并以环境伦理学作为今后的研究方向。此后便一直在他的鼓励中前行，且行且珍惜！

其次要感谢参与研究的团队成员。他们大部分是我作为江西省"赣鄱英才555 工程"领军人才培养计划的团队成员。前期参与研究和撰写初稿的主要有井冈山大学邹平林、叶国平、曾庆平，宜春学院杨学龙，江西师大戴巍、李琳，江西农大黄以胜，闽南理工学院丁玲，南昌航空大学代峰等。其中，邹平林博士参与完成第一章、第四章、第五章第一节，杨学龙博士参与完成第三章，戴巍参与完成第六章，杨学龙与戴巍共同参与完成第二章，其余章节由本人完成。本人对上述人员完成的章节均进行了修改和审定。代峰博士协助我完成统稿工作。此外，湖南师大徐新博士曾参与过前期研究提纲的讨论。对上述参与本书完成的人员一并表示衷心的感谢！当然，全书所存在的问题应由本人负责。

最后需要特别说明的是，正是因为前述课题的研究工作几乎是同时完成的，而且课题内容本身具有延续性，因而这些课题的最终成果也会有交叉性。当然，无论是在材料的使用、内容的表述上，还是在观点的论证、逻辑的梳理上所出现的相同性或相异性，我们的总体主张没有改变，都是力图说明以下几点：其一，消费不仅是一种经济现象，也是一种以道德价值为核心的文化现象。当前，由消费主义带来的各种扭曲人性的异化消费具有反文明的性质，造成了资源枯竭、环境污染和生态破坏等方面的巨大危害。"地球可以满足人类的需求，却满足不了人类的贪婪。"人的贪婪最终造成了自然界满足人类需要的能力降低，造成了人类精神家园的空虚，人的可持续发展面临危机。其二，消费方式生态化的价值诉求是要实现消费的经济合理性、生态合理性与伦理合理性，形成有利于生态文明建设的新型消费方式。为此，要变革消费主义张扬的高碳消费、奢侈消费、低俗消费等反伦理、反生态的消费方式，使消费方式

"合度"、"合宜"、"合道"，大力倡导低碳消费、绿色消费和文明消费。只有生态化的消费方式才是可持续的消费方式。其三，消费文明体现了个体的幸福状态，表达了人与人之间的和谐关系，追求着人与自然之间的协调关系。因此，它既是主体文明的显现，又是社会文明的表征，也是生态文明的标志。

在当今生态危机、环境污染和资源趋紧与消费主义膨胀同时存在的世界，消费的生态化问题似乎是解决上述难题的不二法则。如果人类的消费思潮不朝着生态化方向发展，如果人类不肯放弃现有的生活方式，那么，转变经济发展方式就是空话，突围生态困境就是梦想。而消费方式的转变问题看起来是一个生活话题，但其本质是关于人性变化的问题。生态文明的实践不仅包括建设美丽中国的现实，更包括敦实人性向善的期待。这一天是否会来到？这不仅是一个梦想，还应该是每个人每一天每件事的具体行动。没有行动，一切都是空想！

曾建平

2015 年 12 月 27 日于庐陵凡常斋